LA FRANCE
ET LE CONCILE VATICAN II

P.I.E. Peter Lang

Bruxelles · Bern · Berlin · Frankfurt am Main · New York · Oxford · Wien

LA FRANCE
ET LE CONCILE VATICAN II

Actes du colloque de La Courneuve
(Centre des archives diplomatiques)

9 novembre 2012

Études réunies par
Bernard BARBICHE et Christian SORREL

Avant-propos de
Frédéric BALEINE DU LAURENS

Collection « Diplomatie et Histoire »

Direction des Archives
Ministère des Affaires étrangères

Illustration de couverture : Le pape Paul VI remet à Jean Guitton le « message aux hommes de la pensée et de la science » le 8 décembre 1965 à la clôture du concile Vatican II.
Droits : Pontificia Fotografia Felici.

© Direction des Archives
Ministère des Affaires étrangères, Paris, 2013
Éditeur : P.I.E. PETER LANG S.A.
Éditions scientifiques internationales
Bruxelles, 2013
1 avenue Maurice, B-1050 Bruxelles, Belgique
info@peterlang.com ; www.peterlang.com

ISSN 1377-8765
ISBN 978-2-87574-119-6
D/2013/5678/94

Ouvrage imprimé en Belgique

Dépôt légal : Bibliothèque Nationale de France (1ᵉ trimestre 2014)

« Die Deutsche Nationalbibliothek » répertorie cette publication dans la « Deutsche Nationalbibliografie » ; les données bibliographiques détaillées sont disponibles sur le site <http://dnb.de>.

AVANT-PROPOS

Le colloque sur la France et le concile Vatican II dont ce livre présente les actes réunis par les professeurs Barbiche et Sorrel s'est tenu le 9 novembre 2012 au siège de la direction des Archives diplomatiques à La Courneuve. Peu de colloques scientifiques organisés ou accueillis par celle-ci ont suscité autant d'attention si l'on en juge par la qualité des intervenants et par le nombre d'auditeurs qui suivirent les exposés et les débats.

En témoigna la présence du cardinal Jean-Louis Tauran, président du Conseil pontifical pour le dialogue interreligieux, ancien secrétaire pour les relations du Saint-Siège avec les États et ancien «archiviste et bibliothécaire de la Sainte Église romaine». Le cardinal Tauran suivit de bout en bout les travaux du colloque et en tira les conclusions. Les organisateurs de cette réunion lui en savent profondément gré.

Le professeur Bernard Barbiche fut à l'origine de ce colloque. Membre de l'École française de Rome au moment où s'ouvrait le concile Vatican II, ancien professeur à l'École des Chartes avec laquelle la direction des Archives diplomatiques entretient depuis toujours les meilleures relations, le professeur Barbiche avait, en tant que directeur scientifique du Centre national des archives de l'Église de France et membre du Comité pontifical des sciences historiques, tous les titres pour prendre une telle initiative et rassembler les concours indispensables au succès de ce colloque, notamment celui du professeur Christian Sorrel, membre éminent du Centre de recherche en histoire religieuse de l'université de Lyon. La direction des Archives diplomatiques se fit un devoir de soutenir leur initiative.

Le concile Vatican II, ouvert il y a tout juste cinquante ans, a joué, on le sait, un rôle considérable dans l'évolution de l'Église catholique mais aussi dans les sociétés marquées, de près ou de loin, par l'influence de celle-ci, y compris évidemment en France. Cet événement continue de faire l'objet d'innombrables études, témoignages et publications. La façon dont il fut suivi dans notre pays par les autorités françaises n'avait cependant pas été jusqu'à présent systématiquement étudiée, et ce fut un des apports les plus intéressants de ce colloque que d'avoir révélé avec quelle attention de nombreux Français laïcs, que ce fussent des hommes d'État ou des «maîtres à penser» – Jean Guitton ou Jacques Maritain en sont les lumineux exemples –, suivirent les travaux conciliaires, voire y participèrent, et combien l'opinion publique française fut intéressée, voire captivée, par cet événement dont rendait compte abondamment la presse.

Cet intérêt de la France et des Français pour le concile Vatican II trouvait une sorte d'écho à Rome en la personne même du souverain pontife, et ce fut là une des singularités de l'événement.

Ce n'est pas le lieu ici de rappeler les liens étroits qui unirent, sa vie durant, Paul VI à la France, sa connaissance intime de la pensée religieuse française, en particulier celle du XXe siècle, l'inspiration qu'il y puisa dans son action pastorale et doctrinale, la protection qu'il apporta aux Français qui, dans l'Église des années 1950, étaient des incompris ou des mal-aimés à Rome, l'admiration affectueuse qui le liait à Jean Guitton – «vous êtes mon firmament!», lui dira un jour Paul VI – et à Jacques Maritain. Qu'il suffise de rappeler, dans le domaine proprement diplomatique, le geste de Paul VI, au tout début de la quatrième et dernière session du concile, lorsqu'il se rendit le 4 octobre 1965 à New York au siège des Nations Unies. Il lui parut aller de soi de s'adresser en langue française à l'Assemblée générale des Nations Unies et, pour marquer au terme de sa visite le souvenir de cette journée exceptionnelle, c'est l'œuvre d'un artiste français, Georges Rouault, que le pape choisit d'offrir à l'ONU.

Le cardinal Tauran fait allusion, dans son propos conclusif du colloque, aux sept messages que les Pères conciliaires adressèrent au monde à la fin du concile. Le pape Paul VI avait attaché personnellement une importance toute particulière à ces messages : il en avait lui-même choisi les thèmes et en avait défini les destinataires. Ces messages devaient apporter de la façon la plus claire une information intelligible sur ce que venait de décider le concile au terme de quatre années de travaux intenses[1]. Peut-on s'arrêter sur un fait singulier,

[1]   «Paul VI souhaita que le monde entier se rende compte de ce que l'Église avait vécu et offrait à présent à l'humanité tout entière. [...]. Ces messages représentaient pour lui une nécessité qui jaillissait du plus profond de son cœur. Il les avait programmés depuis longtemps» (dans «Paul VI à travers son enseignement», par Mgr Pasquale Macchi).

peu relevé dans les chroniques du concile? À l'heure de la clôture du concile, une fois publiés, en latin, les seize documents conciliaires, les messages furent donc proclamés depuis la place Saint-Pierre et, par la volonté expresse de Paul VI, c'est en français, et seulement en français, qu'ils le furent[1]. Pour que tout fût parfaitement compris, le pape choisit d'ailleurs exclusivement pour les lire des prélats francophones.

Qu'on en juge; le cardinal Achille Liénart, évêque de Lille, proclama le message aux gouvernants («à tous les dépositaires du pouvoir temporel»), tandis que le cardinal Paul-Émile Léger, archevêque de Montréal, le cardinal Léon-Joseph Suenens, archevêque de Malines-Bruxelles, le cardinal Léon-Étienne Duval, archevêque d'Alger, le cardinal Paul Zoungrana, archevêque de Ouagadougou, le cardinal Pierre-Paul Méouchi, patriarche d'Antioche des Maronites, le cardinal Grégoire-Pierre XV Agagianian, patriarche de Cilicie des Arméniens, lurent en français les messages adressés respectivement aux hommes de la pensée et de la science; aux artistes; aux femmes; aux travailleurs; aux pauvres, aux malades et aux personnes qui souffrent; aux jeunes[2].

Ces messages furent ensuite remis en main propre, symboliquement, sur la place Saint-Pierre, à quelques personnes choisies par Paul VI lui-même: parmi elles, Jacques Maritain[3] et Jean Guitton reçurent ensemble le message aux hommes de la pensée et de la science et Marie-Louise Monnet, sœur de Jean Monnet, le message aux femmes.

S'il y eut un jour au XXe siècle où la langue française fut à l'honneur dans le monde, ce fut bien en ce 8 décembre 1965 à Rome sur la place Saint-Pierre!

À cette sollicitude bienveillante du pape pour ce qui venait de France répondait, il est vrai, une attention soutenue des autorités françaises. Le général de Gaulle était convaincu de l'importance de l'événement qui se déroulait à Rome. Il s'informait continûment de son avancement et il veilla, en faisant confiance aux canaux diplomatiques, à s'entretenir fréquemment avec Mgr Bertoli, alors nonce

---

[1]   Ces sept messages furent publiés, en français, par *L'Osservatore Romano* du 10 décembre 1965.

[2]   Dans Bernard Billaud, *D'un Chirac l'autre* (partie non encore publiée).

[3]   À la mort de Jacques Maritain en 1973, Paul VI eut, pour évoquer son ami, ces mots empruntés au vocabulaire mystique: «Nous n'oublions pas son apparition sur la place Saint-Pierre, lors de la clôture du concile, pour recevoir le message aux hommes de la culture au nom du Christ notre Maître.»

en France et qui, comme évêque, participa à toutes les sessions du concile : merveilleux connaisseur et ami de notre pays, il put apporter au chef de l'État une information de première main sur le déroulement du concile.

L'ambassade de France près le Saint-Siège n'était pas moins active pour informer les autorités françaises, en premier lieu le Président de la République et le Premier ministre Georges Pompidou, de la marche du concile. Son activité redoubla d'intensité quand le général de Gaulle plaça en 1963 l'ambassade entre les mains expertes de celui qu'il avait appelé à la Libération « son compagnon et son ami », René Brouillet, homme dont la foi n'eut d'égale que le sens de l'État. Sa mission commença alors que le cardinal Montini venait d'être élu pape sous le nom de Paul VI. Sous la direction de René Brouillet, la Villa Bonaparte devint alors le lieu par excellence où les diplomates rencontrèrent d'innombrables hommes d'Église, Français et non Français, Romains ou de passage à Rome, venus des quatre coins du monde pour le concile. Mgr Wojtyla fut l'un d'eux comme le furent tous les autres évêques polonais, alors privés d'une véritable représentation diplomatique à Rome, et tant d'autres évêques d'Afrique, du Moyen-Orient, d'Amérique latine et d'Asie. L'ambassade s'appuyait sur une équipe nombreuse et particulièrement sur son conseiller ecclésiastique, le père Joseph Delos – qu'avait fait venir à Rome Jacques Maritain en 1945 –, sur le centre d'études Saint-Louis de France, centre culturel de l'ambassade, encore animé à cette époque par le père Félix Darsy, lui-même un ancien de « l'équipe Maritain », mais aussi sur les « Pieux établissements de la France à Rome et à Lorette », dont l'ambassadeur était de droit le « protecteur », et qui hébergèrent, dans le palais Saint-Louis, tant de Pères conciliaires. Elle travaillait également en liaison avec le séminaire pontifical français de Rome (la « Via Santa Chiara »), les maisons généralices des grands ordres religieux, dont beaucoup restaient alors liés à la France, et les représentants de la presse française – et il faut ici mentionner le nom du père Wenger qui, pour *La Croix*, tint une chronique minutieuse du concile qu'il partagea généreusement et quotidiennement avec les diplomates français.

Les archives diplomatiques, aujourd'hui ouvertes à la consultation pour toute cette période, témoignent de la richesse de la correspondance envoyée à Paris par notre ambassade près le Saint-Siège. Mais les chercheurs et les curieux auront tout intérêt, pour mener à bien leurs travaux sur la France et le concile Vatican II, à compléter leurs recherches en consultant la correspondance de beaucoup de nos autres postes en Europe comme en Afrique, en Amérique et même en Asie, car le concile, de portée mondiale, éveilla partout de l'intérêt et suscita, à son tour, d'intéressantes études de nos ambassades.

Il me reste à espérer que le colloque sur la France et le concile Vatican II donne une impulsion aux recherches historiques en archives concernant les grands événements religieux du XXᵉ siècle. Les Archives diplomatiques françaises sont exceptionnellement riches à cet égard et touchent au demeurant des sujets qui ne concernent pas exclusivement l'Église catholique, loin de là. Quelles que soient les croyances ou les incroyances, la question religieuse dans le monde sous toutes ses formes et dans toutes ses expressions – cléricales, dogmatiques, politiques, sociales et autres – est depuis longtemps, mais aujourd'hui plus que jamais, un sujet de grande attention des diplomates français. Leurs travaux, largement consultables aux Archives diplomatiques, en portent un passionnant témoignage qui mérite d'être connu et étudié.

Frédéric BALEINE DU LAURENS
Ancien directeur des Archives diplomatiques

INTRODUCTION

Le présent volume rassemble les communications présentées dans le cadre de la journée d'étude qui s'est tenue le 9 novembre 2012 au Centre des archives diplomatiques de La Courneuve. Ce colloque, un mois après celui qui a été organisé à Rome par le Comité pontifical des sciences historiques du 3 au 5 octobre 2012, à quelques jours du cinquantenaire de l'ouverture du concile Vatican II (11 octobre 1962), marquait la première étape d'un programme de recherche de quatre années piloté par l'équipe RESEA (Religions, sociétés et acculturation) du LARHRA (Laboratoire de recherches historiques Rhône-Alpes, UMR 5190 du CNRS), en association avec le CNAEF (Centre national des archives de l'Église de France), la Société d'histoire religieuse de la France, l'Association des archivistes de l'Église de France et divers centres universitaires français et étrangers. Ce projet s'articule autour de deux axes majeurs : le recensement des archives des Pères conciliaires, reprise d'une première enquête entreprise dans les années 1980 par l'Institut catholique de Paris ; le rôle et la place des religieux dans le déroulement du concile et ses suites (comme supérieurs généraux des grands ordres et congrégations, aussi bien qu'à titre personnel pour les évêques issus de ceux-ci). La place des religieux au concile fera l'objet d'un colloque international qui se tiendra à Rome du 12 au 14 novembre 2014. Par ailleurs, deux autres rencontres ont déjà eu lieu : l'une a été organisée par l'Association des archivistes de l'Église de France les 23 et 24 octobre 2012 à la Maison des évêques de France ; l'autre les 16 et 17 mai 2013 à l'université de Lille III sur le thème de «La dramatique conciliaire», notion appliquée cette fois à tous les conciles depuis les premiers siècles de l'histoire de l'Église.

Le colloque dont les actes sont ici publiés s'est déroulé dans l'auditorium du Centre des archives du ministère des Affaires étrangères, à l'invitation de M. Frédéric Baleine du Laurens, directeur du service des archives diplomatiques, en présence de Mgr Luigi Ventura, nonce apostolique en France, et du père Bernard Ardura, o. praem., président du Comité pontifical des sciences historiques. La cheville ouvrière de l'organisation de la journée a été Mme Isabelle Nathan, conservateur en chef. L'assistance nombreuse, où se côtoyaient historiens, diplomates, membres du clergé, attestait l'intérêt suscité par le sujet traité : « La France et le concile Vatican II ». Les historiens n'ont certes pas attendu un demi-siècle pour étudier cet événement majeur qui a marqué non seulement l'Église catholique, mais aussi l'humanité tout entière, puisque ce fut la plus grande assemblée délibérative de l'histoire du monde. Son caractère planétaire explique la tenue du colloque au ministère des Affaires étrangères. Cette journée d'étude n'est nullement incompatible avec le principe de laïcité qui prévaut dans notre République. Comme chacun sait, celle-ci entretient avec le Saint-Siège des relations diplomatiques qui sont éloquemment illustrées par l'une des photographies reproduites au centre du volume : on peut y voir Maurice Couve de Murville, ministre des Affaires étrangères, et Wladimir d'Ormesson, ancien ambassadeur de France près le Saint-Siège, délégués officiels du gouvernement français à la séance de clôture du concile, le 8 décembre 1965. Rappelons encore que le nonce apostolique est en France doyen du corps diplomatique et que la Villa Bonaparte à Rome est en relations constantes avec la curie romaine. Aussi bien, aujourd'hui, la question n'est-elle pas ici de savoir si le vingt et unième concile œcuménique a été une bonne ou une mauvaise chose pour l'Église, s'il a été bien ou mal appliqué, quelles orientations nouvelles il a données à l'ecclésiologie et à la pastorale. Ces questions seront traitées dans d'autres enceintes. L'objet propre du colloque de La Courneuve est la place spécifique de la France. Quelle attention le pouvoir politique a-t-il portée à l'événement ? Comment la presse en a-t-elle rendu compte ? Quel rôle ont joué les ambassadeurs, cardinaux, évêques, experts, journalistes français ? Quelles sont les « racines françaises » du concile ?

Les débats se sont organisés en trois temps. Tout d'abord, un regard sur les sources conservées dans les archives de l'État, c'est-à-dire en l'occurrence aux Archives nationales et au ministère des Affaires étrangères. Deux conservateurs du patrimoine les ont présentées. On sait que sous la Ve République, les questions internationales relèvent traditionnellement du « domaine réservé » de l'Élysée. Or, le premier septennat du général de Gaulle (1959-1966) a coïncidé à peu de chose près avec le concile. C'est Nicole Even, auteur de l'inventaire du fonds de la présidence de Gaulle récemment paru, qui a signalé les dossiers où l'on peut trouver des informations utiles sur les relations entre la France et le Saint-Siège pendant cette période exceptionnelle. Comme elle l'a fait remarquer à juste titre, la journée d'étude coïncidait avec le jour anniversaire de la disparition du Général. François Falconet, de son côté, se livre à une analyse très minutieuse des archives diplomatiques, réparties entre La Courneuve et Nantes, analyse fondée sur un examen attentif des rouages administratifs de la diplomatie française.

Un deuxième groupe de quatre communications plante le décor et offre des synthèses sur le rôle joué par la France en tant que nation dans le déroulement du concile. Philippe Levillain était le mieux placé pour élargir la perspective et retracer les relations entre la France et le Saint-Siège de Pie XII à Paul VI. Il rappelle que le pape Pacelli, comme son prédécesseur Pie XI, a envisagé de convoquer un concile œcuménique pour poursuivre et terminer en quelque sorte le premier concile du Vatican interrompu en 1870 et que bien des décisions de Vatican II ne sont que l'aboutissement d'une réflexion amorcée sous Pie XII. Jean-Dominique Durand, de son côté, analyse l'action multiforme de l'ambassade de France près le Saint-Siège à l'initiative des ambassadeurs Guy Le Roy de La Tournelle de 1959 à 1964 puis René Brouillet de 1964 à 1974. La nomination par le général de Gaulle de son ancien directeur de cabinet, collaborateur de longue date, en 1964, est bien la preuve de l'intérêt que le président de la République a porté au concile et l'entrée récente (mars 2013) des archives de René Brouillet aux Archives nationales permettra bientôt de mettre en pleine lumière cette haute figure de la diplomatie française. Autre «pouvoir» actif à Rome pendant le concile: la presse. Yves Poncelet montre l'influence exercée par plusieurs grands journalistes tels qu'Antoine Wenger ou René Laurentin, chacun avec son charisme propre et son réseau de relations, qui pouvait aller jusqu'à inclure des contacts directs avec le pape. Enfin, Michel Fourcade analyse en profondeur le rapport du théologique et du politique dans le débat conciliaire et ses suites.

Les cinq interventions de l'après-midi étaient toutes consacrées à des acteurs du concile. Nombreuses en effet sont les personnalités françaises qui se sont signalées à cette occasion. Il a donc fallu faire un choix représentatif; autrement dit, on n'a pas recherché à tout prix les figures de proue, d'autant que certaines ont déjà été étudiées soit dans des monographies (par exemple la biographie récente du cardinal Liénart due à Catherine Masson), soit dans d'autres colloques. Ont donc été retenus deux évêques (un cardinal de curie et le chef d'un grand diocèse), deux théologiens (un dominicain et un jésuite, tous deux futurs cardinaux) et un laïc (académicien), tous les cinq célèbres à divers titres. Le cardinal Tisserant n'a pas joué un rôle de premier plan dans les débats, mais son rang de doyen du Sacré Collège lui donnait une place en vue dans l'organisation du travail conciliaire. C'est Étienne Fouilloux, auteur d'une biographie de référence, qui a brossé son portrait. En revanche, Mgr Gabriel-Marie Garrone, archevêque de Toulouse, devenu cardinal de curie dès 1966, s'est distingué parmi ses pairs, non seulement en raison de son intervention déterminante dans l'élaboration de la constitution *Gaudium et spes*, mais aussi parce qu'il avait l'oreille de Paul VI. Non moins neuves sont les contributions consacrées par Éric Mahieu et Loïc Figoureux respectivement à Henri de Lubac et à Yves Congar, deux experts très écoutés en dépit (ou à cause) des positions novatrices qu'ils avaient prises dans les décennies précédentes, et sur qui des sources inédites ont permis d'apporter du neuf. Enfin, la personnalité du philosophe Jean Guitton, grand ami de Paul VI, considéré comme le représentant du laïcat intellectuel chrétien, a été évoquée par Philippe Chenaux.

Il revenait au cardinal Jean-Louis Tauran, président du Conseil pontifical pour le dialogue interreligieux et ancien secrétaire pour les relations avec les États, autrement dit ancien «ministre des Affaires étrangères» du Saint-Siège, de conclure la journée en donnant le point de vue du gouvernement central de l'Église.

Si les actes de cette rencontre, où se sont retrouvés, après cinquante ans, les représentants de toutes les catégories socioprofessionnelles qui, à un titre ou à un autre, ont été associées au déroulement du concile Vatican II, ont pu être publiés, c'est, là encore, grâce à l'intérêt qu'a porté à ces travaux, dans le cadre d'une laïcité apaisée et constructive, le ministère des Affaires étrangères. Les organisateurs tiennent à exprimer leur particulière gratitude à M. Richard Boidin, nouveau directeur des archives diplomatiques, et à son adjointe Mme Isabelle Richefort, qui a suivi de près l'impression du volume.

Bernard BARBICHE
Christian SORREL

Les sources diplomatiques françaises

LES SOURCES DE L'HISTOIRE
DU CONCILE VATICAN II
DANS LES ARCHIVES DE LA PRÉSIDENCE
DE LA RÉPUBLIQUE

par Nicole Even

Dans un colloque consacré au concile Vatican II, comment ne pas évoquer la personne et les archives de celui qui qualifia le concile qui s'ouvrait le 11 octobre 1962 d'«événement le plus important du siècle» et qui devait s'achever en 1965, alors qu'il était président de la République? Présenter une intervention sur des sources d'archives peut sembler un exercice bien aride. Il est utile, pourtant, de présenter le fonds du général de Gaulle conservé aux Archives nationales, sous la cote 5AG1, archives de la présidence de la République (1959-1969). L'inventaire de ces archives a été publié le 12 novembre 2012 et cette parution a donné lieu à une journée d'étude aux Archives nationales le 20 novembre[1]. À l'horizon 2013, l'ouvrage sera mis en ligne dans la salle des inventaires virtuels des Archives nationales, qui mettra à la disposition des chercheurs du monde entier le contenu des instruments de recherche rédigés depuis deux siècles.

Ces documents sont entrés aux Archives nationales par la volonté expresse du général de Gaulle. En effet, par lettre adressée le 24 avril 1967 à l'académicien André Chamson, alors directeur des Archives de France, il écrivait: «Je souhaite que mes archives d'État aillent aux Archives nationales comme mes archives de guerre.» Ainsi fut fait pour la plus grande partie du fonds, entre 1971 et 1985, par les soins de l'amiral Philippe de Gaulle, fils du Général. Ces archives appartiennent à la série des archives présidentielles conservées depuis

---

[1]   Nicole Even, *Archives de la présidence de la République. Général de Gaulle, 1959-1969*, Paris, Archives nationales, 2012, 700 p.

la troisième République jusqu'à la présidence de Nicolas Sarkozy. Par ailleurs, c'est sous la présidence de Valéry Giscard d'Estaing (1974-1981) que furent créés le service des archives de la présidence de la République et le système du protocole de remise des archives présidentielles qui a permis le versement des fonds de Valéry Giscard d'Estaing, François Mitterrand, Jacques Chirac et Nicolas Sarkozy.

Dans les archives du général de Gaulle, président de la République (1959-1969), se côtoient documents maintes fois étudiés et documents encore inédits. Sous la présidence du fondateur de la cinquième République, l'Élysée est divisé en trois grands services, le secrétariat général, le cabinet et le secrétariat particulier.

Dans les archives du secrétariat général, dirigé à l'époque du concile par Geoffroy de Courcel puis Étienne Burin des Roziers se trouvent les dossiers des conseillers diplomatiques, René de Saint-Légier, François Bujon de l'Estang et Pierre Maillard. C'est là que se trouvent des notes au président de la République concernant les relations de la France avec le Saint-Siège et la correspondance entretenue avec celui-ci conservées sous la cote 5AG1/716.

Le cabinet fut dirigé par René Brouillet du 8 janvier 1959 au 28 juillet 1961, c'est-à-dire pendant l'époque préconciliaire. René Brouillet (1909-1992) était ancien élève de l'École normale supérieure et de l'École libre des sciences politiques. Auditeur à la cour des Comptes en 1937, il entra dans la Résistance en 1942 et devint en 1943-1944 directeur de cabinet de Georges Bidault, président du Conseil national de la Résistance. En 1946, il commença une carrière diplomatique et devint de 1953 à 1958 premier conseiller à l'ambassade de France près le Saint-Siège, poste qu'il retrouvera de 1964 à 1974. En 1958, il rejoignait le général de Gaulle, alors président du Conseil, comme secrétaire général pour les affaires algériennes. Au poste de directeur de cabinet, René Brouillet était l'homme de l'Église. Il assurait le lien entre le général de Gaulle et l'Église catholique dont il connaissait tous les rouages et tous les hommes. Par là, il facilitait les relations entre le haut clergé et la présidence de la République et il assurait l'information du général de Gaulle. Ces documents sont conservés sous les cotes 5AG1/1508 et 1509[1]. C'est toutefois dans les dossiers du secrétariat particulier, dirigé par le même homme, Xavier de Beaulaincourt, de 1945 à 1970, qu'il faut chercher les documents inédits et en quelque sorte personnels du général de Gaulle.

---

[1] Par ailleurs, les archives de René Brouillet ont été remises aux Archives nationales en mars 2013.

Celui que Charles-Louis Foulon, dans son livre *De Gaulle*, qualifia de «catholique de tradition», écrivait quelques mois avant sa mort: «Si ma vie a pu avoir une signification, ce n'est que par la grâce de Dieu.» André Malraux constatait: «Sa foi n'est pas une question, c'est une donnée comme la France. Mais il aime parler de la France, il n'aime pas parler de sa foi. Elle recouvre un domaine secret.» La foi faisait partie intégrante de la vie de Charles de Gaulle, catholique pratiquant, élevé chez les Assomptionnistes et les Jésuites. Il choisit d'ailleurs la croix de Lorraine comme symbole de la France libre. Il plaçait au-dessus de tout la grande vertu théologale de l'espérance, transcrite en termes politiques dans le mot «espoir», mots sans cesse répétés, y compris dans les jours les plus sombres de la guerre. C'est ce qui lui fit écrire, lors de sa visite à Auschwitz, le 9 septembre 1967: «Quel dégoût! Quelle tristesse! Quelle pitié et malgré tout quelle espérance humaine!» Il veilla toujours, cependant, à ce que l'expression de sa foi restât dans la sphère privée. Comme chef de l'État, il avait parfaitement conscience qu'il était à la tête d'un État laïc qui respecte la loi de Séparation de 1905[1].

Le général de Gaulle a entretenu toute sa vie une correspondance importante avec les membres du haut clergé de l'Église de France et ces documents sont conservés sous les cotes 5AG1/1322 et 1323. Ces dossiers contiennent des lettres, des télégrammes, des faire-part, des cartes et de la documentation variée. Le chercheur peut y trouver des demandes d'audience, des messages de vœux, d'amitié et de soutien à la personne et à la politique du Général.

Dans les archives du secrétariat particulier est également conservée la correspondance du premier président de la cinquième République avec les intellectuels catholiques de son temps, notamment avec Jean Guitton, de 1956 à 1970, sous la cote 5AG1/1183 et avec Jacques Maritain, de 1945 à 1969, sous la cote 5AG1/1219. L'étude de ces dossiers est indispensable pour toute étude sur ces participants laïcs au concile à qui Paul VI remit le fameux message aux intellectuels. Dès 1956, le général de Gaulle écrivait à Jean Guitton: «Pendant la grande épreuve nationale, vous étiez, d'esprit, éloigné de moi: peut-être l'êtes-vous moins aujourd'hui, dès lors que sont venus à vous certains cris et certaines lumières.» Et en 1961, le remerciant pour

---

[1]   Plusieurs ouvrages ont été récemment consacrés aux convictions religieuses du Général: Michel Brisacier, *La Foi du Général*, Paris, Nouvelle Cité, 1998; Laurent de Gaulle, *Une vie sous le regard de Dieu. La foi du général de Gaulle*, Paris, éditions de l'Œuvre, 2009; Fondation Charles de Gaulle, *Charles de Gaulle, chrétien, homme d'État*, Paris, Cerf, 2011; Gérard Bardy, *Charles le catholique. De Gaulle et l'Église*, Paris, Plon, 2011.

son livre *Problème et mystère de Jeanne d'Arc*, le Général soulignait :
« Vous ayant lu, on est beaucoup plus près d'elle. » Jacques Maritain
s'adressait au général de Gaulle en ces termes, depuis l'université de
Princeton aux États-Unis, pour Noël 1958 : « Quoique depuis plusieurs années, je vive entièrement retiré des choses de l'action et me
regarde par suite comme tenu à une totale discrétion, je désire, en
ce jour de Noël, vous dire combien profondément je me réjouis de
la confiance que le peuple de France vous a témoignée d'une façon
si éclatante et de la haute tâche qu'il a mise entre vos mains ; permettez-moi de vous dire aussi de quel cœur je prie Dieu, chaque jour,
de vous assister dans cette tâche. »

Annexe

On trouvera ci-après en annexe un état des principaux articles du fonds
5 AG 1 qui permettent d'étudier la pensée et l'action du général de Gaulle
et de ses gouvernements successifs à l'égard du concile Vatican II.

5 AG 1/176. Vatican. 1959-1967. Entretiens portant sur les jeunes ecclésiastiques français, les persécutions contre les prêtres dans le bloc de l'Est,
le clergé africain (1959-1967), correspondance et texte du message de Paul VI
« Pour la célébration d'une journée de la paix » (8 décembre 1967).

5 AG 1/1104-1297. Dossiers de correspondance avec des personnalités
1940-1972. Correspondance à la signature du général de Gaulle avec des
personnalités notamment militaires, familles royales, familles de chefs d'État,
hommes politiques, religieux, artistes, écrivains : pelures, télégrammes, faire-
part de naissance, mariage, décès, cartes diverses, biographies, documentation, articles de presse, textes de discours ou d'interventions, rapports,
comptes rendus de réunions, brochures, livres, périodiques, affiches et photographies [classement alphabétique] ; 1183 dossier Jean Guitton (1956-
1969) ; 1219 dossier Jacques Maritain (1945-1969).

5 AG 1/1322-1323. Dossier de correspondance avec le haut clergé. 1945-
1970. Correspondance avec des membres du haut clergé, notamment cardinaux, évêques : pelures, télégrammes, faire-part de décès, cartes diverses,
documentation, articles de presse, brochures, livres et périodiques. Il s'agit
notamment de demandes d'audience, de dédicaces, d'autographes, d'interventions, d'informations, d'aide financière, mais aussi de messages de vœux,
d'amitié et de soutien. Ces courriers peuvent être accompagnés de cadeaux
[classement alphabétique]. 1322. A-G ; 1323 H-Z.

5 AG 1/1508-1509. Église de France. 1958-1961. 1508. Épiscopat français
et de la Communauté africaine, interventions : rapports, inventaires de biens
établis par la Direction générale des Domaines, notes, correspondance, télégrammes et coupures de presse (1958-1961). Opinion des catholiques : notes

manuscrites et dactylographiées, correspondance et coupures de presse (1958-1960). Prêtres ouvriers: notes dont portrait du pape Pie XII par le cardinal Tardini et correspondance (1959). Demandes d'intervention émanant de religieux: notes, correspondance et plan (1959) – 1509. Ecclésiastiques, demandes d'intervention: correspondance et télégrammes (1950, 1958-1961).

LES SOURCES DE L'HISTOIRE
DU CONCILE VATICAN II
AU MINISTÈRE DES AFFAIRES ÉTRANGÈRES

par François Falconet

Le 25 décembre 1961, en la fête de Noël, Jean XXIII, par la constitution apostolique *Humanae salutis*, convoquait le concile œcuménique. Il comptera quatre sessions, par ailleurs non prévues au départ, échelonnées du 11 octobre 1962 au 8 décembre 1965 et allait s'avérer être la plus importante assemblée conciliaire tenue dans l'Église. 2860 Pères représentèrent en effet 141 pays, auxquels il faut ajouter 453 experts, 58 auditeurs divers et 101 observateurs non catholiques[1]. La part de l'Europe restait pour autant décisive, avec 38 % des Pères[2]. Dans cet ensemble, les représentants italiens comptaient certes encore à eux seuls pour 15 % du total, mais la France venait en deuxième position, devant l'Espagne et l'Allemagne[3]. Pour comprendre comment le concile œcuménique Vatican II est en lui-même un événement considérable pour l'Église et par là même pour ses fidèles, il suffit de le replacer dans un temps long: il s'agit du deuxième concile général tenu au Vatican, après son prédécesseur entre 1869 et 1870, appelé de ce fait Vatican I. Alors que durant la période médiévale, ce type d'assemblée de l'Église n'était pas rare, notamment aux XIIe

---

[1]   Ces chiffres sont à comparer aux 744 Pères présents lors de Vatican I, dont près de 200 Italiens, et aucun Africain; là où Vatican II compte plus d'une centaine de Pères issus du continent noir.

[2]   Les chiffres de la ventilation des Pères par continent sont les suivants: Europe 38 % dont 15 % d'Italiens (pour 47 % des fidèles), Amériques 31 % (pour 43 % des fidèles), Afrique 10 % (pour 3 % des fidèles), Asie-Océanie 21 % (pour 7 % des fidèles). Dans la phase préparatoire, l'Europe est majoritaire à 71 %. Données fournies par Philippe Levillain, *La Mécanique politique de Vatican II*, Paris, Beauchesne, 1975, p. 137-139.

[3]   Certes diminuée par le fait qu'aucun évêque de la RDA n'assista au concile, *ibid.*, p. 139.

et XIIIe siècles où leur fréquence a été la plus remarquable, le précédent illustre à celui qui fut convoqué dans le dernier tiers du XIXe siècle par le pape Pie IX était celui de Trente, au milieu du XVIe siècle (1545-1563).

Un tel événement ne pouvait donc que concerner la société et mobiliser la diplomatie de la Fille aînée de l'Église. Les liens de notre pays avec le Saint-Siège sont en quelque sorte aussi anciens que la France elle-même, puisque l'on peut dater symboliquement leur commencement avec le baptême de Clovis[1]. Ces relations au long cours vont toutefois s'avérer, pour ainsi dire à toutes les époques, mouvementées et épousent au fil des siècles l'histoire des deux États. Si la diplomatie française apparaît donc dans la deuxième moitié du XXe siècle habituée à une certaine « routine » dans sa représentation auprès du Saint-Siège, comment appréhende-t-elle un événement aussi peu ordinaire dans la vie de l'Église et de l'État pontifical ? Autres données du problème à mettre en perspective, les phénomènes de baisse sensible de la pratique religieuse, voire de déchristianisation et de sécularisation, touchant une part toujours plus importante des Français, au cœur des Trente Glorieuses. Des thèmes touchant à des degrés divers de nombreux autres pays, que le concile va chercher à comprendre et auxquels il va tenter d'apporter une réponse.

Deux fonds entre Nantes et La Courneuve

Des siècles de présence non seulement dans la vie politique mais aussi dans la vie quotidienne des Français ont eu mathématiquement des conséquences en matière d'ancienneté, de richesse et donc de volume pour les fonds conservés relatifs au Saint-Siège. À titre d'exemple, la sous-série « Rome » ou « Saint-Siège » dans la série Correspondance politique[2] est composée de 913 volumes, auxquels on peut encore rajouter 19 volumes de Supplément. En comparaison, la sous-série de la Correspondance politique avec l'Espagne représente 627 volumes et celle avec l'Angleterre en compte 575. En raison d'une spécificité archivistique et spatiale, il n'y a pas une série principale se

---

[1] Comme le site internet de l'ambassade de France près le Saint-Siège le rappelle dans la rubrique « Relations bilatérales ». http://www.france-vatican.org/spip.php?article308.

[2] Dite CP, composée de volumes anciens reliés et dorés. Elle forme le cœur des fonds anciens conservés sur le site de La Courneuve. Elle couvre la période s'étendant de l'ouverture d'une correspondance entre un représentant national auprès d'une puissance étrangère à l'année 1896.

rapportant au Saint-Siège à consulter mais deux. La direction des Archives du ministère des Affaires étrangères a en effet pour particularité d'avoir ses fonds répartis sur deux sites, celui de La Courneuve et celui du Centre des Archives diplomatiques de Nantes (CADN), ouvert en 1983. Si le premier accueille les fonds produits, reçus et conservés par l'administration centrale, le CADN a pour mission de recevoir les fonds rapatriés des postes diplomatiques français et de l'ensemble des services extérieurs du ministère[1]

Les archives du poste

Le fonds de l'ambassade de France près le Saint-Siège a été rapatrié dans sa majeure partie à Nantes en 1997. Il représente une masse considérable de documents occupant 148,80 mètres linéaires (ml), divisés en 1 708 articles (numérotés de 1 à 1 707) et couvrant la période chronologique allant de 1669 à 1977[2]. Les cartons numérotés de 1 396 à 1 404 concernent directement le concile Vatican II. Les deux premiers sont composés de pièces d'ordre général, analysant les commissions préparatoires (dès l'année 1959) et observant de plus près les Pères conciliaires. Viennent ensuite des considérations sur les Églises dites séparées, révélatrices d'une attention particulière chez les observateurs français, et la description des cérémonies d'ouverture. Les cartons 1 398 et 1 399 contiennent le déroulement des sessions (de I à IV). Le reste du fonds est composé de plusieurs cartons thématiques, qui en représentent finalement la majorité. Si à première vue ils semblent prolonger les précédents en relatant encore les cérémonies de clôture, il s'agit surtout d'un assemblage chronologique sur une plus longue période (1950-1965) de comptes rendus de commission, de schémas et de règlements divers, abordant des sujets plus parallèles tels que les questions financières, les réactions de la presse internationale ou encore le récit de l'attribution du prix «Colombe d'argent» par l'Association catholique internationale pour la radio-diffusion et la télévision (UNDA) au film de la RTF «Les observateurs du concile[3]». Le volume subséquent présente l'originalité de

---

[1] Par postes, on entend ambassades et consulats mais aussi représentations permanentes auprès des organisations et commissions internationales. Quant aux «services extérieurs», ils comprennent les Instituts et Centres culturels français à l'étranger.

[2] L'instrument de recherche disponible pour exploiter ce fonds est un répertoire numérique dactylographié, considéré comme non définitif.

[3] FR_MAEE 576/PO/1/1400. Les cotes des documents cités dans cet article sont données selon la forme internationale et la numérotation des fonds en vigueur dans les inventaires présents en salle des inventaires des Archives diplomatiques, avec le logiciel de commande Mnesys.

contenir plus de 90 pochettes contenant les réactions jugées dignes d'intérêt d'autant de pays de tous les continents. Les volumes suivants contiennent surtout de la documentation et recueillent notamment dans l'ordre chronologique les textes officiels souvent trilingues (latin, italien, français) des constitutions conciliaires, tandis que le dernier renferme une collection d'encycliques publiées.

Les archives de l'administration centrale

Dans les dépôts de La Courneuve, les fonds d'archives susceptibles d'abriter des éléments relatifs à notre sujet sont à rechercher dans les versements issus de la direction Europe et plus particulièrement dans les documents provenant de la sous-direction de l'Europe méridionale. La direction Europe réalise traditionnellement depuis 1945 des transferts de versement à la direction des Archives tous les cinq ans. La période qui nous intéresse a la chance d'être d'un seul tenant grâce à la fusion de deux tranches définitivement classées, formant un ensemble allant de 1961 à 1970. Les versements sont constitués de sous-séries par pays. L'État du Vatican, se distinguant des autres pays en raison de ses spécificités, présente un plan de classement original qui ne compte que cinq grandes séries : Corps diplomatique ; Situation intérieure de l'Église, dogme et doctrine ; État du catholicisme dans le monde, relations avec d'autres Églises ; Activité diplomatique du Saint-Siège ; Relations avec la France[1].

C'est dans la troisième série que se trouvent rangés les documents se rapportant tout particulièrement au concile. Une sous-série a été spécialement créée à cet effet, intitulée « Œcuménisme, concile Vatican II, application du concile » – l'association de l'événement au premier thème étant en soi très signifiant – ainsi qu'une cote, 30-9-2, et ses extensions 30-9-2/1 et 30-9-2/2. Cet ensemble comprend 15 volumes, numérotés de 92 à 106. À la différence des fonds du poste, les volumes sont constitués de manière strictement chronologique : les volumes 92 à 96 couvrent ainsi la période de juillet à décembre 1962. Le premier de la série contient les éléments relatifs aux préparatifs, comme en témoigne cette dépêche de l'ambassadeur, datée du 28 décembre 1961 et intitulée « bulle d'indiction du concile »

---

[1]   À titre de comparaison, les séries habituelles pour d'autres pays de la même tranche sont : Corps diplomatique ; État et politique intérieure ; Presse, radio, télévision et information ; Défense nationale ; Questions religieuses, démographiques et sociales ; Économie, finances, transports et communications ; Politique extérieure ; Relations politiques avec la France ; Questions administratives et contentieuses, frontières ; Documentation.

communiquée aussi à la Présidence de la République (PR) et aux services du Premier ministre (PM); ainsi que des considérations sur les observateurs au concile[1]. Puis le déroulement des événements s'ensuit au fil des sessions et des volumes, émaillés de précisions sur les phénomènes ponctuels ou thématiques marquant le concile. Au premier plan des préoccupations diplomatiques se distingue l'intérêt pour la place des Français, qu'il s'agisse du vote des Pères ou des interventions marquantes d'individualités. Le volume 102 contient des documents relatifs aux dernières semaines de la IVᵉ session ainsi qu'aux cérémonies de clôture. Dans les volumes restants, numérotés de 103 à 106, le thème général des questions œcuméniques l'emporte progressivement sur les événements directement liés aux suites du concile Vatican II, qui demeurent cependant présents, qu'il s'agisse de présenter et commenter les décrets conciliaires et leurs applications, ou de faire part des messes anniversaires ou de réunions et colloques postconciliaires. Du même type que son homologue déjà vu dans les fonds du poste, le dernier dossier recèle l'édition officielle par le Vatican des décrets, déclarations et constitutions conciliaires.

Typologie documentaire

La dépêche. La majorité des documents présents dans les volumes issus des deux fonds est constituée de dépêches émises par l'ambassade de France près le Saint-Siège[2]. Leur présentation ne diffère pas des autres dépêches diplomatiques émises par les postes. Le caractère traditionnellement régulier des dépêches se retrouve dans un modèle récurrent pendant les sessions conciliaires : la dépêche hebdomadaire faisant le point sur une semaine de travaux conciliaires, émanant de l'ambassadeur ou de son chargé d'affaires, à la fois longue et précise. Celle de l'ambassadeur Brouillet, en date du 14 septembre 1966 et intitulée[3] «Paul VI, le concile et l'après-concile» atteint la longueur record de 56 pages! Présentant un exposé très général de la situation dans son mode régulier, les dépêches peuvent aussi porter sur des sujets précis et ponctuels, ainsi celle du 25 janvier 1962[4] rapportant l'affaire du «Blâme infligé au livre du père Lombardi sur le concile

---

[1]   FR_MAEE, 202QO/92.

[2]   Le poste est communément appelé «Rome Saint-Siège» pour le distinguer de l'ambassade de France auprès de la République italienne, désignée quant à elle sous le nom de «Rome-Quirinal».

[3]   FR_MAEE 202QO/104.

[4]   FR_MAEE 202QO/92.

et sur l'Église». Elles sont aussi consacrées à des thèmes portant sur toute la durée des sessions telle cette dépêche[1] passant en revue «Les experts au concile», datée du 5 octobre 1962. Ainsi apparaissent les éléments jugés dès le départ prioritaires par la diplomatie française, ou que le déroulement du concile a mis en lumière et qui nécessitent dès lors un éclairage particulier. L'intérêt de ces dépêches va bien au-delà de l'exposé des faits. Leur lecture révèle l'étendue des connaissances d'un personnel diplomatique compétent et bien informé qui, en plus de rapporter les événements, analyse, discute, évalue à plus long terme voire expose son avis, y compris sur des sujets théologiques. Les dépêches commençant par «Du décret conciliaire XXX» ou comme celle[2] intitulée: «De la constitution *De Ecclesia*», du 29 décembre 1964, ne sont pas rares.

Le télégramme. Caractéristique aussi de la correspondance diplomatique, le second type de documents très présent est sans surprise le télégramme diplomatique imprimé, désigné sous le nom de TD. L'essentiel étant émis par le poste, on retrouve la plupart des TD «au départ» dans les dossiers du poste au CADN; les TD imprimés à l'arrivée dominant quant à eux dans les fonds issus de la direction Europe. Bien plus concis que les dépêches, ils portent sur des sujets ponctuels, comme des événements annoncés ou des aspects de type plus administratif.

Les bordereaux. L'analyse de la diffusion des échanges de télégrammes et de dépêches révèle que l'on est bien loin d'une correspondance classique entre le poste et le département. L'événement planétaire que constitue le concile Vatican II est illustré par la diffusion *stricto sensu* tous azimuts de la plupart des documents: à la suite des directions géographiques concernées, du Secrétariat général, du Cabinet du ministre ou encore du service Information et Presse, il n'est pas rare de trouver, en plus des nombreux postes concernés par le sujet en question, les services de la Présidence de la République et du Premier ministre. Le record de diffusion dans le réseau des postes diplomatiques français semble atteint avec les dépêches traitant des cérémonies de clôture du concile. La large diffusion de ces documents explique la forte présence des bordereaux d'envois (BE) dits collectifs. Il s'agit dans bien des cas de BE émanant de la sous-direction de l'Europe méridionale, contenant une dépêche de l'ambassade près le Saint-Siège, à laquelle le département a choisi de donner plus de

---

[1]   FR_MAEE 202QO/94.
[2]   FR_MAEE 202QO/101.

visibilité. C'est aussi sous la forme du bordereau d'envoi que sont transmises les nombreuses interventions au concile jugées notables ou décisives, notamment les allocutions du pape.

Notes, mémoires, lettres. Bien d'autres types documentaires, certes en proportions moindres, se retrouvent dans les divers fonds et leur confèrent un caractère multiforme. Les notes retrouvées émanent de l'administration centrale et plus particulièrement de la sous-direction de l'Europe méridionale. Elles sont généralement conservées «au départ» dans la série «Saint-Siège» de la direction Europe. Loin de reprendre des éléments provenant du poste, elles font part d'informations obtenues par d'autres sources, comme en témoigne cet «entretien avec le conseiller de presse yougoslave sur le concile», en date du 26 février 1966[1]. Moins nombreux sont les mémoires anonymes, pour lesquels on se perd en conjectures quant à l'identité précise de leurs auteurs. Ils portent en général sur des points de détail à éclaircir mais peuvent concerner des sujets plus larges comme cette volumineuse «vue d'ensemble sur la première session du concile œcuménique Vatican II», qui cite Voltaire en introduction[2]! Les documents manuscrits sont rares, bien plus que les annotations. Mentionnons cette liste des personnalités officielles représentant les États aux cérémonies de clôture des sessions (1962-1965), dressée par l'ambassade. Enfin, il est possible de trouver quelques lettres émanant de particuliers, plus nombreuses dans la correspondance des ambassadeurs conservée par le poste[3], telle celle où la comtesse Jean de Pange, sœur du duc de Broglie, se recommande à l'ambassadeur en espérant pouvoir assister à la cérémonie d'ouverture[4].

Confidentialité et documents classifiés. Allant de pair avec la diffusion très large qui a déjà été évoquée, se pose la question du caractère sensible des documents. D'évidence, ceux qui sont dits «classifiés» sont peu nombreux, tout au plus quelques dépêches portent la mention «confidentiel». La proportion de TD classés «confidentiel» et «secret» est un peu plus forte et tient au fait qu'ils contiennent des informations souvent plus ponctuelles et précises, avec la possibilité de les faire parvenir rapidement. Un TD est classifié «Très secret»: daté du 19 juillet 1965 et consacré à des tractations délicates dans le cadre de l'adoption par le concile du schéma sur les rapports de l'Église avec les religions non chrétiennes, il révèle

[1]   FR_MAEE 202QO/103.
[2]   FR_MAEE 202QO/96.
[3]   Voir *infra*, IIIe partie.
[4]   FR_MAEE 576/PO/1/1397.

une ambassade au fait de démarches très confidentielles visant à rallier des patriarches orientaux visiblement réticents[1]. Dans un autre type documentaire, citons cette lettre sur laquelle figure la mention «personnel et secret» envoyée depuis l'ambassade Rome-Saint-Siège et adressée au directeur d'Europe du moment, Jean-Marie Soutou[2].

Coupures de presse, brochures, documentation. Dans les deux fonds décrits précédemment mais aussi dans ceux, complémentaires, que nous verrons par la suite, il faut noter la présence d'articles de journaux, le plus souvent sous la forme de coupures de presse liées à une dépêche ou illustrant un autre document. Les plus volumineux parviennent par le biais d'un bordereau d'envoi. La proportion d'articles ou de journaux retrouvés est plus forte dans les fonds du poste. Sans surprise, les médias les plus cités sont les vecteurs de l'information du Saint-Siège tels que Radio Vatican ou *L'Osservatore Romano*. Nombre de dépêches provenant de l'ambassade comprennent un article du quotidien commenté par notre ambassadeur. L'attention portée à la presse étrangère est aussi réelle, transmise par les postes concernés, comme en témoigne cette dépêche du 3 novembre 1964 envoyée par l'ambassade de France au Portugal et intitulée «Éditorial de *Novidades*, interdit par la Censure[3]». Enfin, il faut mentionner la présence de documentation, sous la forme de revues diverses, de brochures, de règlements ou de schémas. La plus représentée a pour nom *Konzil, Kipa, concile* «Meldungen, nos informations». Les brochures jugées dignes d'être conservées concernent les sujets les plus délicats traités durant le concile. Dans le dossier du poste intitulé «L'Église et les non chrétiens[4]» se trouve une brochure comportant des notes manuscrites, intitulée *Le Concile et les Juifs*. Elle se présente sous la forme d'un dialogue traitant d'un des débats marquants du concile, entre Jacob Kaplan, le grand rabbin de France, et le futur cardinal Daniélou.

La diplomatie française et le vaste monde

Un événement multilatéral. En parcourant les dossiers, un phénomène très signifiant quant à l'attitude diplomatique française apparaît: le concile intéresse la diplomatie française surtout en tant

---

[1] FR_MAEE 202QO/101.

[2] FR_MAEE 202QO/94.

[3] FR_MAEE 202QO/100.

[4] FR_MAEE 576/PO/1/1431 6/16-6/17. Éditée dans la collection Conférences des ambassadeurs, discours français et internationaux.

qu'événement multilatéral. Sans se désintéresser des retombées proprement nationales que peuvent avoir le déroulement et les conséquences de ce qui se joue au concile, la diplomatie française se montre très attentive à l'observation de la réception de l'événement dans toutes les parties du monde. Il a déjà été vu que la correspondance diplomatique du poste était souvent rediffusée à d'autres ambassades et consulats du réseau diplomatique français. Mais plus nombreuses encore sont les dépêches reçues par le département ou l'ambassade près le Saint-Siège et provenant de l'ensemble des postes diplomatiques. Tous fonds confondus, ces documents représentent en fait près de la moitié du total. On les trouve ainsi en tant que documents épars, tant au fur et à mesure des années dans les fonds de la direction politique que dans les cartons chronologiques du fonds du poste. Bien plus, cet intérêt de la diplomatie française pour le retentissement multilatéral du concile est présent de manière plus thématique : il existe dans le fonds du Saint-Siège conservé à Nantes des séries générales par pays (dont une série France[1]). Tous les aspects des relations bilatérales avec le Saint-Siège, du point de vue diplomatique, y figurent mais aussi des affaires proprement religieuses. Le concile et ses enjeux n'en sont donc pas absents. Or, les séries par pays se trouvent aussi dans les fonds des directions géographiques du ministère (Europe, Asie, etc.), et pour chacune existe une sous-série «Affaires religieuses» : le champ de recherche s'étend dès lors considérablement, puisque potentiellement toutes les sous-séries par pays des directions géographiques sont concernées ! En outre, quelques sondages ont permis un rapide constat : ces fonds ne sont pas redondants. La sous-série «questions religieuses» de la série Irlande 1961-1970 issue de la direction Europe ne conserve rien de vraiment lié au concile[2], tandis que des dépêches ou TD concernant les catholiques d'Irlande sont dispersés dans les dossiers de l'ambassade portant sur le concile.

Les synthèses des diplomates. Ces dépêches témoignent en premier lieu du retentissement planétaire de l'événement. Les observations se rapportent d'un point de vue général à la réception du concile par l'opinion, comme par exemple cette dépêche du consulat général de France à Munich intitulée «L'opinion bavaroise et le futur concile œcuménique[3]». Les documents révèlent une attention portée au

---

[1]   Intéressantes pour avoir des renseignements sur les avis du Saint-Siège sur la vie politique française, les débats de société, mais aussi des avis français sur les enjeux du point de vue du Vatican. FR_MAEE 576/PO/1 volumes 1276 à 1300.

[2]   FR_MAEE 191QO/44.

[3]   FR_MAEE 202QO/92.

«retentissement du concile œcuménique[1]» dans un pays, quel que soit le continent, de la Thaïlande au Nicaragua, et sont du type «La Suisse et le concile», «Le Congo et le concile», etc. Des attentions particulières sont portées aux réactions du clergé local, comme en témoigne cette dépêche datée du 28 août 1962, envoyée par Bernard Dufournier, ambassadeur au Chili, concernant «L'Église chilienne devant le concile œcuménique[2]». Quant à Lucien Paye, en poste au Sénégal, il rend compte dans sa dépêche du 20 janvier 1964 de la «Conférence de S. Exc. Mgr Thiandoum, archevêque de Dakar, sur "Les Grandes Heures de Vatican II[3]"». Le clergé orthodoxe n'est pas en reste, et les réactions de Mgr Makarios, alors aussi chef de l'État chypriote, sont rapportées et commentées[4]. Les membres des délégations des clergés nationaux se rendant au concile font l'objet d'analyses de la part des ambassades françaises, comme c'est le cas des Pères coréens[5]. La presse du pays peut aussi faire l'objet d'attentions.

Les diplomates en poste dans des pays majoritairement catholiques sont évidemment très attentifs, se tenant au courant des voyages des prélats et de la réception de leurs propos sur des sujets sensibles. Roland de Margerie, alors ambassadeur à Madrid, rend compte de l'écho des propos du cardinal Bea, le 8 mai 1961, dans son développement sur «Le futur concile et la réunion des Églises : propos du cardinal Bea[6]». Mais cette attention diplomatique touche non seulement les pays chrétiens non majoritairement catholiques – en témoigne cette dépêche «Du concile» émise par l'ambassadeur de France au Danemark[7] – mais aussi des pays non chrétiens, comme c'est le cas du Sri Lanka, majoritairement bouddhiste[8]. Les pays à majorité musulmane, y compris ceux où la présence chrétienne paraît anecdotique, ne sont pas absents, car l'existence de réactions tant des gouvernements que des religieux intéresse les représentations. Une dépêche provient de l'ambassade en Afghanistan sur le «deuxième concile du Vatican[9]». Dans certains cas, l'ambassadeur écrit pour

---

[1] FR_MAEE 202QO/93 au sujet du Nicaragua.

[2] FR_MAEE 202QO/93.

[3] FR_MAEE 202QO/99.

[4] FR_MAEE 202QO/92.

[5] FR_MAEE 202QO/92.

[6] FR_MAEE 202QO/92.

[7] FR_MAEE 202QO/95.

[8] FR_MAEE 202QO/94. Dépêche intitulée «Les catholiques de Ceylan et le concile…».

[9] FR_MAEE 202QO/96.

souligner le peu de réactions que soulève l'événement : en Iran, l'ambassade se contente d'un TD[1].

La question des Églises séparées. Le concile Vatican II, « œcuménique », s'est tout spécialement penché sur le problème dit des Églises séparées, et plusieurs schémas ont été publiés[2]. Les sources diplomatiques rendent compte des préoccupations vis-à-vis des Églises orientales. Émise le 3 janvier 1963, une dépêche classifiée « confiden tielle » de Robert de Boisseson, ambassadeur de France au Liban, fait le point sur les « Impressions de l'épiscopat libanais sur le concile[3] ». Les pays orthodoxes ne sont pas en reste, dans leur acception la plus large. La diaspora grecque est présente dans une dépêche qui se fait l'écho des « déclarations de Mgr Iakovos, archevêque grec orthodoxe des deux Amériques[4] ». À l'issue du concile, Robert de Souza, ambassadeur en Grèce, fait part au département des « Réactions grecques à la levée des anathèmes » en joignant le texte intégral de la « Déclaration commune de l'Église catholique et de l'Église orthodoxe de Constantinople[5] ». Ces informations relatives à « L'Église orthodoxe et le concile », pour reprendre le titre d'une autre dépêche de l'ambassade de France en Grèce, ne proviennent pas que des postes mais aussi de l'ambassade de France près le Saint-Siège : Pierre Henry, chargé d'affaires, rédige ainsi un document plus général sur « Paul VI et l'union des Églises séparées[6] ». En novembre 1962, l'ambassadeur La Tournelle avait envoyé une dépêche classifiée « secret » avec pour objet « Des observateurs de l'Église orthodoxe russe au concile[7] ».

Diplomatie et géopolitique. Au-delà de la dimension religieuse et sociale qui peut transparaître d'une dépêche telle que « la Bulgarie et l'œcuménisme[8] », les diplomates n'oublient pas le sens géopolitique et les axes stratégiques de l'époque. Toutes les implications qu'un événement comme le concile Vatican II peut avoir dans les pays du bloc de l'Est et dans le cadre de la guerre froide transparaissent. Des dépêches telles celle de l'ambassadeur de La Tournelle sur « Le Saint-Siège et l'URSS » sont évidemment communiquées à l'ambassade à Moscou mais aussi aux autres représentations auprès des pays de

---

[1]   FR_MAEE 202QO/93.
[2]   Schémas *Unitatis redintegratio* et *Orientalium Ecclesiarum* par exemple.
[3]   FR_MAEE 576/PO/1/1396.
[4]   FR_MAEE 202QO/95. Dépêche datée du 31 octobre 1962.
[5]   FR_MAEE 202QO/103. Dépêche datée du 16 décembre 1965.
[6]   Ces deux références se trouvent dans FR_MAEE 202QO/98.
[7]   FR_MAEE 202QO/96.
[8]   FR_MAEE 202QO/98.

l'autre côté du «rideau de fer[1]». Prenons l'exemple des dossiers relatifs à la Hongrie conservés dans les archives du poste. Certaines dépêches de l'ambassadeur de France à Budapest observant la vie religieuse du pays sont classiques, mais dans les années concernées apparaissent en plus les dépêches intitulées «Le pape et le concile», exposant les débats vus depuis le pays, analysant les réactions de l'organe du Parti, de la presse, bref la réception de l'événement par l'ensemble de la société, ses divers organismes, ses corps constitués[2]; le tout formant une mine de renseignements sur le fonctionnement et la bonne ou mauvaise «santé» de ces puissances. En plus du rôle des prélats allemands au fil des sessions, l'attitude de la RDA est un des principaux points de focalisation des regards comme le révèle la dépêche du ministre-délégué du Gouvernement militaire français de Berlin, Jean Le Roy, intitulée «L'encyclique *Pacem in terris* et la coexistence pacifique en DDR[3]». Ces informations ne proviennent pas que des représentations à l'étranger. La direction de l'Europe rédige des notes de synthèse sur le même sujet comme celle ayant pour titre «Le concile et les pays de l'Est» à laquelle est jointe une liste des participants au concile par pays[4]. La sous-direction de l'Europe méridionale fait aussi parvenir des notes générales portant sur des continents entiers, adressées à «Monsieur l'Ambassadeur de France» (une liste de postes est précisée en fin) comme celle sur «L'Afrique et le concile œcuménique», ou dans un autre cas pour l'Amérique latine[5].

AUTRES FONDS, AUTRES PERSPECTIVES SUR LE CONCILE

Les fonds du cabinet

Le fonds du cabinet du ministre alors en fonction a l'avantage de ne pas présenter de coupure dans les années du concile. Maurice Couve de Murville, premier ministre des Affaires étrangères de la Vᵉ République, est en effet resté en fonctions de janvier 1959[6] à mai 1968,

---

[1]   FR_MAEE 576/PO/1/1400.
[2]   FR_MAEE 576/PO/1/1306.
[3]   FR_MAEE 179QO/69, sd. 2.
[4]   FR_MAEE 202QO/97.
[5]   FR_MAEE 202QO/97.
[6]   Auxquels on peut même rajouter les derniers mois de la IVᵉ République finissante : juin 1958-janvier 1959. La Vᵉ République commence avec Maurice Couve de Murville aux mêmes fonctions.

soit le plus long ministère depuis celui du comte de Vergennes (juillet 1774-février 1787)! Le volume n° 91 du versement du cabinet Couve de Murville, qui s'intitule «Vatican», est composé de six sous-dossiers. Le seul ayant vraiment trait au sujet est le second, intitulé «Concile Vatican II», qui couvre une période allant de septembre 1962 à février 1966. On y retrouve les habituelles dépêches provenant de l'ambassade près le Saint-Siège et de la sous-direction de l'Europe méridionale. Mais aussi des documents plus particuliers à caractère administratif comme ces TD expédiés au Consulat de Rome autorisant l'immatriculation de l'épiscopat français devant siéger au concile. Il faut aussi mentionner l'existence d'enjeux plus géopolitiques, voire stratégiques, comme en témoigne cette lettre confidentielle datée de septembre 1964[1], émanant du ministère de la Justice et faisant parvenir au ministre une copie du schéma soumis au concile, où sont soulignées et annotées certaines lignes validant ou non des choix politiques du gouvernement français. Ceux-ci ne sont pas des moindres puisqu'il s'agit notamment de la question de l'armement nucléaire. Enfin, des documents ressort un troisième aspect, cette fois plus protocolaire, comme cette lettre de remerciement du ministre français au nonce, datée de février 1966, après que celui-ci lui a fait parvenir le mois précédent les «Messages au monde» du concile.

Les archives du conseiller pour les Affaires religieuses

La fonction de conseiller pour les Affaires religieuses est née lors du rétablissement des relations diplomatiques entre la France et le Saint-Siège en 1921, relations qui avaient été rompues depuis le 30 juillet 1904, dans le contexte des lois interdisant l'enseignement aux congrégations religieuses et devant mener l'année suivante au vote de la loi sur la séparation des Églises et de l'État[2]. Pour le nouveau conseiller, il s'agissait alors surtout d'exercer le droit de regard sur les nominations épiscopales. Les fonds qui peuvent retenir l'attention du chercheur se trouvent dans le versement 1947-1987, dont la majeure partie est composée de volumes classés en sous-séries par pays. Dans l'absolu, ne serait-ce que pour les pays à la population majoritairement catholique, de nombreux cartons traiteront de rapports avec le Vatican.

---

[1]   FR_MAEE 12QO/91.

[2]   Sur la fonction du conseiller, on se reportera à l'article de Romuald Szramkiewicz, «Le conseiller pour les affaires religieuses au ministère des Affaires étrangères», dans *Revue des sciences morales et politiques*, vol. 149, n° 3, 1994, p. 259-271. Cette fonction s'est étendue ces dernières décennies aux autres religions.

Dans une première partie du fonds comprenant des dossiers intitulés «Questions générales, dépêches», classés de manière strictement chronologique, deux articles ont été examinés (volumes 4 et 5) car se rapportant aux années du concile. La grande majorité des dossiers est constituée de télégrammes, bordereaux et dépêches de la représentation française auprès du Saint-Siège. La plupart, comme on l'a vu, fait l'objet d'une large diffusion, comme ce bordereau collectif émanant de la sous-direction de l'Europe méridionale envoyé au conseiller mais aussi aux services du Premier ministre, à la Présidence de la République, à l'OTAN et à plus de 120 postes[1]! Reprenant un compte rendu de l'ambassade au Vatican intitulé «Une semaine importante dans l'histoire du concile», le département a jugé utile de le rediffuser massivement, ce qui souligne encore l'aspect multilatéral accordé à l'événement. Les affaires proprement françaises ne sont pas pour autant absentes des documents comme dans cette dépêche de l'ambassadeur de La Tournelle traitant longuement de «L'influence française dans la curie[2]». Le diplomate s'y montre par exemple très au fait des grâces ou des mises à l'index touchant les uns ou les autres, de la réception des ouvrages de théologiens quelque peu dissidents. D'autres documents sont moins diffusés, comme cet envoi confidentiel de l'ambassadeur Brouillet en date du 25 juin 1964, adressé au conseiller, à la sous-direction de l'Europe méridionale, à l'ambassade de France auprès de la République italienne, et intitulé «Paul VI, le concile et les Juifs». Après consultation, il apparaît que la majorité des documents de ces deux volumes 4 et 5 traite certes d'affaires religieuses mais sans rapport direct avec le concile proprement dit.

Sans enlever leur intérêt aux deux précédents, la proportion est bien différente dans le carton thématique n° 36 intitulé «Concile Vatican II». Il est constitué d'un dossier de généralités traitant de la préparation du concile et de son déroulement, puis d'un dossier chronologique par session. Il livre une sélection chronologique soigneusement constituée de dépêches de synthèse provenant bien sûr de l'ambassade près le Saint-Siège mais aussi des autres postes. Parmi les thèmes retenus, il faut relever à nouveau l'intérêt pour les questions touchant aux Églises séparées et à l'œcuménisme comme cette dépêche de l'ambassadeur à Athènes qui titre qu'«un théologien orthodoxe se prononce en faveur de l'envoi d'observateurs au concile

[1]   FR_MAEE 2192INVA/4.
[2]   FR_MAEE 2192INVA/4.

du Vatican[1]». Parmi la masse écrasante des dépêches, quelques dossiers joints, comme celui qui accompagne un courrier traitant du «Communiqué du Secrétariat pour l'Unité» et émanant du bureau de presse du concile. Mentionnons enfin la présence en très petite quantité de notes dont la provenance est difficile à déterminer[2]. Formellement, il faut préciser que les documents conservés dans les dossiers des Affaires religieuses sont marqués d'un tampon à l'encre rouge apposant la mention: «Service des affaires religieuses». Notons enfin, pour la transition, la présence dans le dossier d'une dépêche de l'ambassadeur de La Tournelle intitulée «L'information au concile» où l'ambassadeur égrène la composition des commissions linguistiques établies pour la durée des sessions[3].

Les fonds «information et presse»

La série «information et presse» est d'autant plus à consulter qu'il s'agit du premier concile suivi à ce jour avec les moyens techniques de transmission de l'information apparus au XXe siècle et donc absents lors de Vatican I. Le Saint-Siège modernise d'ailleurs ses moyens pour l'occasion, instituant un Bureau de presse sous la direction de Mgr Vallainc. L'État pontifical dispose déjà alors du quotidien *L'Osservatore Romano*, mais aussi d'un circuit de télévision et d'une chaîne de radio, Radio Vatican. L'information, son contrôle et sa diffusion deviennent vite un enjeu, jusque dans les débats des sessions. Philippe Levillain a bien rapporté comment la presse s'est d'abord nourrie d'apparat puis de politique, à la faveur de l'intervention du cardinal Liénart et son «amendement Wallon de Vatican II[4]». Dès lors, *France Soir* peut titrer sur «Les évêques français en révolte au concile».

Le fonds conservé à La Courneuve. Dans la série «Information et presse» de l'administration centrale, le versement 1945-1978 comprend un carton portant le numéro 497 et intitulé «Documentation, Saint-Siège[5]». Il n'est pas comme on pourrait le penser de prime abord composé de coupures de presse mais en grande majorité de dépêches provenant de l'ambassade de France près le Saint-Siège. Les sujets

[1]   FR_MAEE 2192INVA/36.
[2]   Se reporter à la IIIe partie du présent texte.
[3]   FR_MAEE 2192INVA/36.
[4]   Philippe Levillain, *La Mécanique…*, p. 186.
[5]   FR_MAEE 544INVA/497, cote intellectuelle: DI 53.

traités sont en revanche bien en rapport avec le thème de la série, avec des titres récurrents comme «Le concile et la presse», «L'information au concile». Nombreux sont les courriers accompagnés de documents joints: «Le concile et la presse» est ainsi complété par le texte du règlement établi par le Service de presse du concile et sa traduction. Se retrouvent aussi des bordereaux accompagnés de textes publiés comme celui de *Pacem in terris*, une encyclique du 11 avril 1963. Les coupures de presse ne sont pas pour autant absentes et sont aussi transmises par bordereaux, comme celle très intéressante tirée du journal marocain *Maroc-Informations*: il s'agit d'une tribune d'Abdeslam Hajji où l'auteur déplore que son pays s'intéresse si peu aux idées universelles abordées par le concile.

En soi donc, la typologie documentaire rejoint ce que l'on peut trouver dispersé dans de nombreuses autres séries. L'originalité tient plutôt au contenu qui dévoile les mécanismes de l'information: il y avait inégalité de traitement[1] entre les journalistes du Vatican et les autres et, parmi ces derniers, entre ceux qui appartenaient à un organe catholique et les représentants des journaux laïcs. Le Saint-Siège, pour éviter la confusion, avait préféré diriger, dans la mesure du possible, l'information. Le Bureau était ainsi divisé en sections linguistiques, avec à la tête de celle de la langue française le père François Bernard, du journal *La Croix*. La tâche de ce dernier apparaissait dès le début comme délicate, car il n'avait que peu de liens personnels avec des Pères conciliaires, et surtout il devait tenir compte d'un quasi-concurrent en la personne du père Antoine Wenger, rédacteur en chef de *La Croix*, souvent mieux informé. À titre d'exemple, c'est un courrier[2] du père Wenger qui, le 14 septembre 1962, informe le service de presse du ministère des Affaires étrangères des noms, fonctions, etc. des informateurs religieux présents à Rome. Mentionnons aussi la minute d'un courrier envoyé par le ministère à l'ambassade à Rome près le Saint-Siège, cette dernière voulant connaître les noms de tous les journalistes français chargés de couvrir le concile, minute accompagnée de mentions manuscrites.

Le fonds du poste. Ces aspects finalement assez «techniques» du thème de l'information au concile transparaissent massivement dans une autre sous-série «Information et presse» incluse dans le fonds du poste rapatrié au CADN. Celle-ci ne comprend qu'un article, le volume 1551, subdivisé en plusieurs sous-dossiers bien distincts et

---

[1]   Philippe Levillain, *La Mécanique...*, p. 146.
[2]   FR_MAEE 544INVA/497, cote intellectuelle: DI 53.

couvrant une longue période (1954-1974) englobant le concile. Les sous-dossiers comportent des cotes intellectuelles et ont pour intitulés : Agence France-Presse (établissements de liaisons) ; ORTF ; Quotidiens et hebdomadaires, revues ou encore Reportages cinématographiques.

Les fonds iconographiques et le concile

Les archives diplomatiques conservent une collection iconographique riche de plus de 400 000 images, dont 60 000 sont consultables en ligne[1]. Après recherche, il faut bien convenir que les résultats sont somme toute assez maigres. Les photographies sont liées aux événements de la vie religieuse de l'époque, comme cette rencontre au siège des Nations-Unies à New-York entre le ministre français Couve de Murville et le pape Paul VI avant l'appel de ce dernier pour la paix dans le monde, lancé avant l'Assemblée générale. Plusieurs concernent l'office funèbre de Jean XXIII et la présentation de condoléances de la part de la France à la nonciature. Une seule finalement a un lien direct avec le concile : il s'agit d'une photographie prise à l'occasion de la dernière séance publique du concile œcuménique avant la cérémonie de clôture, avec Maurice Couve de Murville, ministre français des Affaires étrangères, et Wladimir d'Ormesson, académicien, ancien ambassadeur de France près le Saint-Siège, et ce pendant que le pape s'adresse à l'assemblée des Pères conciliaires[2].

Finalement, le plus grand nombre de photographies peut être trouvé dispersé dans les fonds parcourus, qu'il s'agisse d'images incluses dans des coupures de presse ou de tirages insérés dans les dossiers. Elles ne sont pas non plus très nombreuses, en valeur absolue. Signalons tout de même une enveloppe contenant six tirages photographiques dans les fonds de Nantes[3]. Tous les clichés ont été pris à l'occasion de la réception donnée par l'ambassadeur René Brouillet en fin de concile en l'honneur des Pères conciliaires français et francophones, le 7 octobre 1965, à la Villa Bonaparte, et témoignent concrètement de l'implication des diplomates français dans l'événement, en même temps que de la sphère d'influence de la francophonie.

[1]   http://basedoc.diplomatie.gouv.fr.
[2]   Base Images, A 017069.
[3]   FR_MAEE 576/PO/1/1402.

Acteurs du concile, acteurs de la diplomatie

Pour mieux appréhender les réflexions, les réactions, les interprétations émanant des archives à consulter, il faut aussi en savoir plus sur les protagonistes et les acteurs clés.

Les participants au concile. Les dépêches, notes et autres documents révèlent l'attention de la diplomatie française portée aux personnalités s'imposant peu à peu au cours des sessions du concile, ou réagissant dans les pays où les diplomates sont en poste. Outre les éléments apparaissant au gré de la lecture des documents du concile, le chercheur peut se pencher sur plusieurs ensembles s'il désire en apprendre plus sur des personnages marquants, qu'il s'agisse de participants influents des clergés nationaux, de membres éminents de la curie, ou d'observateurs divers. Dans le fonds du poste, il existe une longue sous-série intitulée « Saint-Siège » couvrant les années 1950-1970 et comportant de nombreux volumes sur les papes successifs[1], les cardinaux[2] ainsi que d'autres relatifs au fonctionnement et à la composition des institutions vaticanes ou encore des nonciatures. De même, dans les fonds issus de la direction Europe, sous-série Saint-Siège, en plus des sous-séries aussi consacrées au pape, à la composition du Sacré Collège de l'époque et d'autres institutions ecclésiastiques[3], la consultation des séries « Corps diplomatique » et « Relations avec la France », sous-série « Épiscopat et diocèses français », permet de faire le point sur les cadres ecclésiastiques de l'époque.

Les diplomates. Si les diplomates parlent de leurs interlocuteurs au gré de leurs rencontres, eux-mêmes brillent souvent par leur absence, en dehors de la signature ou des intitulés, sans d'ailleurs que cela certifie qu'ils en sont vraiment les auteurs. Or c'est pourtant bien d'acteurs qu'il faut parler et non de simples témoins. L'ambassade de France est à l'initiative de réceptions comme celle qui eut lieu à la Villa Bonaparte le 12 octobre 1962, lendemain de l'ouverture du concile, rassemblant quelques cardinaux, un grand nombre d'évêques français, des prélats étrangers mais aussi quelques experts et autres observateurs. L'analyse de Philippe Levillain[4] a mis en évidence les appréhensions de certains devant les raisonnements alors très « nationaux » des Pères, appréhensions qui allaient se lever avec la mise en

---

[1]   FR_MAEE 576/PO/1/1355-1362.

[2]   FR_MAEE 576/PO/1/1363-1370.

[3]   Série « Situation intérieure de l'Église, dogme et doctrine ».

[4]   Philippe Levillain, *La Mécanique…*, p. 174.

place des commissions et la naissance d'une tendance franco-alle-
mande réformatrice. Signalons aussi la dépêche du 7 janvier 1965
rendant compte cette fois d'une «réception de la colonie française de
Rome» à l'ambassade, contenant en pièce jointe le discours de l'ambassadeur Brouillet prononcé à cette occasion[1]. De leur côté, les
autres ambassades et consulats français se sont pas en reste. Une
dépêche du 8 janvier 1964, émanant de l'ambassade de France au
Sénégal et communiquée à d'autres postes africains, aux directions
politiques du département, ainsi qu'à notre ambassade près le Saint-
Siège, rend compte d'une conférence organisée par l'internonce
Mgr Maury sur la deuxième session du concile dans les salons de
l'ambassade, à Dakar[2]. Le consul de France à Linz, quant à lui, rapporte dans une dépêche comment l'évêque de cette ville a donné une
conférence le citant et remerciant le consulat de lui avoir fourni une
brochure qu'il recherchait sur le concile[3].

Le chercheur désirant faire le point sur le personnel en poste
employé durant les années du concile doit en premier lieu faire appel
aux annuaires diplomatiques. Consultés pour les années 1962 à 1965,
ils permettent de reconstituer comme suit le personnel diplomatique
en poste pendant le déroulement du concile:

	Ambassa-deur	1er conseiller		Conseiller canoniste	2e secré-taire	Vice-consul, chef de chancellerie	Attaché culturel
1962	Guy Le Roy de La Tournelle[4]	Pierre Henry		R.P. Joseph Delos	Non pourvu	Henri Lebot	R.P. Félix Darsy
1963	Guy Le Roy de La Tournelle	Pierre Henry		R.P. Joseph Delos	Henri Delarbre	Henri Lebot	R.P. Félix Darsy
1964	René Brouillet[5]	Pierre Henry		R.P. Joseph Delos	Henri Delarbre	Henri Lebot	R.P. Félix Darsy
1965	René Brouillet	Pierre Henry	2e conseil-ler: Jean Mouton-Brady[6]	R.P. Joseph Delos	Henri Delarbre	Henri Lebot	R.P. Félix Darsy

---

[1]   FR_MAEE 202QO/101.

[2]   FR_MAEE 576/PO/1/1400.

[3]   FR_MAEE 544INVA/497.

[4]   Ambassadeur depuis septembre 1959.

[5]   Nommé ambassadeur en décembre 1963.

[6]   Un 2e conseiller est nommé en décembre 1965.

Sans s'attarder sur un commentaire détaillé du personnel, il faut noter la permanence des cadres, à l'exception du changement d'ambassadeur. Il est dès lors possible, si l'on s'intéresse aux détails de carrière de ces agents, de se reporter aux dossiers de personnel conservés à La Courneuve. Mais pour ce qui intéresse plus particulièrement notre propos, à savoir leur implication dans la diplomatie au moment du concile, les éléments les plus pertinents vont se trouver dans les dossiers rapatriés du poste. Le fonds « Rome Saint-Siège » du CADN comprend une sous-série « Personnel » composée de dossiers nominatifs par ordre alphabétique, qui ne sont pas des dossiers de carrière, mais documentent surtout l'installation du diplomate, ses déplacements et congés ou d'autres actions diverses en exercice. On y trouve des éléments se rapportant aux protagonistes bien en dehors de leur tranche de nomination, à l'image de ce sous-dossier sur les funérailles de l'ancien ambassadeur Brouillet. Sont présents les dossiers de tous les acteurs cités dans le tableau : Brouillet (1958-1974) [1572] ; Darsy (1962-1971) [1573] ; Delarbre (1962-1966) [1574] ; Delos (1949-1974) [*id.*] ; Henry (1961-1970) [1577] ; de La Tournelle (1959-1964) [1578] ; Lebot (1962-1966) [1578] ; Mouton-Brady (1965-1974) [1579].

Enfin, toujours dans le fonds du poste, la sous-série « Correspondance des ambassadeurs » est à mentionner. Constituée de dossiers classés chronologiquement et par ambassadeurs successifs[1], elle recèle de très nombreux échanges avec des particuliers, le département, le Saint-Siège ou diverses autorités françaises et étrangères. Les sujets principaux de ces correspondances portent sur des requêtes d'ordre privé, l'aspect plus organisationnel des soirées et réceptions, en lien ou non avec le concile d'ailleurs, et témoignent d'autres activités de l'ambassade ainsi que d'un domaine plus protocolaire de la vie diplomatique tel que les vœux et félicitations.

L'anonymat. Si dans l'immense majorité des cas, les auteurs ou du moins l'autorité émettrice du document sont mentionnés dans le texte ou ses mentions hors teneur, il existe des exemples de documents vraiment anonymes ou de provenance inconnue. Ce qui ne manque pas d'agacer certains diplomates : le volume 94 de la série Saint-Siège conservée par le département contient un document avec pour objet « Informations religieuses internationales ». Dans la marge en haut à droite se trouvent quelques lignes manuscrites assez éclairantes : « Ce genre de feuilles arrive de temps à temps. Personne ne peut me dire

---

[1]   Dossiers de La Tournelle, FR_MAEE 576/PO/1/1633-1641 (années 1959-1963); dossiers Brouillet FR_MAEE 576/PO/1/1642-1643 (années 1964-1965).

d'où elle vient (*sic*). C'est en général un tissu de ragots de dernier ordre »... Les dossiers du conseiller pour les Affaires religieuses recèlent plusieurs documents apparemment anonymes, souvent de longues synthèses aux titres assez généraux mais à la forme non conforme ou aboutie, telle « L'Afrique et le concile » ou « Bilan de la première session du concile ». Il est précisé pour la seconde qu'il s'agit d'une note faite pour la sous-direction de l'Europe méridionale. Ces documents portent les initiales ou la mention du nom d'un certain Jean Blanchard qui en serait l'auteur et qui n'a pu être identifié avec certitude[1]. Ces rapports peuvent parfois passer d'un ministère à l'autre, comme en témoigne dans le même volume le document anonyme intitulé « Point de vue sur le concile » et portant la mention manuscrite « Vu par le SDECE ».

Les fonds de la direction des archives recèlent enfin une série intitulée « Papiers d'agents-Archives privées », plus connue sous l'acronyme PA-AP, constituée de dons d'archives effectués par les diplomates ou leurs familles. Force est de constater qu'il n'existe pas encore de fonds d'archives provenant des diplomates français les plus concernés ici, au premier rang desquels figure l'ambassadeur René Brouillet. Il s'agit donc de fonds en possible devenir[2].

Tout chercheur désirant exploiter les sources archivistiques du ministère des Affaires étrangères pouvant se rapporter au concile Vatican II doit avoir à l'esprit que, devant un événement international si protéiforme dans son développement et ses conséquences, sortant par là même de l'ordinaire diplomatique, il ne doit pas se limiter aux archives les plus évidentes des liens bilatéraux unissant la France et le Saint-Siège. C'est en observant les fonds d'un regard le plus large possible que l'on prend conscience que, loin de ne concerner que la vie diplomatique du poste ou la politique extérieure du pays à l'époque du général de Gaulle, la quête des sources du concile révèle un champ d'étude foncièrement multilatéral et international. La diplomatie française tournait ses regards vers les événements du

---

[1]   FR_MAEE 2192INVA/36. Un document d'information distribué aux Pères par les services de l'ambassade en 1962 (communiqué par le professeur Christian Sorrel) mentionne un « conseiller d'ambassade en mission pour la durée des sessions conciliaires : Jean Blanchard ». Il y a bien alors un Jean Blanchard au ministère mais après avoir été employé dans le service Afrique-Levant de l'administration centrale puis en tant que premier conseiller à Dublin, il est détaché au ministère du Travail en qualité de chef du service de la Coopération technique internationale. Il n'est donc pas certain, pour l'heure, qu'il s'agisse d'une seule et même personne. Voir les précisions données ci-dessous par le professeur Jean-Dominique Durand (p. 62-63).

[2]   Les Archives René Brouillet ont été déposées aux Archives nationales en mars 2013.

concile mais aussi vers les participants au sens le plus large. Le survol des fonds effectué dans cet article révèle aussi que ces derniers sont loin d'être redondants. Chacun témoigne des intérêts particuliers des services, en fonction de leurs attributions et problématiques du moment. Les doublons eux-mêmes, s'ils existent, comme ces bordereaux envoyés à des dizaines de postes et services d'administration centrale, considérés dans l'ensemble de leur dossier final, révèlent souvent des interprétations d'ordre différent selon le poste considéré.

Quant au concile lui-même, il ne bouleverse pas l'organisation des fonds diplomatiques. La vie religieuse «ordinaire» se poursuit, tant dans le cadre de l'observation de la vie religieuse des pays depuis les postes que dans le fonds de l'ambassade près le Saint-Siège, comme en témoigne le plan de classement de ce dernier. En revanche, les conséquences du concile, elles, seront visibles les années suivantes à bien des égards dans les fonds, par l'application des déclarations, schémas et encycliques mais aussi par la réforme ou la création de nouvelles institutions ecclésiales.

La France, Rome
et le Concile

ROME ET LA FRANCE DE PIE XII
À PAUL VI

par Philippe Levillain

Les relations entre la France et Rome furent orageuses de l'an 800 à 1789, pour faire bref. Avec la Révolution, elles devinrent tumultueuses, «wagnériennes», si l'on peut dire. Il n'est pas nécessaire d'en dire plus pour rappeler, en contrepoint, le paradoxe qui existe dans le titre proposé à l'Église de France d'être la «Fille aînée de l'Église» depuis le baptême de Clovis en 498. Les papes du XXᵉ siècle – mis à part Pie XI peut-être – nourrirent envers la France républicaine, anticléricale et néo-gallicane une admiration historique, faisant quasiment fi des ruptures et des procès en sorcellerie. Elle alla jusqu'à la manifestation d'un vigilant attachement. Au lendemain de la Grande Guerre qui, dans la violence inouïe, «rouvrit les cieux» et fortifia cette «religion personnelle» chère au père Léonce de Grandmaison, Pie XI canonisa successivement Jeanne d'Arc (1920), Thérèse de l'Enfant-Jésus et de la Sainte-Face, le curé d'Ars (1925) et Bernadette Soubirous (1933). Le cardinal Pacelli se rendit à Lisieux du 1ᵉʳ au 11 juillet 1937 pour la dédicace de la basilique en tant que légat extraordinaire. Ce voyage liturgique fut l'occasion d'une rencontre avec les autorités civiles. Et le 13 juillet, il prononçait en chaire de Notre-Dame le fameux discours sur la vocation de la France: «Le passage de la France à travers les siècles est une vivante illustration de cette grande loi de l'Histoire de la mystérieuse et pourtant évidente corrélation entre l'accomplissement du devoir naturel et celui de la mission surnaturelle d'un peuple.»

«Soyez fidèles à votre traditionnelle vocation.» Quarante-quatre ans plus tard, Jean-Paul II, au Bourget, apostropherait la foule: «France, Fille aînée de l'Église, es-tu fidèle aux promesses de ton baptême?» De la confiance exprimée par le futur Pie XII en 1937 à l'interrogation inquiète du jeune Jean-Paul II en 1980, on mesure la difficulté des relations entre Rome et la France face à la mutation de l'Église de France et à la contribution à l'œuvre de Vatican II.

LA COMPASSION ET LE SCEPTICISME (1940-1945)

L'étrange défaite française de 1940 ne laissa pas d'étonner le Saint-Siège. Les conditions de l'armistice parurent dures[1] et la disproportion entre le 11 novembre 1918 et le 22 juin 1940 fut relevée, sauf les dispositions concernant la flotte. Mais ce fut moins l'étendue de la défaite militaire, donc technique, qui frappa Pie XII que la défaite morale qui s'ensuivit: «Où est donc, s'inquiéta le pape, le patriotisme français[2]?» Le bastion avancé de la lutte contre le nazisme venait de tomber et le Saint-Siège considérait que la France n'avait plus les moyens de continuer un combat qui la dépassait. Jusqu'en septembre 1940, il nourrit des espoirs de paix auxquels le début de la bataille d'Angleterre mit fin. Et, à partir de cette date, il reporta sur celle-ci sa confiance dans une force susceptible d'enrayer les avancées militaires du nazisme. Wladimir d'Ormesson le note avec force: le Saint-Siège n'était en rien philonazi[3]. La germanophilie de Pie XII n'impliquait en rien qu'il fût favorable à l'idéologie hitlérienne, tant s'en faut. Mais, dès juin 1940, le Saint-Siège se trouva plongé dans une situation que rien ne pouvait laisser prévoir: l'avance allemande, l'incertitude du point où s'arrêterait Hitler, la connivence entre Hitler et Mussolini dans une alliance qui ressuscitait, sur les murs de Rome, des slogans hostiles au pape et posait la question du fonctionnement des accords du Latran. *Mutatis mutandis*, la situation du Saint-Siège à l'été 1940 fut plus inconfortable que celle de l'année 1914-1915 où, privé de territoire, il put tenter de faire entendre sa voix contre le principe de guerre (*jus ad bellum*), alors que l'Italie demeurait hors jeu. En 1914-1915, nul, pas même la France, ne déniait au Saint-Siège le droit d'exister.

En 1940, l'idéologie fasciste garantissait le Saint-Siège par des accords bilatéraux comme l'Italie les avait toujours rêvés. Il était soumis, par conséquent, à l'éventuelle confrontation violente du temporel et du

---

[1]   Archives du ministère des Affaires étrangères, Zone Europe Saint-Siège, 1940-1946.

[2]   *Ibid.*

[3]   *Ibid.*

spirituel : les fascismes n'entendaient la voix de l'Église que pour l'étouffer. L'erreur du PPI en 1924, celle du *Zentrum* en 1933 et la persécution reprise contre divers mouvements de l'Action catholique italienne après 1931 l'avaient suffisamment prouvé. Fidèle à la leçon de Pie XI – «J'aime mieux être historien que prophète» –, Pie XII se résolut à être pragmatique. *L'Osservatore Romano* donna des consignes de silence. C'est dans ces conditions que Wladimir d'Ormesson entreprit de négocier par l'intermédiaire de la secrétairerie d'État et, en l'occurrence, de Mgr Tardini, un message de Pie XII aux évêques français. On pouvait observer à la secrétairerie d'État et dans la curie une volonté de manifester que la lutte était loin d'être terminée après l'envahissement de la Pologne et la défaite de la France. Et l'idée que l'expression de la compassion du pape envers celle-ci encourageait en Europe l'esprit d'une résistance dont les modalités n'étaient pas claires coïncidait assez bien avec l'objectif de l'ambassadeur de France d'obtenir une adresse aux évêques. Wladimir d'Ormesson souhaitait que celle-ci fût claire et frappât l'opinion non seulement française mais internationale. Mais il était évident que Pie XII ne fournirait pas par là une occasion à l'Italie et à l'Allemagne de faire des remontrances au Saint-Siège. Plusieurs étapes du message commentées à l'ambassadeur par des intermédiaires obligés donnèrent le sentiment que le ton en était embarrassé. Finalement, l'adresse fut publiée le 24 juillet 1940. On pouvait la juger un peu académique. Il n'empêche, et Wladimir d'Ormesson en convient lui-même dans son rapport de fin de mission, qu'elle donnait à la France un signe de sympathie qui n'avait été offert ni à la Pologne ni aux autres pays envahis et qu'elle constituait un hommage à sa puissance de redressement et aux réserves dont elle disposait. Le silence manifesté par *L'Osservatore Romano* avait été rompu le 17 juillet pour faire l'éloge du cardinal Verdier, «le cardinal des chantiers», et du cardinal Suhard ; le 28 juillet, hommage était rendu à l'attitude de l'épiscopat français devant l'invasion allemande, exaltant également l'appel à la résistance du cardinal Liénart et l'appel à la discipline du cardinal Gerlier.

En août 1940, à la suite des perquisitions effectuées par la police allemande à l'archevêché de Reims, à l'Institut catholique de Paris, au séminaire des Carmes, au siège de la Propagation de la foi et à celui de diverses organisations de jeunesse, le Saint-Siège faisait protester à Berlin par l'intermédiaire du nonce[1]. Autant de gestes qui donnaient la mesure de la place accordée à la France dans l'esprit de

---

[1]   *Ibid.*

Pie XII. Autant de gestes dont il était clair que la valeur symbolique était peu de chose dans le conflit ouvert par la guerre entre christianisme et paganisme, qui risquait de poser la question de l'avenir même du Saint-Siège. En s'en remettant à l'avenir de la France, Pie XII démontrait dès 1940 que son pragmatisme politique (pas de déclaration fracassante) ne l'empêchait pas de séparer les pays qui défendaient les libertés et ceux qui les jugulaient. La France républicaine et anticléricale faisait partie des premiers, avec ses catholiques ardents et divisés. L'Italie et l'Allemagne faisaient partie des seconds. Mais il y existait aussi des catholiques. Tout le dilemme était là, qui régit l'attitude de Pie XII pendant la Seconde Guerre mondiale. Mais à travers la bienveillance attristée vis-à-vis de la France, Pie XII montrait que si l'anticléricalisme était une politique contre l'Église, le paganisme des totalitarismes était une destruction de la civilisation et que, dans un cas, il y avait combat et, dans l'autre, asservissement à fins destructrices. Le pape ne le cacha pas à Wladimir d'Ormesson au cours de l'audience qu'il accorda à l'ambassadeur rappelé[1]. La division de la France en deux lui apparaissait comme la situation la plus tragique réservée à aucun pays européen vaincu. Il faut lire : non pas qu'il existât deux zones en France, à la différence des pays occupés directement ou indirectement, mais que les Français dans la défaite fussent divisés entre eux. Ce que le cardinal Maglione exprimait d'une autre façon en s'interrogeant sur la raison pour laquelle la France estimait devoir collaborer avec l'Allemagne, alors qu'elle était en position d'infériorité.

Pie XII et la secrétairerie d'État eurent moins d'illusions sur le régime de Vichy et la Révolution nationale qu'on ne le croit encore quelquefois. En termes de politique intérieure, le Saint-Siège constatait que si, selon son analyse, l'État des francs-maçons était révolu, «la France aurait tout à perdre à devenir une jésuitière[2]». L'abrogation de l'article 14 de la loi de 1901 sur les congrégations enseignantes fut accueillie comme un ferment de rénovation morale. Mais, réaliste, le Saint-Siège remarquait que la situation légale faite aux congrégations enseignantes dans les pays totalitaires était pire que celle dans laquelle les avait placées le combisme. Le Saint-Siège raisonnait à long terme. Le message de Pie XII, à Noël 1940, fut un appel à la paix, ce qui ne veut pas dire que le Saint-Siège ne vit pas, dès ce moment-là, la modification profonde de l'ordre mondial qui suivrait la fin de la guerre. Il fallait déjà compter avec les Anglais et

---

[1]   *Ibid.*
[2]   *Ibid.*, 1940-1941, Politique générale, 550.

les Américains. Pie XII, dès 1940, n'appréciait pas l'anglophobie de Vichy. L'Angleterre était «le meilleur allié de la France». Et Jacques Maritain, arrivant à Rome en 1945, signalait aussitôt que le Saint-Siège voyait dans les institutions américaines la forme de gouvernement la plus favorable au libre développement de l'Église. La défaite de 1940 apparaissait clairement au Saint-Siège comme celle du monde latin dont l'influence en Europe ne serait désormais plus comparable à ce qu'elle avait été. C'est pourquoi, de même que le Vatican refusa de suivre l'Allemagne dans sa croisade contre le bolchevisme à partir 1941[1], de même il se déroba à des négociations avec Vichy pour le rétablissement d'un concordat au printemps 1942. Tout au plus accepta-t-il de se prêter à l'examen de la définition d'un *modus vivendi*. La préoccupation majeure du Vatican touchait les vocations qui, pour être un problème général lié à la guerre, semble avoir prédominé dans l'observation de la situation française. La consécration de la France par l'épiscopat au Cœur immaculé de Marie à Lourdes en mars 1943 apparut à Rome comme un signe de vitalité du catholicisme français, qui ne fut en aucun cas mis en relation avec l'idéologie de Vichy.

On comprend dans ces conditions le relatif malentendu entre la France et le Saint-Siège dans les années 1944-1946. Le chargé d'affaires près le Saint-Siège, Hubert Guérin, notait dans une dépêche au début de décembre 1944 que le Saint-Siège avait besoin de la France et la France du Saint-Siège. On reconnaissait que la France était la Fille aînée de l'Église, mais une fille incommode. Cette nuance alla s'accentuant, on va le voir. Que le Saint-Siège dût accepter les conséquences de l'hybridation entre religion et politique pendant le régime de Vichy ne faisait pas non plus le moindre doute aux yeux du Gouvernement provisoire de la République française et du général de Gaulle. On sait ce qu'il advint[2]. L'épuration de l'épiscopat, la finesse patiente de Mgr Roncalli aidant, fut symbolique. On percevait bien au Vatican que la défense de la grandeur de la France par le général de Gaulle stipulait des concessions. Mais elles ne pouvaient pas passer par la forme indirecte de nominations d'évêques sur recommandation du gouvernement qu'eût constituée la destitution de ceux réputés vichystes. La nomination de Jacques Maritain comme ambassadeur près le Saint-Siège le 21 février 1945 témoigna suffisamment de l'importance attachée par le général de Gaulle – qui s'était rendu à Rome en 1944 – aux relations avec le Vatican. De

[1]   *Ibid.*
[2]   André Latreille, *De Gaulle, la Libération et l'Église catholique*, Paris, Cerf, 1978.

tout temps, jusqu'à la rupture des relations entre l'Église et l'État, la France avait disposé d'ambassadeurs remarquables, soit par leur expérience liée à la longévité de l'exercice de leur charge[1], soit par l'art de tenir des réseaux capables de faire passer des messages au Saint-Siège ou de recevoir des informations pouvant être relayées. Au lendemain de la Seconde Guerre mondiale, cette subtilité des échanges liée à des positions personnelles reposait sur peu de personnes. Indépendamment de Jacques Maritain – que cette fonction n'exalta pas outre-mesure – et du cardinal Tisserant – qui était un caractère indépendant –, Mgr Fontenelle, chanoine de Saint-Pierre, et l'abbé Jacques Martin[2], à la secrétairerie d'État, l'un et l'autre appelés à Rome avant 1939, jouèrent un rôle chacun à leur façon. On se prit à rêver d'une extension de l'influence française au sein de la curie, d'un autre cardinal de curie. Au consistoire de février 1946, le premier des deux consistoires que Pie XII tint pendant tout son pontificat, trois cardinaux français furent créés : NN. SS. Roques, archevêque de Rennes, Petit de Julleville, archevêque de Rouen, et Saliège, archevêque de Toulouse. L'affaire n'avait pas été aisée[3]. Mgr Feltin, archevêque de Bordeaux, auquel on pouvait penser, avait été sur la liste des évêques dont la démission avait été exigée en 1945. NN. SS. Roques et Petit de Julleville ne l'étaient pas. On pouvait dire, comme l'analysait Jacques Maritain pour caractériser le consistoire de 1946, qu'ils faisaient partie des «prélats connus pour leur courage civique». Mais faisaient-ils partie des «prélats connus pour la fermeté de leur attitude en face des doctrines totalitaires[4]»? Dans la France d'après-guerre, il était difficile de trouver trois évêques qui, pour être élevés au cardinalat, puissent démontrer cette qualité exceptionnelle. La collaboration avait autorisé un neutralisme épiscopal actif qui, pour être une erreur, n'en constituait pas moins une réalité difficile à juger. Mais il en existait un : Mgr Saliège. C'eût été une faute de ne pas le nommer cardinal. Il le fut. De là à dire, comme l'explique Jacques Maritain, que le Saint-Siège céda, sur l'insistance médiatrice de Mgr Montini, à la pression du gouvernement français qui, à juste titre, considérait Mgr Saliège comme le symbole même de la Résistance française dans l'Église, il y a un pas. La nomination des cardinaux, qui relève uniquement du pape, obéissait aussi à l'époque à

[1] Tel Édouard Lefebvre de Béhaine de 1883 à 1901.

[2] Né à Amiens en 1908 et désigné par Paul VI comme préfet de la Maison pontificale en 1968. Créé cardinal par Jean-Paul II en 1988.

[3] *Ibid.*, Zone Europe Saint-Siège, 1946.

[4] *Ibid.*

une logique aujourd'hui dépassée : celle des sièges cardinalices. Ni Rennes, ni Bordeaux, ni Toulouse ne l'étaient. Le choix du pape était donc entier. L'élévation au cardinalat de Mgr Saliège démontra davantage l'influence que Mgr Montini pouvait exercer auprès de Pie XII que celle du gouvernement français au Vatican. Libre était Mgr Montini de présenter le succès de sa médiation comme le fruit des démarches de la France et de réduire son rôle à celui de simple intermédiaire. Le 1ᵉʳ septembre 1948, Jacques Maritain abandonnait ses fonctions. Wladimir d'Ormesson retrouvait un poste qu'il avait dû quitter en 1940 à l'étonnement, doublé de tristesse, du Saint-Siège. Une nouvelle époque s'ouvrait dans les relations entre la France et le Saint-Siège, entre la France et Pie XII.

GLOIRE, RÉSERVES ET CONFLITS (1948-1954)

Mgr Montini en avait fait la confidence à Jacques Maritain au lendemain de la guerre : celle-ci aurait probablement pour conséquence que Rome constituerait plus que jamais le lieu de référence pour la conscience universelle de l'Église. La multiplication des pèlerinages le prouva. Du côté français, en novembre 1946, trois prêtres vinrent à pied jusqu'au Vatican offrir à Pie XII les dix millions de signatures consécutives à la consécration de la France au Cœur immaculé de Marie. «Persévérez», leur dit le pape. Le Vatican honorait les nations par des distinctions symboliques. C'est ainsi que le cardinal Tisserant fut envoyé comme légat au congrès eucharistique de Nancy et que le cardinal Tedeschini alla à Annecy pour la consécration de la nouvelle basilique. La messe pour la France dite à l'occasion de la Sainte-Pétronille, tombée en désuétude, fut rétablie le 31 mai 1949. Une messe solennelle *Pro felici statu gallicae nationis* fut dite à Saint-Jean de Latran le 13 décembre de la même année. Jeanne de Lestonnac, nièce de Montaigne, fut canonisée. Mais cette reconnaissance éclatante de la France comme grande nation chrétienne, Fille aînée de l'Église, n'impliquait nullement que la vie intérieure du catholicisme n'y fût pas regardée avec réserve. Et les réserves allèrent croissant.

Les ministres MRP du gouvernement Queuille furent reçus par Mgr Tardini en 1949. Mais cela ne valait pas recherche d'un lien d'allégeance par le Vatican du parti d'inspiration chrétienne issu de la Résistance. La situation française et la situation italienne n'étaient pas comparables aux yeux du Saint-Siège. L'autonomie de la Démocratie chrétienne italienne et son caractère non confessionnel défendu

par Alcide De Gasperi au même moment passaient par un effort de
sa part pour convaincre le Saint-Siège du bien-fondé des positions
adoptées par le parti dominant (48,8 % des voix) de la vie politique
italienne dont le Vatican n'hésitait pas à profiter pour représenter
ses vues. Les relations entre sections locales de la Démocratie chrétienne et clergé à la base étaient par ailleurs complexes, faites d'indépendance affirmée dans l'interdépendance historique et culturelle.

Tel n'était pas le cas en France. Et le Saint-Siège considérait à juste
titre que le MRP n'était pas né à son instigation, qu'il s'était imposé
au corps électoral français par son patriotisme et la largeur de ses
vues sociales. La doctrine sociale de l'Église y était pour beaucoup.
On le reconnaissait. L'existence en France d'un parti d'inspiration
chrétienne satisfaisait le Saint-Siège. Mais, d'une façon générale, la
sympathie inspirée hors de l'Italie par les partis chrétiens allait de
pair avec un refus de leur reconnaître l'exclusivité politique auprès
des catholiques et d'approuver l'ensemble de leurs démarches a
priori[1]. L'Italie et le reste du monde constituaient deux ensembles
différents. Pie XII appliquait au monde une *Realpolitik* appuyée sur
des considérations plus vastes que ses prédécesseurs (de Léon XIII à
Benoît XV) et amplifiant celles de Pie XI. Les conceptions du rôle
politique du Saint-Siège en Italie relevaient de l'expérience fasciste
et d'une stricte analyse de la nécessité d'un parti chrétien pour faire
pièce à la fois à la menace du bolchevisme et aux permanences du
fascisme. Vis-à-vis de la France, la crainte majeure provenait de ce
que le communisme, même après mai 1947, semblait disposer d'une
liberté menaçante. La fascination que le marxisme pouvait exercer
sur une fraction du catholicisme occidental préoccupait le Saint-Siège
à des niveaux différents. Il faut assurément distinguer la géopolitique
de Pie XII de l'application qui en était faite à la curie, notamment
par le Saint-Office. Même si Pie XII tenait la curie plus que ne le
purent ou le voulurent ses successeurs, celle-ci, quoique au service
du Saint-Siège, a toujours bénéficié d'une liberté propre à amplifier
les positions du pape qui ne permet pas de confondre les réactions
de la curie et la pensée du souverain pontife. Mais là n'est pas le
problème. Il réside plutôt, dans le cas du pontificat de Pie XII, dans
l'absence de secrétaire d'État après la mort du cardinal Maglione en
1944. L'autoritarisme dont Pie XII fut accusé à partir de 1945, et de
façon croissante dans les années qui suivirent, fut autant le fait d'une
accentuation par une partie de la curie de ses conceptions que d'une

[1]   *Ibid.*, 1950.

division de celle-là vis-à-vis de celles-ci[1], amenant ceux qui estimaient être les mieux placés pour traduire la pensée du pape à systématiser leurs propositions.

À la suite des élections législatives et cantonales de juin et octobre 1951 en France, le Saint-Siège constata un recul de l'extrême-gauche anticléricale et un renforcement des partis du centre et du centre-droit qui lui parut aller dans le sens d'une stabilité favorable à la poursuite de bonnes relations. Il en résultait à ses yeux une diversité des partis antimarxistes capable de mieux mobiliser l'électeur que l'alternance sommaire à laquelle se résumait la situation italienne, laquelle devait déboucher sur le *qualunquisme* (le vote indifférent). La position centriste acquise par le MRP paraissait plus solide que le centrisme de droite auquel était contrainte la Démocratie chrétienne pour gouverner selon un pluralisme la conduisant à de nombreuses acrobaties idéologiques. Le MRP constituait à lui seul un point d'appui que la Démocratie chrétienne négociait à l'extérieur. En un mot, il représentait un pôle antimarxiste que cette dernière avait du mal à établir. C'est dans cette perspective que le Vatican apprécia les lois Barangé et Marie sur l'aide de l'État à l'enseignement privé. Il vit bien que les aspects financiers étaient modestes[2]. Mais il en jugea l'esprit positif. Elles étaient l'expression du libéralisme dont les institutions françaises voulaient faire preuve et serviraient le rayonnement de la spiritualité dans l'esprit déjà rappelé par Pie XI en 1929: les familles chrétiennes devaient donner à leurs enfants une éducation chrétienne. Mais Pie XII estimait que les catholiques français ne devaient ni les minimiser ni s'en prévaloir pour obtenir davantage. Ils devaient s'en déclarer satisfaits et ne pas les considérer comme une étape vers de plus amples conquêtes.

Au consistoire de 1953 (le dernier du pontificat), Mgr Feltin, archevêque de Paris, et Mgr Grente, évêque du Mans, furent élevés au cardinalat. Wladimir d'Ormesson y vit une distinction qui «dépassait le cadre proprement ecclésiastique et s'adressait au pays». Derrière la logique des institutions (l'élévation au cardinalat de l'archevêque de Paris), on pouvait, en effet, voir l'expression de l'importance attachée par Pie XII à la France en Europe, confirmée par les propos de celui-ci au cardinal Grente en 1953: «Jamais les relations entre le Saint-Siège et la France n'ont été si bonnes.» Pie XII avait une certaine idée de la France. Elle procédait de la conception de la

---

[1]   Andrea Riccardi, *Pio XII*, Bari, Laterza, 1984 et *Il Partito romano*, Bologne, Morcelliana, 1982.

[2]   Archives du ministère des Affaires étrangères, Zone Europe Saint-Siège, 1950.

mission impartie au pape: celle de gardien de la doctrine. Elle l'avait
conduit à promulguer en 1950 l'encyclique *Humani generis* qui récusait, dans un même jugement, les percées opérées par des théologiens
comme les pères de Lubac, Congar, ou Teilhard de Chardin dans
des domaines aussi différents que les sources de la Tradition, l'ecclésiologie, les relations entre création et évolution. L'apostolat de l'*intel-
lectus fidei* était aux yeux de Rome sans consistance.

Une bonne France s'opposait à une France moins bonne, à tous les
niveaux. Une partie de l'épiscopat passait pour progressiste, c'est-à-
dire pour confiante dans un sentimentalisme de la foi, incompatible
avec la défense des vérités dont l'Église devait être la dépositaire. Les
uns et les autres abandonnaient les fidèles à la dérive d'options
confuses. Les mouvements d'Action catholique étaient observés d'un
œil soupçonneux: les laïcs ruaient en dehors des paroisses. Pie XII
était peu accessible. Ses collaborateurs les plus proches (Mgr Montini
et Mgr Tardini) servaient d'intermédiaires, à autorité partagée, pour
faire passer auprès du pape le bien-fondé des expériences françaises.
Mais la vision italienne de la chrétienté fortifiait chez le pape une
conception du rôle du magistère qui le conduisait à trancher dès que
l'appréciation de la nuance pouvait passer pour une approbation
susceptible de faire école.

Tel fut le cas dans la question douloureuse des prêtres-ouvriers. Plus
qu'on ne l'a dit, l'affaire traîna. Mgr Montini l'observait de façon favorable. Sa culture française s'y prêtait. La perception qu'il avait de la
modification des relations entre le prêtre et la société le rendait sensible à une expérience qui relevait d'un constat réel: la déchristianisation, en France certes, en Europe en général. La Mission de France,
organisée par le cardinal Suhard, la guerre, l'exactitude du diagnos-
tic établi par une sociologie religieuse naissante réfléchissant au-delà
de la pratique donnaient à la formule un sens clair, l'Action catholique aidant: il fallait christianiser la classe ouvrière de l'intérieur. Le
poids du marxisme en France justifiait cette stratégie missionnaire à
laquelle se consacraient des hommes du commun avec la conviction
qu'il s'agissait d'un sacerdoce périlleux et non pas exceptionnel. La
tragédie intérieure de la condamnation intervenue en 1954 et ses
répercussions dans l'ensemble du catholicisme français ont été suffisamment fouillées par Émile Poulat dès 1965 sans qu'il soit nécessaire
d'y revenir.

Que voyait-on, en revanche, depuis Rome, d'après les dépêches de
l'ambassadeur? C'est en octobre 1953 que Wladimir d'Ormesson fait
part d'analyses qui sont le fruit de ses contacts avec la secrétairerie

d'État. Il répercute le sentiment existant à l'égard d'une partie de l'épiscopat français que certains évêques ont laissé glisser trop loin une expérience délicate et, ce faisant, en ont perdu le contrôle. L'ambassadeur, qui ne s'exprime à aucun moment sur le fond de la question, comme il est normal, observe également que le Saint-Siège réagit en fonction des pièces à charge qui lui ont été adressées par les adversaires de l'expérience. Deux groupes en particulier semblent avoir été, dans les mois précédant octobre 1953, très actifs : des ecclésiastiques et des évêques appartenant à des diocèses ruraux ; des laïcs et notamment certains milieux patronaux. Cette division des catholiques français frappait Rome, qui constatait en même temps que les partisans, soit de pousser l'expérience, soit de la laisser s'accomplir, avaient eux-mêmes des sentiments mêlés, tel le cardinal Feltin, qui, à la suite de son transfert au siège de Paris, avait plutôt freiné qu'encouragé les conséquences de la Mission de France établie par son prédécesseur, le cardinal Suhard. La parution d'un ouvrage comme celui de Gilbert Cesbron, *Les Saints vont en enfer*, troublait aussi quant aux conséquences sur l'opinion publique de l'exaltation d'un clergé héroïque réduisant le reste du clergé à l'exercice des tâches inférieures. L'unité du sacerdoce semblait être en voie de remise en cause. L'objet même de l'expérience s'en trouva brouillé, l'irréparable étant commis selon une logique classique à Rome depuis l'époque posttridentine : un débat d'église dans une nation change de place dès qu'il risque de devenir un débat d'Église et tous les arguments pour et contre, loin de conduire le magistère à trancher en faveur de l'une des deux parties, l'amène à rappeler la Tradition au titre de la vigilance. L'idée que la déchristianisation de la France pût être combattue en portant le message de l'Évangile au cœur même de la classe sociale la plus éloignée de l'Église, par son histoire, par sa culture, par les contre-messianismes de l'idéologie déterminant son action politique – la classe ouvrière – y parut donc excessive et périlleuse dès qu'il y eut débat. On y opposa, au titre même de la considération envers la France, que l'expérience française, dans ce qu'elle pouvait avoir de méritoire, devait tenir compte de la portée universelle que toute initiative spirituelle ou intellectuelle française avait nécessairement. Aussi bien, si l'on jugeait que la France était capable de corriger ses propres excès, ailleurs rien n'était moins sûr. Mais le Saint-Siège, la même année, obtenait la démission du président de la Jeunesse catholique italienne (avril 1954) et reprenait en main l'éducation dans les séminaires.

L'intervention à Rome des cardinaux Liénart, Gerlier et Feltin en 1953 ne changea donc rien à une décision que Pie XII déclara avoir prise « en conscience » en novembre 1953. L'idée qu'un apostolat spécial pût être confié, dans des conditions définies et à définir, à des prêtres de la Mission de France devait faire son chemin. La Mission de France fut érigée en prélature *nullius*, c'est-à-dire en une sorte de diocèse à vocation particulière relevant directement de Rome, le 15 août 1954. Mais la condamnation de Rome devait laisser des traces considérables dans le catholicisme français, tant auprès des personnes que de l'opinion publique, et contribuer à donner au pontificat de Pie XII dans les années 1950 la réputation d'un autoritarisme mutilant pour la France.

LA GRANDE ALLIANCE (1958-1978)

La mort de Pie XII suscita, dans le moment, plus d'émotion qu'il ne fut dit ultérieurement. Des images sensibles au cœur de la « Fille aînée de l'Église » restaient vives dans l'opinion publique de l'époque, faiblement éclairée autrement que par les grands magazines, tel *Paris Match*. Pie XII avait fait traverser la guerre au peuple catholique – on était loin des controverses futures – et conduit vers le culte fervent de la Vierge Marie avec la proclamation du dogme de l'Assomption le 1er novembre 1950. La longueur de son agonie fit écran aux critiques des intellectuels catholiques marqués par l'encyclique *Humani generis* (12 août 1950).

L'élection du cardinal Roncalli rencontra la sympathie des milieux politiques de quelque famille qu'ils fussent. Le nonce qui avait relevé, dans la hâte, Mgr Valerio Valeri en janvier 1945 avait laissé des souvenirs très singuliers, de rondeur, d'aménité, d'attention à la vie politique et culturelle de la société française. Son habileté avait fait merveille. Il avait largement réduit la liste des évêques suspects d'hérésie républicaine ou patriotique établie par Georges Bidault en 1944. Il avait beaucoup voyagé en France. Le président Auriol lui avait remis la barrette cardinalice en 1953 avant son départ pour le siège de Venise. Nul doute que son élection prit au dépourvu autant les cardinaux français que l'opinion publique. Le cardinal Liénart, évêque de Lille, qui avait participé à l'élection de Pie XII, fut le plus à même de rassembler les voix françaises, celles de NN. SS. Maurice Feltin (Paris), Pierre-Marie Gerlier (Lyon), Clément Roques (Rennes) et Georges Grente (Le Mans) sur la personne du patriarche de Venise, dans la perspective d'une transition entre le proche après-guerre et le monde futur. Mais, on le sait maintenant, les cardinaux français et une partie des membres du conclave eussent souhaité un choix en faveur de Mgr Montini que Pie XII, à dessein, avait promu à l'archidiocèse de Milan en 1954, sans le créer cardinal ultérieurement, comme la logique l'eût voulu.

Les années Jean XXIII (28 octobre 1958-3 juin 1963) furent pour le monde entier celles de l'*aggiornamento* conciliaire. Mais dans le cas de la France, elles apposèrent un cachet très singulier aux relations entre la «Fille aînée de l'Église» et le Saint-Siège. Elles produisirent un «gallicanisme ultramontain» que le pontificat de Paul VI devait apporter au point le plus lumineux de 1963 à 1968. L'encyclique *Humanae vitae*, promulguée le 25 juillet 1968, et le vote de la loi Veil sur l'interruption volontaire de grossesse le 17 janvier 1975 allaient mettre fin à cet état de grâce. L'affaire Lefebvre nourrirait l'âcre fumée d'un désaccord que le premier voyage de Jean-Paul II du 30 mai au 2 juin 1980 ne réussit à masquer que par la popularité charismatique du souverain pontife.

UN PARTI FRANÇAIS À VATICAN II?

C'est au travers du filtre des consultations sollicitées par Rome, auxquelles procédèrent les futurs Pères conciliaires du monde entier, que l'on peut saisir les attentes des catholiques français pendant la phase antépréparatoire de Vatican II. On laissera de côté les détails sur la hiérarchie des vœux (*vota*) et leurs porte-parole, bien exposés dans une étude fine d'Yves-Marie Hilaire[1]. Évêques et fidèles flottent quelque peu en raison même de l'incertitude qui règne sur le *modus procedendi* d'un futur concile. Mais un point de correspondance existe entre le projet de Jean XXIII et sa perception générale: les évêques souhaitent un concile positif. Pour vague qu'il soit, le mot-relais de «désir pastoral» accompagnait la requête d'un effort doctrinal cohérent. La crise du clergé est soulignée, et même surlignée. Le rôle de l'Action catholique est puissamment affirmé. Il faut dire que nombre d'évêques y avaient été nourris et y jouaient un rôle important. L'œcuménisme est recherché dans une vision de l'universalité de l'Église. Dans le vœu de cette orientation, on repère également ment la marque de l'esprit missionnaire, la mise en garde contre un syncrétisme facile et la clarté dans l'expression du dépôt de la foi.

---

[1] Yves-Marie Hilaire, «Les vœux des évêques français après l'annonce du Concile», in *Le Deuxième Concile du Vatican (1959-1965)*, Rome, École française de Rome, 1989, p. 101-117.

C'est vis-à-vis de Rome et de la centralisation romaine que les *vota* français sont les plus fermes et les plus précis. L'exemple en est donné par le cardinal Liénart qui déplore les «relations trop impersonnelles des évêques avec les congrégations romaines dans un monde où les relations personnelles sont de plus en plus étendues». On suit ici Yves-Marie Hilaire :

> Le cardinal Gerlier souhaite que le Saint-Office transmette aux évêques ses préoccupations sous forme positive et pas seulement négative. Dix évêques réclament la réforme de la curie et plus particulièrement son «internationalisation», son «universalisation», le respect de sa «supranationalité». Dix prélats désirent que l'Index soit rénové ou supprimé, et trois que la profession de foi antimoderniste soit modifiée ou abandonnée. Surtout, vingt-sept évêques veulent réduire le nombre de recours à Rome et obtenir des pouvoirs plus étendus pour les dispenses, notamment en matière de pénitence et de mariage. Cette simplification de la législation suppose une réforme du droit canon expressément sollicitée une dizaine de fois. Le livre V du Code de droit canonique est une «forêt inextricable» pour Mgr Le Couëdic, évêque de Troyes, qui réclame une adaptation à notre âge. Le nonce conclut que les évêques français désirent ne plus recourir à Rome pour des questions secondaires[1].

Force est de constater, quitte à aller à contretemps des assertions ultérieures sur une «crise» latente de l'Église de France, notamment dans le clergé, spectaculaire à partir de 1970, que l'ensemble des *vota* reflète un sens aigu de la responsabilité de la hiérarchie, une grande clairvoyance dans «l'état des lieux» et une calme espérance dans l'heureux succès d'un concile.

Il n'est pas dans notre propos de tenter l'esquisse des heurs et des moindres heurs qui advinrent à Vatican II, voire après. L'influence de l'Église de France au sein des autres Églises fut manifeste avec la célèbre intervention du cardinal Liénart, le 13 octobre 1962, requérant l'ajournement des élections aux commissions conciliaires, au point qu'il fut désormais question d'un «parti français». Jean XXIII donna raison, si l'on veut, à l'évêque de Lille. Mais ce dernier, surtout, donnait – et voulait donner – une tonalité antiromaine à la conduite de Vatican II, dont le pape escomptait trop une œuvre conduite rapidement.

Le débat entre la France, Rome et la curie, posé spectaculairement par le cardinal Liénart, domina toute la politologie de Vatican II. C'est en raison de cette position désignée comme «rebelle» que le terme de «progressiste» apparut dans la presse et l'opinion publique pour désigner l'armée obscure de réformistes à tout va. Les Pères

[1] *Ibid.*, p. 107.

conciliaires français furent influents. Et pourtant peu parlaient les langues étrangères, notamment l'anglais. Mais rayonnait autour d'eux un groupe d'experts réputés et appréciés, les pères de Lubac, Danié-lou, Congar, Chenu. Il faudrait ajouter le poids de Pères conciliaires issus des États de l'ancien empire colonial. La place de la France à Vatican II fut favorisée non seulement par de grandes figures autres que les cardinaux, mais également par la francophilie nette et reven-diquée du successeur de Jean XXIII : Paul VI.

«*AMICUS GALLICAE NATIONIS*»

Giovanni Battista Montini se rendit pour la première fois en France dans le courant de l'été 1924 (il avait vingt-sept ans), au moment où le régime fasciste paraissait vaciller sous l'indignation nationale sus-citée par l'assassinat de Matteotti. Il y vint pour étudier la langue et suivit les cours de l'Alliance française, boulevard Raspail. Il logeait chez les Bénédictines de la rue Monsieur. Il y resta trois mois. Au milieu de son séjour, la voie diplomatique à la curie romaine lui fut proposée. Elle fermait ses hésitations devant une vocation de bénédictin. À l'Alliance française, il se perfectionna «dans la connais-sance de votre culture, de vos lettres, de votre langue, je dirais même de sa syntaxe, de sa prononciation», devait-il dire à Jean Guitton qui le rapporte dans ses *Dialogues avec Paul VI* (1967). «Vous savez, lui dit-il aussi, que pour nous certaines de vos voyelles et de vos diphton-gues sont difficiles à prononcer : ainsi le mot si simple de *cœur*. Mais les Italiens du nord sont des Celtes comme vous : or, les Celtes savent prononcer le *u*[1] !»

Montini dit avoir appris le français en lisant la *Jeanne d'Arc* de Gabriel Hanotaux. Il suivit l'enseignement de René Doumic. Il put apprécier Flaubert, Maupassant, Baudelaire et même Bourget. Mais surtout – et tout étranger porte une prédilection à un auteur inattendu dans son choix, presque comme un défi à la pléiade des grands – Joseph Malègue (1876-1940) pour son livre *Augustin ou le Maître est là*, publié en 1933. Il le lut donc plus de neuf ans après son retour, et c'est dire son attention à la littérature française de type bremondien[2]. Mais son séjour se déroula de manière très solidaire.

---

[1]   *Dialogues avec Paul VI*, Paris, F.-X. de Guibert, 2ᵉ éd., 2001, p. 103.
[2]   *Ibid.*, p. 104.

Montini devait revenir en France pendant l'été 1928. S'il devait dire plus tard à Jean Guitton : « Je me souviens fort bien des rues de Paris toujours si nettes, bleues et fraîches en été. Je respire encore l'odeur de cet asphalte parisien[1] », la capitale de la France en ce second voyage suscita chez lui une réaction de provincial et de pasteur « sulla responsabilità sacerdotale in mezzo a questo modo che vuol essere amato, per un verso, con veemenza superiore alle stesse forze, che lo fanno gigante, e respinto per un altro verso con efficacia capace di neutralizzare il suo straordinario potere di conquista[2]. » Dans le même voyage, il gagna Lourdes, qui lui inspira une grande émotion, mais aussi une certaine réserve vis-à-vis d'une ligne piétiste « à base de couronnes, de chapelets, de neuvaines et d'eau miraculeuse ». La dévotion à la Vierge, dont la place dans l'Église devait être l'objet d'un épineux débat à Vatican II entre mariologues, n'excluait pas chez lui la rigueur critique vis-à-vis d'un sentimentalisme très bremondien.

De grandes voix s'exprimèrent au concile, le cardinal Liénart le premier, mais aussi le cardinal Feltin, le cardinal Gerlier, quoique souffrant, tous trois interlocuteurs de Pie XII et de la curie dans la crise de 1953. Et Mgr Ancel, prêtre du Prado. Mais il n'est pas de Père conciliaire français qui n'ait pris la parole au cours des quatre sessions, et même plusieurs fois. Il n'est pas non plus de texte et document conciliaire qui ne porte la marque de l'Église de France. Le plus célèbre d'entre eux reste la constitution *Gaudium et spes* (7 décembre 1965) sur l'Église dans le monde de ce temps.

Mgr Villot, archevêque coadjuteur de Lyon, avait été désigné par Jean XXIII comme sous-secrétaire du concile. C'est lui que Paul VI désignera comme secrétaire d'État en 1969 et parallèlement comme président de la commission pour l'État de la Cité du Vatican et de la commission pour l'administration des biens du Saint-Siège. On ne saurait oublier le rôle joué pendant et après Vatican II par Mgr Garrone, créé cardinal en 1967, par Mgr Jacques Martin, préfet de la Maison pontificale, ni l'amitié qui liait Paul VI à Jean Guitton et au futur cardinal Paul Poupard, attaché à la secrétairerie d'État depuis 1959. Dans l'internationalisation de la curie à laquelle procéda Paul VI, les pasteurs français bénéficièrent d'une place remarquée.

---

[1]   *Ibid.*, p. 103.

[2]   « Sur la responsabilité pastorale au milieu de ce monde qui veut être aimé, d'un côté, avec une véhémence supérieure à ses propres forces, qui le rendent gigantesque, et qui est repoussé d'un autre côté avec une efficacité capable de neutraliser son extraordinaire pouvoir de conquête » (Antonio Fappani et Franco Molinari, *Giovanni Battista Montini giovane. Documenti inediti e testimonianze*, Casale Monferrato, Marietti, 1979, p. 255).

Faut-il rappeler que c'est en français que Paul VI adressa le 4 octobre 1965 au monde devant l'assemblée générale des Nations unies son message «d'expert en humanité», avec «désintéressement, humilité et amour», contenant la célèbre phrase «Jamais les uns contre les autres, plus jamais», au fil d'une exhortation dont le prélude n'est pas moins célèbre: «Au moment de prendre la parole devant cet auditoire unique au monde.»

On relèvera enfin que des concomitances étonnantes existèrent dans la relation entre la «Fille aînée de l'Église» et le Saint-Siège dans les vingt années des deux pontificats après celui de Pie XII. Jean XXIII et le général de Gaulle accèdent l'un et l'autre, la même année, à la charge suprême du gouvernement des hommes et des âmes. À peine investi président de la République le 8 janvier 1959, il fait part à René Brouillet, son directeur de cabinet, du désir que son premier voyage soit à Rome pour y rencontrer le nouveau pape. Le futur ambassadeur de France près le Saint-Siège fera valoir au général de Gaulle la difficulté d'une opération qui serait un peu cléricale. Par son imagination, il fera coïncider ce voyage avec la commémoration du centenaire des victoires de Magenta et Solferino les 4 et 24 juin. La visite au Saint-Siège fut donc privée. De Gaulle opéra sa visite d'État le 31 mai 1967. On retiendra ces quelques phrases fameuses. De la part de Paul VI: «En votre personne, c'est d'abord la France que Nous saluons, cette nation qui a tant contribué à enrichir le patrimoine culturel de l'humanité, et dont l'incomparable rayonnement religieux et missionnaire est d'un si grand prix aux yeux de l'Église; la France, à laquelle Nous sommes personnellement redevable, depuis Nos jeunes années, de tant de précieux éléments de Notre propre formation.» Et de Gaulle, pour sa part, de louer «les liens privilégiés tissés entre le Siège apostolique et la France, l'harmonie qui en procède bien souvent, quant aux sentiments, aux pensées, aux actions». On ajoutera que, dans le croisement de ces destins, Paul VI, qui citait souvent la fameuse phrase gaullienne «La vieillesse est un naufrage» à propos du maréchal Pétain et dans la perspective d'une éventuelle renonciation, décéda à Castelgandolfo le 6 août 1978, à l'âge de quatre-vingts ans.

La crise de l'Église, qui se propagea à partir de 1970, au point de devenir plus qu'une crise, une maladie de la modernité, affecta les relations entre la «Fille aînée de l'Église» et le Saint-Siège, dans la mesure où l'encyclique de 1968 et la «révolution introuvable» (Raymond Aron) connurent un effet de ciseaux. Le message de Vatican II se heurta en France à un ensemble d'idéologies brassant les tumultes intellectuels d'une jeunesse mondiale, vivant paisiblement en Europe et dramatiquement face à d'autres régions du monde, tel le Vietnam. Surtout, la consistante documentation du concile échappait à la lecture du goût de l'immédiat et de l'individualité générationnelle.

Une ère nouvelle s'ouvre avec l'élection de Jean-Paul II le 16 octobre 1978 et la flamboyante invention des Journées mondiales de la jeunesse. Mais le 30 juin 1988, Mgr Marcel Lefebvre était excommunié : il tentait «son» Église.

L'AMBASSADE DE FRANCE PRÈS LE SAINT-SIÈGE ET LE CONCILE VATICAN II

par Jean-Dominique Durand

Un historien italien, Alberto Melloni, directeur de l'*Istituto per le Scienze Religiose* de Bologne, a proposé une vision inhabituelle du concile Vatican II : celle des diplomates accrédités auprès du Saint-Siège, observateurs d'un événement compris comme majeur pour l'Église catholique, mais aussi avec des implications internationales considérables, pour la place de celle-ci dans le monde[1]. Le concile s'ouvrit le 11 octobre 1962 ; le 16 octobre, c'était le début de l'une des crises internationales les plus graves de l'après-guerre, la crise de Cuba. Le temps du concile fut un temps de tensions internationales, à Berlin comme au Congo et au Vietnam, dans un monde dangereux où la paix restait fondée sur l'équilibre des armes de destruction massive, l'équilibre de la terreur, un temps de profonds changements aussi, avec la construction d'une Europe occidentale de plus en plus unie, l'émergence du tiers-monde, l'indépendance de l'Algérie acquise précisément en 1962, un début de dialogue avec l'Est européen. Dans ce monde, le Saint-Siège, avec Jean XXIII comme avec Paul VI, entendait jouer pleinement son rôle, dans l'esprit d'une puissance morale, comme le disait le cardinal Rampolla au temps de Léon XIII, comme « experte en humanité » selon Paul VI, ce dont témoignent les encycliques *Pacem in terris* en avril 1963, qui s'adressait à « tous les hommes de bonne volonté », et *Ecclesiam suam* le 6 août 1964, et les premiers voyages pontificaux. On lit dans *Ecclesiam suam* : « L'Église [...] doit être prête à soutenir le dialogue avec tous les

---

[1]   Alberto Melloni, *L'altra Roma. Politica e S. Sede durante il concilio Vaticano II (1959-1965)*, Bologna, Il Mulino, 2000, 410 p.

hommes de bonne volonté [...]. Personne n'est étranger à son cœur maternel.» Et: «L'Église se fait parole; l'Église se fait message; l'Église se fait colloque.»

L'approche diplomatique du concile est donc pertinente. Le rôle de l'ambassade de France est d'autant plus intéressant que les relations entre l'État et l'Église en France sont complexes, fondées sur un régime de séparation depuis 1905, mais qui ne signifie pas ignorance, bien au contraire. Ces relations ont été ravivées après la Deuxième Guerre mondiale, avec l'envoi à Rome comme ambassadeurs de personnalités fortes, dont la mission a été souvent longue – Jacques Maritain (1944-1948), Wladimir d'Ormesson (1948-1956), Roland de Margerie (1956-1959), Guy Le Roy de La Tournelle (1959-1964), René Brouillet (1964-1974) – et soutenue par les gouvernements successifs de la IVe et de la Ve République. René Brouillet, très proche du général de Gaulle, est l'ambassadeur qui est resté le plus longtemps en poste à la Villa Bonaparte, acquérant ainsi une expérience et une connaissance du Saint-Siège exceptionnelles, d'autant plus qu'il avait été auparavant premier conseiller de cette ambassade de 1953 à 1958, auprès de Wladimir d'Ormesson, puis de Roland de Margerie. Ces relations furent ravivées également par deux voyages présidentiels rapprochés, ceux de René Coty en 1957 et du général de Gaulle en 1959. Tous deux prirent possession de la stalle de chanoine d'honneur de la basilique de Saint-Jean de Latran, «tête et mère de toutes les églises de la Ville et du monde», réservée au chef de l'État français[1]. L'intérêt du gouvernement pour le concile s'est manifesté par l'envoi d'une délégation de haut rang pour assister à la cérémonie d'ouverture: Maurice Couve de Murville, ministre des Affaires étrangères, Jean Foyer, garde des Sceaux, Wladimir d'Ormesson, ancien ambassadeur près le Saint-Siège et membre de l'Académie française[2].

Suivre le concile fut un défi pour l'ambassade, en raison de sa durée, de son annonce en janvier 1959 à sa fin en décembre 1965, pour le suivre, l'accompagner, le comprendre. Il a fallu recevoir beaucoup d'interlocuteurs, aller à la recherche des informations, rencontrer de nombreux acteurs et témoins directs ou indirects, écrire beaucoup, car le ministère était demandeur d'informations. La mobilisation fut donc forte, avec pourtant des moyens modestes. La masse considérable des archives en témoigne. Aux archives proprement dites

---

[1] Sébastien Gué, «La France et ses relations avec le Saint-Siège», in *Relations internationales*, 122, 2005, p. 33-46 et «De Gaulle et le Saint-Siège (1958-1969)», in *Charles de Gaulle. Chrétien, homme d'État*, Paris, Cerf, 2011, p. 159-170.

[2] Guy de La Tournelle, «Allocution du 1er janvier 1963», Archives du ministère des Affaires étrangères [AMAE], Rome-Saint-Siège, 56.

du ministère des Affaires étrangères, il convient d'ajouter les souvenirs ou carnets, édités ou inédits, de divers protagonistes. On peut d'abord s'interroger sur ce qu'est l'ambassade près le Saint-Siège, une ambassade singulière certainement, pour voir ensuite comment elle a fonctionné dans le contexte du concile, les moyens dont elle a disposé, pour terminer sur son action concrète, et l'interprétation qu'elle a pu en donner.

UNE AMBASSADE SINGULIÈRE

Interface entre Rome et Paris

Jacques Maritain avait noté dans un document qui fait figure de rapport de fin de mission, daté du 11 juin 1948, la relation parfois complexe du Saint-Siège avec le catholicisme français:

> La France a sur les autres pays une avance de quelques siècles. De là une certaine ambivalence dans les sentiments du Saint-Siège à son égard. On l'aime, on l'admire, on sait qu'elle est parmi les nations la grande réserve de spiritualité et de flamme missionnaire. En même temps, elle étonne, elle inquiète, on est disposé à s'alarmer vite à son sujet, elle court le risque de rester en flèche[1].

Plus de dix ans plus tard, Roland de Margerie soulignait à son tour la vitalité du catholicisme français, et même son «audace», qui suscitait selon lui, dans la curie romaine, méfiance, craintes, «jalousies» parfois:

> De là des avertissements, des décisions, des condamnations même, qui mettent à vif les nerfs des catholiques français, réveillent une vieille méfiance gallicane envers Rome, et font parfois apparaître dans une lumière crue une sorte d'opposition larvée entre la conception française et la conception romaine de l'Église[2].

En témoignent bien des épisodes de tension dans les années 1950[3]. Dans ces conditions, l'une des missions de l'ambassade est de faire connaître ce qui se fait en France, et c'est le rôle notamment du Centre Saint-Louis de France, afin de désarmer les préventions et les

---

[1] *Cahiers Jacques Maritain*, n° 4, p. 91-96.

[2] AMAE, Europe 1944-1960, Saint-Siège, n° 51. Le rapport de fin de mission de Roland de Margerie est daté du 30 septembre 1959.

[3] Jean-Dominique Durand, «La *Furia francese* vue de Rome: peurs, suspicions et rejets des années 1950», in Michel Lagrée et Nadine-Josette Chaline, *Religions par-delà les frontières*, Paris, Beauchesne, 1997, p. 15-35.

craintes. Le 1ᵉʳ septembre 1948, Jacques Maritain écrivait à son successeur Wladimir d'Ormesson:

> J'ai acquis le sentiment que l'ambassade de France près le Saint-Siège a une fonction non négligeable, quoique non officielle et quasiment impossible à formuler, sur le plan ecclésiastique lui-même: celle de représenter en quelque façon l'Église de France (si peu unie dans sa structure officielle) auprès des milieux du Vatican, de faire comprendre l'esprit du catholicisme de chez nous et de le défendre[1].

Ormesson fit sienne cette conception. En 1956, lorsque Jacques Maritain fut mis gravement en cause par la revue des jésuites *La Civiltà cattolica*, l'ambassadeur intervint avec vigueur, multipliant les démarches auprès de la secrétairerie d'État, pour comprendre le sens d'une telle attaque, et pour en empêcher le développement[2]. À la fin de sa mission, Wladimir d'Ormesson nota dans son journal intime: «Tout l'intérêt de ce poste consiste à être un organisme de liaison entre l'Église de France et Rome. C'est ce que j'ai essayé de faire, et j'y avais en partie réussi. Mais pour cela, il faut être un peu d'Église, jouir de la confiance des évêques[3].» La formule est excessive, et Margerie, qui avait avec la religion un rapport plus distancié, après les ambassadeurs hors normes que furent ses deux prédécesseurs, rétablit une vision plus classique de la diplomatie auprès du Saint-Siège. Il fit pourtant sienne cette conception d'une double représentation de la République et de l'Église, fondée sur la conviction que défendre l'Église de France, c'était défendre les intérêts nationaux. Dans son rapport du 30 septembre 1959, il évoquait «le caractère très particulier de l'action que peut mener ici le représentant de la France»:

> action en quelque sorte atmosphérique, fondée sur la confiance personnelle qu'il inspire, sur son crédit auprès du clergé français, sur la réputation qu'il peut avoir d'être écouté dans son pays; action presque à sens unique, car il apporte plus qu'il ne recueille; action utile, néanmoins, puisqu'elle fait souvent de lui comme un intermédiaire entre l'Église de France et le Vatican, à propos de ces nombreux problèmes ecclésiastiques qui intéressent aussi directement l'État; action plus réelle donc qu'on ne pourrait le croire au premier abord, car elle se renforce du prestige de la France au sein de la chrétienté, de la considération dont jouit à Rome l'Église de France, et de tout ce que la personne de l'ambassadeur peut avoir de représentatif des qualités d'esprit pour lesquelles notre pays est estimé ici.

[1]   Jacques Maritain à Wladimir d'Ormesson, 1ᵉʳ septembre 1948, Archives Wladimir d'Ormesson.

[2]   Jean-Dominique Durand, «La grande attaque de 1956», in *Cahiers Jacques Maritain*, n° 30, juin 1995, p. 2-31.

[3]   Journal de Wladimir d'Ormesson, 16 mai 1956.

En 1970, René Brouillet revint sur la mission de l'hôte de la Villa Bonaparte. Il en soulignait l'aspect «classique» en termes de relations bilatérales, d'observation des rapports du Saint-Siège avec les États du monde et les institutions internationales, mais il notait également sa spécificité :

> Notre représentation diplomatique près le Saint-Siège a constitué de plus en plus, au sein de l'appareil institutionnel français, le principal organe d'information sur la vie de l'Église catholique et de réflexion sur les questions religieuses à la disposition des pouvoirs publics[1].

Plus près de nous, Stanislas de Laboulaye, ambassadeur de 2009 à 2012, écrit cinquante ans après :

> Un événement comme l'anniversaire du concile Vatican II célébré cette année permet à un observateur un peu averti de constater combien les débats d'Église demeurent vifs sur des questions essentielles. C'est le rôle de l'ambassadeur d'en faire l'analyse et de la transmettre à sa capitale, sachant que beaucoup de ses lecteurs sont souvent bien peu au fait des enjeux qu'on expose et n'en comprennent guère le sens. Il faut alors faire preuve de pédagogie et les traduire en termes accessibles par tous. Parce qu'on n'envoie pas seulement ces textes à Paris, mais aussi dans le réseau diplomatique français à travers le monde[2].

La «maison» du catholicisme français

Le 1er janvier 1957, en présentant ses vœux à la communauté française de Rome, le nouvel ambassadeur Roland de Margerie rendit hommage à son prédécesseur : «Il voulut, et sut, faire de cette maison celle où tous les catholiques français venaient confier leurs soucis ou leurs espérances, et demander conseil[3].» René Brouillet utilisa à son tour cette image pour définir le rôle de la Villa Bonaparte : «M. Charles-Roux, Jacques Maritain, M. d'Ormesson, M. de Margerie, M. de La Tournelle se sont attachés à faire du Palais Taverna, puis de la Villa Bonaparte, l'une des maisons de l'Église de France dans la Rome pontificale[4].»

---

[1] René Brouillet, dépêche «Missions et moyens de l'ambassade de France près le Saint-Siège», 24 février 1970, AMAE, Rome-Saint-Siège, n° 56.

[2] Stanislas de Laboulaye, «L'ambassade de France près le Saint-Siège», in *Documents Épiscopat*, n° 7, 2012, p. 7-16.

[3] AMAE, Rome-Saint-Siège, n° 43.

[4] Dépêche citée du 24 février 1970. Le Palais Taverna avait été le siège de l'ambassade de France près le Saint-Siège avant l'acquisition de la Villa Bonaparte après la Deuxième Guerre mondiale. Voir Jean-Dominique Durand, «La Villa Bonaparte, ambassade de France près le Saint-Siège», in *Villa Bonaparte. Ambassade de France près le Saint-Siège*, Paris, Éditions Internationales du Patrimoine, 2011, p. 123-157.

L'ambassade près le Saint-Siège est composée d'une équipe restreinte, autour de l'ambassadeur : un premier conseiller, un consulteur canoniste, un attaché culturel, un deuxième secrétaire et un vice-consul ou troisième secrétaire chargé de la chancellerie. Les *Annuaires diplomatiques* des années 1959-1965 montrent la permanence de cette structure légère. Dans son long rapport fort argumenté sur les «Missions et moyens de l'ambassade de France près le Saint-Siège», René Brouillet remarquait qu'entre le concile de Vatican I en 1870 et le deuxième concile du Vatican, deux postes diplomatiques ont été perdus. Pourtant, dit-il,

la tâche dévolue à ce poste a pris [...] un surcroît d'ampleur, dans des proportions sans précédent, à la faveur de cet événement exceptionnel qu'a été, de 1962 à 1965, le XXIᵉ concile œcuménique, du fait que, pendant quatre sessions successives, ont été rassemblés à Rome quelque 2 500 évêques et presque autant d'experts, en même temps que des représentants des autres confessions chrétiennes appelés à participer aux premiers développements de l'entreprise œcuménique. Elle continue de le prendre, dans des proportions moindres, d'une année sur l'autre, à la faveur des réunions du synode des évêques ou de rassemblements tels que les congrès mondiaux de l'apostolat des laïcs[1].

Faisant le point sur l'année 1964 en présentant ses vœux à «la colonie française de Rome», le 1ᵉʳ janvier 1965, René Brouillet notait :

Qu'il me soit permis de dire la joie que nous avons eue à saluer, à accueillir, le groupe important et compact de nos quelque 140 archevêques et évêques de la métropole et des départements et territoires d'Outre-Mer et 110 archevêques ou évêques français exerçant ou ayant exercé leur apostolat dans les pays de mission. Et avec eux, il me faut évoquer cette autre cohorte, considérable elle aussi, tant par le nombre que par la qualité, des experts, auditeurs, invités de Vatican II, théologiens particuliers des évêques, informateurs religieux ou journalistes accrédités au concile[2].

Parmi les diplomates, le ministre-conseiller a notamment la charge de présider la Députation administrative des Pieux Établissements de la France à Rome et à Lorette, dont les propriétés doivent permettre d'accueillir au mieux les pèlerins français[3]. Chaque Année sainte a vu ainsi les Pieux Établissements entreprendre des travaux

---

[1]   René Brouillet, dépêche citée «Missions et moyens».

[2]   René Brouillet, dépêche «Réception de la colonie française de Rome», 7 janvier 1965, AMAE, Rome-Saint-Siège, n° 101.

[3]   René Brouillet, «Les Pieux Établissements de la France à Rome et à Lorette», in *Les Fondations nationales dans la Rome pontificale*, Rome, École Française de Rome, 1981, p. 113-125.

de modernisation des lieux d'accueil, notamment le Centre pastoral d'accueil et la Maison d'accueil de La Trinité des Monts, pour remplir cette mission. L'ambassadeur René Brouillet y voyait un aspect important de la mission de l'ambassade, en charge, disait-il, d'un « héritage français, tout à la fois national et religieux », un « ensemble de fondations pieuses créées au cours des siècles à Rome et dans les États romains par des Français et pour des Français[1] ». Demandant au Département des crédits pour faire face aux obligations de l'ambassade durant le concile, notamment pour aménager le Palais Saint-Louis, qui jouxte l'église Saint-Louis des Français et abrite le Centre d'études Saint-Louis de France, Guy de La Tournelle précisait :

> Il ne s'agit pas seulement d'y héberger une partie des évêques français, il convient de donner à cet antique édifice les moyens de constituer le centre d'accueil, de travail et de réunion de notre épiscopat, et d'une manière générale, des théologiens et des Pères du concile qui chercheront à rencontrer les membres de l'Église de France[2].

L'ambassade de la République laïque dispose également d'un conseiller spécifique pour les questions religieuses, chargé d'informer l'ambassadeur, notamment sur le fonctionnement du Saint-Siège, sur les nominations épiscopales souhaitées par le Saint-Siège, d'analyser les documents rendus publics, tels que encycliques, lettres apostoliques, et les discours du Pape. Cette fonction, apparue formellement à la fin du XIXe siècle, avec Mgr Joseph Guthlin nommé attaché canonique, a toujours été confiée à des ecclésiastiques. Depuis 1945, était en poste le père Joseph Delos, dominicain, résistant, proche de Jacques Maritain[3].

Une autre originalité de la Villa Bonaparte par rapport aux autres ambassades accréditées près le Saint-Siège est de disposer d'un conseiller culturel dont la mission est de définir une politique culturelle par rapport aux institutions culturelles du Saint-Siège (universités pontificales, académies, organes de la curie romaine) et de diriger un centre culturel spécifique, le Centre d'études Saint-Louis de France. Celui-ci est né de l'intuition de Jacques Maritain, qui pensait que la culture était un mode d'approche majeur du Saint-Siège. Il se montra soucieux d'assurer la meilleure diffusion possible

---

[1]   René Brouillet, dépêche citée « Missions et moyens ».

[2]   Dépêche du 30 juillet 1962, AMAE, Europe Rome-Saint-Siège, n° 56.

[3]   Sur le père Delos, voir le Cahier n° 10 du Centre d'études du Saulchoir, *Thomas Delos : droit, Église et société*, octobre 2007.

de la culture française, qu'elle fût catholique ou non, dans les milieux romains. Dès son arrivée à Rome, il demanda au Département la création d'un Centre français de documentation catholique. Celui-ci, mis en place rapidement, commença ses activités dès la fin de l'année 1945. Installé dans le Palais Saint-Louis, il prit par la suite le nom de Centre d'études Saint-Louis de France. Le Centre, dirigé alors depuis sa fondation par le dominicain Félix Darsy, un éminent archéologue, également recteur de l'Institut pontifical d'archéologie chrétienne, fut doté dans les années 1950 d'un vaste auditorium creusé en sous-sol. Il fut conçu comme un lieu d'information avec une bibliothèque offrant au public romain ce qui s'éditait dans la France catholique, notamment dans les domaines de l'histoire, de la philosophie et de la théologie, et comme un lieu d'échanges et de rencontres à travers de nombreux colloques et conférences. Ses activités visaient, comme le souhaitait Jacques Maritain, à «représenter et diffuser la pensée et la culture chrétienne d'origine française auprès de toutes les personnes résidant à Rome, de quelque nationalité qu'elles soient; mais aussi faire connaître la pensée et la culture de la France laïque auprès du clergé et des religieux de tous les pays[1]».

On mesure combien cette ambassade fonctionne avec peu de moyens, surtout lorsqu'il faut faire face à un événement comme un concile, qui s'installe dans la durée. Au début du concile, fut mis à disposition un diplomate venu en renfort pour la première session, Jean Blanchard, qui fit un rapport de synthèse. Ce dernier était l'auteur d'une thèse sur *Le Droit ecclésiastique contemporain d'Irlande*, publiée en 1958[2], et avait été premier secrétaire à Dublin de 1953 à 1960. À la date du 7 décembre 1962, le père Henri de Lubac écrivit à son propos:

Cet après-midi à 15 h, visite de M. Blanchard, envoyé par le gouvernement français à notre ambassade auprès du Vatican pour le temps du concile. Il a interrogé les uns et les autres; il me fait parler, ce que je fais sans réticences, lui expliquant les positions théologiques, sur lesquelles il est peu renseigné. Il m'interroge sur le cardinal Montini, on sent qu'il se préoccupe d'informer le Quai d'Orsay sur les *papabili*[3].

---

[1]   Jean-Dominique Durand, «Le Centre Saint-Louis de France», in *Les Correspondances du ministère des Affaires étrangères*, n° 45, 1er trimestre 2000, p. 6-8.

[2]   Paris, Librairie générale de droit et de jurisprudence. Voir Henri de Lubac, *Carnets du concile*, Paris, Cerf, 2007, p. 161, n° 6.

[3]   *Ibid.*, p. 516.

L'envoi de Jean Blanchard semble être une initiative du ministère, si l'on en croit une lettre de l'ambassadeur à la sous-direction des Affaires politiques, qui ne cache pas sa perplexité devant l'ampleur des tâches qui attendent l'ambassade. L'ambassadeur écrit le 28 avril :

> J'ignorais l'intention du Département de renforcer le personnel de cette ambassade pendant la durée du concile, mais je ne peux que l'en remercier. Blanchard sera donc le bienvenu et je ne doute pas qu'il nous soit une aide efficace durant cette période, dont je vous avoue que je m'en présente encore imparfaitement les conditions et les obligations[1].

Jean Blanchard rendit un long rapport de trente-deux pages, qui se voulait une « Vue d'ensemble sur la première session du concile œcuménique Vatican II ». Il s'agit d'un récit vivant et précis des principaux événements de cette première étape du concile[2]. Mais l'expérience ne fut pas poursuivie, ni avec Jean Blanchard, ni avec un autre. Or il manquait un attaché de presse, ce qui était particulièrement gênant pour glaner des informations, ou pour avoir des relations régulières avec les nombreux journalistes envoyés pour suivre le concile, du reste fortement médiatisé. René Brouillet a pallié la difficulté, pour la dernière session, en faisant appel à un jeune normalien, Philippe Levillain, recommandé par Robert Flacelière, directeur de l'ENS Ulm, qui fit office bénévolement d'attaché de presse de septembre à décembre 1965[3]. Il pouvait ainsi assister à la conférence de presse quotidienne, en début d'après-midi, et en rendre compte à l'ambassadeur.

UNE PRÉSENCE FORTE

Une plaque tournante

Avant même l'ouverture du concile, l'ambassadeur Guy de La Tournelle informa le Quai d'Orsay que des prélats français attendaient beaucoup de l'ambassade :

> Certains de nos cardinaux m'ont déjà demandé de prévoir à l'ambassade des réunions leur permettant des contacts en toute liberté avec leurs collègues

---

[1]   Lettre de Guy de La Tournelle à Jacques de Folin, sous-direction des Affaires politiques, 28 avril 1962, AMAE, Rome-Saint-Siège, n° 92.

[2]   Le document est transmis à Paris par l'ambassadeur le 26 décembre 1962. AMAE, Rome-Saint-Siège, n° 96.

[3]   Entretien avec Philippe Levillain, 12 octobre 2012.

étrangers, ce à quoi je suis naturellement tout disposé à me prêter, car c'est évidemment notre rôle de multiplier les rapports entre les représentants de l'Église de France et les Églises étrangères[1].

Peu avant l'ouverture du concile, il nota à nouveau que «plusieurs de nos cardinaux m'ont exprimé le désir d'y [à la Villa] être accueillis avec tels ou tels de leurs collègues qu'ils auraient un intérêt particulier à rencontrer longuement[2]». Il s'agissait surtout d'accueillir au mieux les évêques et leurs collaborateurs, et de mettre à leur disposition les structures dépendant des Pieux Établissements, notamment le Palais Saint-Louis :

Il importe, en effet, que le Palais puisse, non seulement servir de résidence à ceux de nos évêques qui en ont manifesté le désir, mais aussi et surtout constituer pour notre épiscopat tout entier, pour les théologiens qu'il s'adjoindra et pour les Pères du concile venus de tous les continents et avec lesquels nos évêques souhaitent entretenir différents contacts, un lieu d'accueil, de réunion et de travail[3].

L'ambassadeur ne masquait pas sa déception de voir le secrétariat général de l'épiscopat préférer, «pour des raisons d'ordre pratique», s'installer au Séminaire français[4], manière surtout pour les évêques d'assurer leur indépendance par rapport au représentant de l'État. Guy de La Tournelle n'engagea pas moins des sommes considérables pour mettre le Palais Saint-Louis à disposition de l'épiscopat, en rénovant les pièces de réception et les chambres, et en ravalant le cloître : quatre millions de lires selon les devis reçus à l'été 1962[5]. Cependant, l'ambassade de France jouissait de moyens notables, comparés à ceux d'autres représentations diplomatiques. L'ambassadeur de Belgique qui, dans ses notes, ne manque pas de critiquer ses collègues français, écrit non sans un mélange d'étonnement et d'envie, pour se plaindre auprès de sa propre administration :

L'ambassadeur de France a reçu, pour la première session du concile, une indemnité supplémentaire d'un million de francs français anciens. Il a reçu aussi deux millions et demi pour améliorer les installations de Saint-Louis des Français, où les évêques de France devaient se réunir et parfois inviter. Il a reçu en outre cinq cent mille francs pour mettre à la disposition des évêques

[1]   Lettre citée à Jacques de Folin, 28 avril 1962.
[2]   Guy de La Tournelle, dépêche du 5 juillet 1962, AMAE Nantes, Rome-Saint-Siège, n° 1400.
[3]   Guy de La Tournelle, dépêche «Accueil à Rome des évêques français pour le concile», 20 juin 1962, AMAE Nantes, Rome-Saint-Siège, n° 1400.
[4]   *Ibid.*
[5]   *Ibid.*

de France, pour les déjeuners et dîners qu'ils voudraient donner à Saint-Louis des Français. L'ambassadeur de France a reçu pour lui-même le même supplément d'indemnités à l'occasion de la deuxième session, ainsi qu'une indemnité de cinq cent mille francs à mettre à la disposition des évêques pour Saint-Louis des Français[1].

On y installa un centre d'accueil, afin de favoriser les réunions des évêques français, les rencontres avec d'autres Pères conciliaires, tandis que de nombreuses conférences étaient organisées en marge du concile. Il nota dans un rapport à l'issue de la deuxième session:

Comme pour la première session, le Palais de Saint-Louis des Français a pu accueillir certains de nos évêques (15) et jouer un rôle important dans l'organisation matérielle de notre épiscopat. Son sous-sol, où sont établis le Centre culturel Saint-Louis de France et ses salles de réunion, a été particulièrement utile aux commissions de travail qui s'y réunissaient chaque après-midi[2].

À l'issue de la première session, l'ambassadeur a pu souligner l'importance de ces rencontres, souvent informelles, au cours de déjeuners, invitant tour à tour les évêques de France, ceux d'Outre-mer, d'Afrique et de Madagascar, «les figures les plus marquantes de l'épiscopat des pays limitrophes de la France», mais aussi «les patriarches maronite, grec-melkite, arménien catholique, copte, chaldéen, syrien catholique, ainsi que les représentants des Églises séparées et les observateurs invités par le Saint-Siège[3]». René Brouillet a évoqué à son tour «l'extraordinaire richesse de rencontres» faites à la faveur du concile, quasiment quotidiennement, à la Villa Bonaparte ou en d'autres lieux de Rome: «Dans l'intimité de ces rencontres, il nous était donné d'approfondir notre connaissance du cheminement de chacun de nos interlocuteurs[4].» En rendant hommage à l'ambassadeur Brouillet, le cardinal Roger Etchegaray a parlé de la Villa Bonaparte comme d'un «carrefour de visites[5]». Ancien résistant, directeur de cabinet de Georges Bidault, président du Conseil national de la Résistance, membre du cabinet du général de Gaulle en 1944, secrétaire général à la présidence du Conseil pour les affaires algériennes

[1]   Prosper Poswick, *Un journal du concile. Vatican II vu par un diplomate belge*, Paris, François-Xavier de Guibert, 2005, note du 7 decembre 1963, p. 390-391.

[2]   Dépêche du 4 janvier 1964, AMAE, Europe 1944-1960, Rome-Saint-Siège, n° 56.

[3]   Dépêche du 12 décembre 1962, AMAE Nantes, Rome-Saint-Siège, n° 1400.

[4]   René Brouillet, «Témoignage sur le Deuxième Concile du Vatican», in *Le Deuxième Concile du Vatican (1959-1965)*, Rome, École française de Rome, 1989, p. 17-29.

[5]   Roger Etchegaray, «René Brouillet: le service de l'État et de l'Homme. Discours de réception à l'Académie des sciences morales et politiques, 20 décembre 1994», in *La Documentation catholique*, n° 2108, 15 janvier 1995.

en 1958 à la suite du retour du Général au pouvoir, passant l'année suivante à l'Élysée comme directeur de cabinet du chef de l'État, René Brouillet a pu utiliser son lien direct avec l'Élysée pour obtenir les crédits exceptionnels nécessaires. Sa proximité avec le Général, bien connue à Rome, lui donna une autorité particulière dans ses relations personnelles avec les responsables de la curie, et il sut se constituer un réseau incomparable d'amitiés et d'informateurs. Philippe Levillain parle d'une «ambiance effervescente[1]».

Il s'agissait principalement de déjeuners, surtout en raison de l'emploi du temps des Pères et de leur fatigue : «L'emploi du temps très chargé du concile (congrégation générale le matin, réunion de travail l'après-midi) ne laissait guère de libre que le jeudi, les dîners étant exclus en raison de l'âge de la plupart des hauts prélats invités[2].» L'ambassadeur de La Tournelle parlait pour la première session de deux réceptions pour 550 personnes et de neuf déjeuners pour 193 invités[3]. Les archives offrent les listes des personnalités invitées, qui donnent une bonne idée de cette effervescence et du rôle de l'ambassade comme lieu de rencontres et d'échanges, réunissant des prélats de tous horizons, avec une place importante donnée aux évêques africains francophones, mais aussi aux prélats de la curie romaine, aux prélats orientaux, aux représentants du patriarcat de Moscou[4], à des évêques européens accompagnés de leurs ambassadeurs respectifs. Seuls trois évêques italiens, mais non des moindres, ont été reçus au cours de la première session, les cardinaux Lercaro, Montini et Siri[5]. Ces bilans dressés par l'ambassadeur sont révélateurs de l'importance qu'il attribuait à ces rencontres :

> L'une des tâches essentielles de cette ambassade consistait à faciliter les premiers contacts, soit entre les membres de notre épiscopat national qui bien souvent s'ignoraient, soit entre nos évêques et des évêques étrangers[6].

Les ambassadeurs ont déployé une véritable stratégie pour permettre aux personnes de se rencontrer. Le 25 octobre 1962, dès le début du

---

[1]   Entretien avec Philippe Levillain, 12 octobre 2012.

[2]   Guy de La Tournelle, dépêche «Réceptions organisées à l'occasion du concile», 12 décembre 1962, AMAE, Rome-Saint-Siège, n° 96.

[3]   *Ibid.*

[4]   Les représentants du patriarcat de Moscou ont été reçus à déjeuner à l'ambassade de France, avec des membres du Secrétariat pour l'unité des chrétiens, dont Mgr Willebrands, le 26 novembre 1962. Dépêche du 27 novembre 1962, «Observateurs de l'Église orthodoxe russe au concile», AMAE, Rome-Saint-Siège, n° 96.

[5]   *Ibid.*

[6]   Guy de La Tournelle, dépêche citée «Réceptions organisées à l'occasion du concile».

concile, Henri de Lubac a déjeuné à la Villa Bonaparte avec des prélats français, les archevêques et évêques de Lyon, Strasbourg, Metz, Châlons, Arras, le cardinal allemand Frings et l'ambassadeur d'Allemagne, mais aussi des observateurs protestants, le pasteur Hébert Roux, Oscar Cullmann, Roger Schutz, Max Thurian, Mgr Maximilien de Furstenberg, nonce au Portugal. C'était l'occasion d'évoquer le concile, l'attitude du pape et de la curie, ou des personnalités comme Karl Rahner, ou de prendre de nouveaux rendez-vous pour plus tard avec tel ou tel convive[1]. Mais l'ambassadeur pouvait préférer une rencontre en tête à tête, ou en très petit comité, comme le 30 octobre 1965, où il reçut à déjeuner, «dans l'intimité», le père de Lubac et Mgr Karol Wojtyła pour évoquer longuement «la Pologne et le concile[2]».

D'une manière générale, l'ambassade suivait de près les activités conciliaires des évêques français, en soulignant non sans satisfaction leur dynamisme. On souligna dans une dépêche du 25 octobre 1962 l'importance de l'intervention du cardinal Liénart, appuyé par le cardinal Frings, le 13 octobre 1962, deux jours après l'ouverture du concile, pour faire désigner les membres des commissions par un vote :

> Cette intervention de l'évêque de Lille, dont il ne faudrait pas mésestimer l'importance, a eu pour heureuse conséquence de placer sur un terrain sain les premiers travaux du concile et de mettre en lumière le rôle joué par les 44 conférences épiscopales existantes.

L'ambassadeur se faisait l'écho d'une rumeur de gallicanisme :

> Cette prise de position, bien naturelle, à la vérité, a pu être interprétée, du côté italien, comme un début de fronde. Le cardinal Cento, après la déclaration du cardinal Liénart, aurait chuchoté à son voisin, le cardinal Bea : «Ces Français ont encore une poussée de gallicanisme», «et les Allemands sont avec eux», aurait répondu l'éminent jésuite.

Les résultats des votes étaient réjouissants pour l'ambassade, qui relevait dix-sept évêques français parmi les membres élus des commissions, tout en regrettant l'absence d'un Français dans la commission pour les Églises orientales, surtout «lorsqu'on sait l'importance des liens traditionnels qui attachent notre pays aux chrétiens d'Orient». En annexe de la dépêche, l'ambassadeur donnait la liste des membres des commissions conciliaires, en soulignant les noms

---

[1]   Henri de Lubac, *Carnets…*, I, p. 161.
[2]   *Ibid.*, II, p. 450.

des prélats français[1]. Dans un télégramme qui avait précédé la dépêche, Guy de La Tournelle notait :

> La seule lecture des membres ainsi élus, énumérés dans l'ordre des voix obtenues par chacun d'eux, apparaît bien comme un hommage rendu tant à la qualité des épiscopats de France et d'Allemagne qu'à l'autorité qu'ils ont pu s'acquérir, à peine commencés les travaux du concile[2].

Le cardinal Achille Liénart occupait une place particulière dans le dispositif français, selon l'ambassade où on le tenait en haute estime :

> L'évêque de Lille a constamment joué à l'assemblée un rôle de premier plan. Son ancienneté dans le cardinalat lui assurait certaines préséances ; mais bien plus que l'âge, ce sont la faculté de sympathie dont il est doué, sa distinction, la facilité de son abord, la clarté de son intelligence, l'élévation et la simplicité de ses vues, l'audace tranquille avec laquelle il suit sa voie qui ont fait de lui non seulement le porte-parole du catholicisme français, mais l'un des principaux meneurs du jeu conciliaire[3].

Une présence intellectuelle

Celle-ci était assumée par le Centre d'études, qui, durant le concile, a poursuivi ses deux activités classiques de mise à disposition de livres et de documents et de conférences[4]. Cependant, on note en analysant la liste des personnalités invitées et des sujets traités que peu de Pères conciliaires sont intervenus parmi les trente-cinq conférences données dans la période, et très peu d'entre elles ont été en lien avec le concile. On relève Mgr Émile Blanchet, recteur de l'Institut catholique de Paris, pour parler de Blaise Pascal le 15 novembre 1962 et, en fin de période, le 2 décembre 1965, Mgr Jean Villot, archevêque de Lyon, et Mgr Michele Pellegrino, pour présenter le centième volume de la collection *Sources chrétiennes*, le livre IV du traité de saint Irénée *Adversus haereses*. Mgr Pellegrino parla de « l'étude des Pères de l'Église dans la perspective conciliaire ». Parmi les auditeurs laïcs, on note la présence de Jean Guitton pour parler de « Newman et l'Église romaine » et, parmi les experts, celle de Jean Daniélou. Les autres intervenants étaient pour la plupart des universitaires de renom,

[1]	AMAE, Rome-Saint-Siège, n° 95.

[2]	Télégramme du 22 octobre 1962, AMAE, Rome-Saint-Siège, n° 95.

[3]	Guy de La Tournelle, dépêche « Concile et conclave : les diverses tendances au sein du Collège des cardinaux », 10 mai 1963, AMAE, Rome-Saint-Siège, n° 60.

[4]	Centre d'études Saint-Louis de France, Conférences, Archives du Centre culturel Saint-Louis de France.

parmi lesquels André Latreille, Louis Leprince-Ringuet, Jean Gau-
demet, André Chastagnol, Pierre Riché, Henri-Irénée Marrou,
Robert Flacelière, Charles Dedeyan, Maurice Nédoncelle. L'attention
à l'œcuménisme fut forte, avec les conférences d'Oscar Cullmann le
30 novembre 1963 («L'histoire du salut dans le Nouveau Testament
à la lumière du dialogue œcuménique»), invité à la demande de
Mgr Jean-Julien Weber, archevêque de Strasbourg, et du pasteur
Marc Boegner, le 12 décembre 1964 («Notre marche commune vers
l'unité»). Les religions non chrétiennes furent abordées également,
le judaïsme avec André Neher, professeur à l'université de Strasbourg
(«La pensée juive moderne», 18 février 1965), et l'islam avec le
père Georges Anawati («Introduction à la mystique musulmane»,
18 novembre 1965).

Une activité culturelle était proposée : deux représentations, au
cours de la première session, du film de Robert Bresson «Le procès
de Jeanne d'Arc», projeté, dit l'ambassadeur, en présence de «plus
de 300 évêques, 4 cardinaux et 2 patriarches[1]».

Le Centre Saint-Louis a surtout accueilli les réunions des Pères
français, mais aussi étrangers, avec parfois des journalistes[2], qui furent
parfois fondamentales pour l'orientation du concile, dont témoignent
bien des journaux conciliaires. Ainsi lit-on dans les carnets du père
de Lubac à la date du 25 octobre 1962 : «Aujourd'hui, à Saint-Louis
des Français, deuxième conférence du père Léon-Dufour pour nos
évêques ; demain, ce sera le tour du père Congar[3]».

C'est dans «les salles du Centre culturel de Saint-Louis des Français, mises à leur disposition par l'ambassade», que les évêques français se sont réunis à plusieurs reprises après le 13 octobre 1962, pour
se mettre d'accord sur les votes à effectuer en vue de la composition
des diverses commissions conciliaires[4]. Dans son bilan du 12 décembre 1962, l'ambassadeur rappelait :

> Il n'est pas inutile de rappeler également que le Palais de Saint-Louis des
> Français et le Centre culturel de Saint-Louis ont été des lieux de réunions
> quotidiennes pour nos évêques (auxquels s'associaient bien souvent des évêques
> étrangers) et pour les chroniqueurs religieux[5].

---

[1]   Guy de La Tournelle, dépêche citée «Réceptions organisées à l'occasion du Concile».

[2]   *Ibid.*

[3]   Henri de Lubac, *Carnets…*, I, p. 162.

[4]   Guy de La Tournelle, dépêche «Concile œcuménique Vatican II», 25 octobre 1962,
AMAE, Rome-Saint-Siège, n° 95.

[5]   Guy de La Tournelle, dépêche citée du 12 décembre 1962.

Guy de La Tournelle décrivait le travail des évêques français : chaque mercredi soir, ils se retrouvaient au Centre culturel Saint-Louis de France, afin de discuter des interventions qui ont déjà eu lieu et de celles en préparation : « Nos évêques s'organisent pour pouvoir participer le plus efficacement possible aux débats. » Il signalait la fondation, le 28 septembre, d'un comité épiscopal présidé par Mgr Marty, archevêque de Reims, avec constitution de groupes de travail. Il y avait aussi « deux conférences doctrinales » hebdomadaires, « dirigées par l'archevêque d'Aix-en-Provence, l'une le mercredi, ouverte à tous les Pères francophones ; l'autre le lundi, réservée aux Français, avec appel à des experts étrangers, comme le théologien belge Gérard Philips, invité à prendre la parole sur le schéma "de l'Église" ». Les sujets abordés étaient ceux du concile. L'ambassadeur écrivait :

> Ce travail organisé, qui n'a pas été sans attirer l'attention de Paul VI lui-même, permet aux Pères de maintenir le renom de l'Église de France et d'assurer sa présence au sein du concile de façon efficace[1].

Un lieu d'observation

À la suite des observations de Guy de La Tournelle, dès avril et juin 1962, le Département s'intéressa à « cet événement essentiel pour la chrétienté ». On demanda, par circulaire signée de Jean-Marie Soutou, à l'ambassade à Rome de faciliter les contacts des évêques français avec les étrangers, car « notre épiscopat souhaite à cette occasion nouer ou renouer des liens parfois affaiblis par les distances ou les frontières », et de fournir à l'ensemble des postes diplomatiques français à travers le monde des informations sur les Pères conciliaires de leurs pays d'affectation, sur leurs activités, « qu'elles soient d'ordre théologique, pastoral ou social », particulièrement ceux qui « font preuve d'un attachement ou d'un intérêt particulier pour notre pays[2] ». Inversement, en juillet 1963, à la veille de la seconde session, des circulaires furent adressées aux ambassades de France à travers le monde, afin qu'elles fournissent des informations sur l'état de l'opinion catholique dans leurs pays d'affectation, et sur les personnalités religieuses qui se distinguaient[3].

---

[1]   Guy de La Tournelle, dépêche « La deuxième session du concile œcuménique Vatican II », 17 octobre 1963, AMAE, Rome-Saint-Siège, n° 98.

[2]   AMAE, circulaire n° 53, 26 juin 1962, Rome-Saint-Siège, n° 92. La demande de l'ambassadeur est du 21 juin 1962.

[3]   AMAE, Rome-Saint-Siège, n° 97.

Guy de La Tournelle a fait de la Villa Bonaparte un lieu d'observation privilégié du concile. René Brouillet a poursuivi dans la même voie. Un lien privilégié a été établi avec un grand journaliste religieux, le père assomptionniste Antoine Wenger, qui fut le correspondant de *La Croix* durant toute sa durée[1]. Ses informations, d'une qualité exceptionnelle, furent d'un grand secours pour les ambassadeurs. Il devait par la suite devenir le conseiller ecclésiastique de l'ambassade de France, de 1973 à 1983.

Guy de La Tournelle a produit un grand nombre de dépêches riches d'informations et de réflexions, suivant les travaux avec un intérêt personnel visible et un grand professionnalisme. Son ample dépêche du 3 juin 1960 sur la préparation du concile a été transmise à toutes les ambassades de France à travers le monde. Parmi ses nombreux rapports, qui constituent une source importante pour la connaissance du concile, les plus remarquables portent sur la constitution *De liturgia* (11 décembre 1963) et sur «Paul VI et le concile» (18 décembre 1963). René Brouillet, qui lui succéda en 1963, poursuivit sur la même voie d'accueil, de contacts et d'information systématique du Quai d'Orsay[2]. Particulièrement intéressants sont les rapports de synthèse sur les sessions comme ceux du 19 et du 26 décembre 1962 pour la première session[3], ou celui du 8 décembre 1964 sur la troisième session[4]. Il n'est pas possible ici de reprendre tous les rapports, véritables exercices littéraires de plusieurs dizaines de pages parfois, qui constituent une masse considérable. Il ne serait pas inutile, du reste, d'en réaliser une publication scientifique, en tant que source majeure pour la connaissance du concile.

D'une manière générale, quelques grands thèmes retenaient l'attention des diplomates. En premier lieu, les rapports entre la curie et les Pères conciliaires, interprétés comme des rapports de force. Les notes sur le fonctionnement du concile insistent volontiers sur les oppositions et l'identification de «deux courants», l'un «réformateur et hardi», incarné par les Français et les Allemands, l'autre «traditionaliste», représenté par la curie, les Italiens, les Espagnols, les Américains du Nord et du Sud, le pape recherchant l'équilibre, «tout en prodiguant ses encouragements aux promoteurs d'innovations

---

[1] Antoine Wenger, *Les Trois Rome. L'Église des années soixante*, Paris, Desclée de Brouwer, 1991, 298 p.

[2] Sur les réflexions des ambassadeurs de France près le Saint-Siège, voir Alberto Melloni, *L'altra Roma...*

[3] AMAE, Rome-Saint-Siège, n° 96.

[4] AMAE, Rome-Saint-Siège, n° 101.

dont il connaît l'intelligence, la foi profonde et l'influence sur les frères séparés», comme le cardinal Liénart après son intervention du 13 octobre 1962[1]. Mais les diplomates prenaient toujours soin de souligner le caractère singulier d'un concile où «débats et controverses n'ont, abstraction faite de quelques trompeuses apparences, rien de commun avec les luttes auxquelles nous sommes habitués à l'intérieur des assemblées politiques», comme le dit René Brouillet aux Français de Rome invités à la Villa Bonaparte pour le jour de l'an 1965, mettant en garde contre les interprétations hâtives et journalistiques[2].

Dans l'ensemble, le concile était vu comme «un creuset bouillonnant d'idées» préparant «un retour aux sources originelles du christianisme[3]», mais aussi comme un organisme au fonctionnement complexe et lent[4]. On insistait sur les tensions entre la curie romaine et l'assemblée conciliaire: René Brouillet parlait de la «sensibilité toujours en éveil» des Pères conciliaires «à l'encontre de l'influence de la curie, telle qu'elle peut s'exercer au cours du travail des commissions[5]», ce que son prédécesseur avait déjà souligné en montrant à la fois «la préparation défectueuse de la première session», une curie romaine ignorante du monde extérieur et vivant dans un «étroit conservatisme» et le rôle déterminant des Pères rassemblés: «Mais dès ses débuts, le concile a fait sauter cette fragile construction, et c'est ici que l'on aperçoit l'importance spirituelle de l'œuvre entreprise[6].» De ce fait, Vatican II présentait une grande différence par rapport à Vatican I. René Brouillet illustrait ce propos avec la constitution sur l'Église (*Lumen gentium*): Vatican I «s'est inspiré d'une conception essentiellement hiérarchique de l'Église», dans une «perspective de l'Église forteresse assaillie par l'erreur, qui se défend en renforçant l'autorité personnelle de son chef infaillible.» Au contraire, «les regards de Vatican II se sont portés dans une toute

[1]   Guy de La Tournelle, dépêche «Des commissions conciliaires», 10 novembre 1962, AMAE, Rome-Saint-Siège, n° 96.

[2]   René Brouillet, dépêche «Réception de la colonie française de Rome», 7 janvier 1965, AMAE, Rome-Saint-Siège, n° 101. Voir la dépêche «La presse et le concile», 8 octobre 1964, *ibid.*, n° 100.

[3]   Guy de La Tournelle, dépêche «Débats conciliaires: le corps épiscopal dans l'Église», 17 octobre 1963, AMAE, Rome-Saint-Siège, n° 98.

[4]   Guy de La Tournelle, dépêche «Un mois de travaux conciliaires», 9 novembre 1963, AMAE, Rome-Saint-Siège, n° 98.

[5]   René Brouillet, dépêche «Huitième semaine des travaux conciliaires», 14 novembre 1964, AMAE, Rome-Saint-Siège, n° 100.

[6]   Guy de La Tournelle, dépêche «Quelques réflexions sur le concile», 21 février 1963, AMAE, Rome-Saint-Siège, n° 97.

autre direction : sur le mystère de l'Église, c'est-à-dire sur le mystère des intentions divines qui, en donnant naissance à l'Église, la destinent déjà à l'humanité toute entière et la veulent ouverte à tous les hommes». À juste titre, l'ambassadeur, guidé par le père Delos, voyait dans ce document «la maîtresse œuvre dogmatique de Vatican II, qui commande tous les autres textes conciliaires[1]». L'ambassade soulignait également le «caractère volontairement apolitique du concile», et son refus de porter condamnation du communisme, tandis que des observateurs du patriarcat de Moscou étaient présents[2].

René Brouillet a bien saisi le rôle important de la presse face à un concile très médiatisé, tout en signalant à la fois les difficultés rencontrées par les journalistes mal informés par le Vatican même, et leur «propension au schématisme et à la simplification[3]», rejoignant ainsi l'appréciation sévère émise par *L'Osservatore Romano* qui reprochait aux journalistes leurs préjugés et leur goût des polémiques, leur manque de formation théologique et leur fébrilité[4].

Les textes conciliaires étaient l'objet d'analyses précises, avec parfois une dimension théologique de haut vol due probablement au père Delos, comme dans le cas du décret sur l'œcuménisme[5], ce thème ayant particulièrement retenu l'attention de l'ambassade du fait de ses implications sur les relations de Rome avec les Églises protestantes et surtout avec le monde orthodoxe et les Églises orientales : il s'agit d'une «pièce angulaire de l'œuvre conciliaire», à laquelle Paul VI a porté une attention personnelle, allant jusqu'à imposer plusieurs amendements. Ce texte, écrivait l'ambassadeur, constitue avec la constitution *De Ecclesia* de 1964 et le document sur la liturgie «une trilogie invisible», car «ces trois documents concernent directement la théologie de l'Église dans ce qu'elle a de plus profond» et «constituent le noyau même de l'œuvre conciliaire appelée de ses vœux par Jean XXIII».

[1] René Brouillet, dépêche «De la constitution *De Ecclesia*», 29 décembre 1964, AMAE, Rome-Saint-Siège, n° 101.

[2] Guy de La Tournelle, dépêche «Bilan de la première session du concile», 25 février 1963, AMAE, Rome-Saint-Siège, n° 97.

[3] René Brouillet, dépêche «La presse et le concile», 8 octobre 1964, AMAE, Rome-Saint-Siège, n° 100.

[4] René Brouillet, dépêche «Appréciations de *L'Osservatore Romano* sur les chroniques consacrées par la presse aux travaux conciliaires», 14 mars 1964, AMAE, Rome-Saint-Siège, n° 99.

[5] René Brouillet, dépêche «Du décret conciliaire *De Œcumenismo*», 4 février 1965, AMAE, Rome-Saint-Siège, n° 101. Il s'agit du décret *Unitatis redintegratio*.

Les notes sur la personnalité des papes du concile sont nombreuses. À propos de Jean XXIII, on soulignait son rôle déterminant dans l'évolution du concile : «Jean XXIII commence à recouvrir les fresques de la Renaissance célébrant la gloire et l'orgueil de l'Église dominatrice d'une nouvelle fresque consacrée à l'humilité et à la charité[1].» Les diplomates restaient très attentifs à l'évolution de sa santé, aux moindres signes qui pourraient montrer une aggravation de son état, la perception de sa voix, sa démarche : «Son visage, moins défait que lors de la cérémonie de clôture du concile, était néanmoins creusé, et sa voix moins assurée et moins forte que d'ordinaire : il n'a prononcé certains mots qu'avec difficulté. On éprouvait l'impression qu'en dépit des attentions et des soins dont il est entouré, son état de santé demeure précaire», lit-on dans un télégramme du 23 décembre 1962[2].

De Paul VI, Guy de La Tournelle retenait la profondeur intellectuelle, l'envergure[3]. Dans un télégramme, l'ambassadeur le décrivait comme «impénétrable» :

Certains estiment que cette réserve est le fruit d'une intelligence trop vive, trop critique, qui altère la faculté de décision, mais d'autres y voient une attitude délibérée, rappelant la qualification d'«italianissime» que ses partisans comme ses adversaires concordaient à lui décerner avant son élection[4].

Il voyait en lui une personnalité «d'une sensibilité aiguë», qui avait le goût du secret au point que «l'entourage s'ingénie à percer son mystère», un mystique, «prompt dans la conception», mais hésitant dans l'exécution[5]. De son côté, René Brouillet, qui ne cachait jamais son admiration pour lui, s'élevait contre l'idée d'un pape «prisonnier d'une tendance»; en revanche, selon l'ambassadeur, «si une propension devait être imputée à Paul VI, ce serait, à beaucoup plus juste titre, celle d'être, en règle générale, spontanément enclin à concilier et à compenser[6]». Il faut se reporter surtout à l'ample dépêche sur *Paul VI, le concile et l'après-concile. Vue générale des trois premières*

[1] Guy de La Tournelle, dépêche citée «Quelques réflexions sur le concile».

[2] AMAE, Rome-Saint-Siège, n° 96.

[3] Guy de La Tournelle, dépêche «La deuxième session du concile œcuménique Vatican II», 17 octobre 1963, AMAE, Rome-Saint-Siège, n° 98.

[4] Guy de La Tournelle, télégramme du 5 décembre 1963, AMAE, Rome-Saint-Siège, n° 99.

[5] Guy de La Tournelle, dépêche «Paul VI et le concile», 18 décembre 1963, AMAE, Rome-Saint-Siège, n° 99.

[6] René Brouillet, dépêche «Bilan général de la troisième session de Vatican II», 8 décembre 1964, AMAE, Rome-Saint-Siège, n° 101.

années du pontificat, du 14 septembre 1966, un document exceptionnel de 57 pages. Le pape y est décrit comme «un maître d'œuvre tout à la fois audacieux et retenu[1]».

Incontestablement, comme d'autres ambassades accréditées près le Saint-Siège, l'ambassade de France a suivi avec un grand intérêt un concile vu comme un événement majeur pour l'Église catholique, mais aussi pour la France et le monde. Le réseau diplomatique français a dû rassembler des informations sur les Pères conciliaires. À Rome, l'ambassade s'est mobilisée tout au long du concile, et en amont dès sa préparation, pour informer le gouvernement français et pour soutenir les travaux des Pères conciliaires français, en mettant généreusement à leur disposition logements, salles de réunions, accompagnement culturel. L'ambassadeur de France a-t-il souhaité exercer une influence sur les travaux conciliaires? Ses rapports, très factuels, tranchent avec ceux de l'ambassadeur de Belgique qui exprimait une volonté d'intervention auprès des Pères conciliaires, notamment au moment de la discussion du schéma XIII, à propos de l'armement atomique, dont la condamnation affaiblirait selon lui, l'Occident. Il écrivit à son ministre, Paul-Henri Spaak, le 16 novembre 1965:

> Dès que j'avais vu poindre ce danger, c'est-à-dire depuis le début de la quatrième session, je m'étais employé dans mes conversations avec les Pères conciliaires, avec les experts, avec les auditeurs laïcs, à montrer les périls non seulement politiques mais même religieux d'un schéma dont la conséquence logique serait de livrer le monde aux forces du mal[2].

Très entreprenant, il ajoutait avoir profité d'un déjeuner à l'ambassade de France, le 15 novembre, pour amener «M. Jean Guitton, celui des observateurs dont l'opinion est la plus écoutée de l'épiscopat français, à épouser le point de vue de ceux qui estiment que le monde libre ne peut rester sans défense vis-à-vis des régimes dépourvus de scrupules où une condamnation par le concile n'aurait aucun effet», le cardinal Feltin assurant le diplomate belge qu'il voterait contre le texte[3]. Dans d'autres rapports, il accusait l'évêque auxiliaire de Lyon, Mgr Ancel, de faire campagne en faveur de la «condamnation absolue de l'arme atomique[1]», puis, reconnaissant l'adoption par le concile du schéma XIII, il affirma à propos des prélats belges:

---

[1]   AMAE, Rome-Saint-Siège, n° 104.

[2]   Prosper Poswick, *Un journal du concile…*, p. 610-612.

[3]   *Ibid.*

[4]   *Ibid.*, 30 novembre 1965, p. 626-627.

«Notre épiscopat a montré un courage moral digne d'admiration: ses membres les plus éminents (et sans doute plusieurs autres) ont voté *"non placet"*... Mais je suis censé l'ignorer[1]». L'ambassadeur belge, très alarmiste, et qui agissait sans instructions de son gouvernement, fit une véritable campagne, allant jusqu'à remettre trois notes successives au pape lui-même les 17 et 24 novembre et le 1er décembre[2].

Du côté de l'ambassade de France, on ne trouve aucun activisme de ce type, sans doute en raison d'une culture diplomatique imprégnée des principes laïques qui impliquent la liberté de l'Église et la non-intervention de l'État dans ses débats internes. Ce qui était important pour la Villa Bonaparte, c'était de soutenir une Église considérée comme dynamique et l'aile marchante du catholicisme, comme le disait Roland de Margerie en 1959, en agissant sur les questions d'organisation pour les Français, en favorisant les mises en contact des évêques français entre eux et avec les évêques du monde entier. Un double rôle donc d'information du gouvernement et de soutien aux Pères conciliaires pour leur lourde mission, dans le respect d'une séparation qui ne signifie pas ignorance. Ainsi l'action de l'ambassade de France près le Saint-Siège durant le concile est-elle une illustration d'une laïcité de l'intelligence[3], c'est-à-dire de la compréhension du fait religieux et d'une juste évaluation de son importance dans la société.

---

[1]   *Ibid.*, 6 décembre 1965, p. 629-631.

[2]   *Ibid.*, 10 décembre 1965, p. 634-637.

[3]   Régis Debray, «Qu'est-ce qu'un fait religieux?», *Études*, septembre 2002, p. 169-180.

LES GRANDS CHRONIQUEURS FRANÇAIS DU CONCILE

par YVES PONCELET

L'historicisation du concile, qui s'est amorcée à partir du milieu des années 1980, a abondamment recouru à ces prédécesseurs qu'avaient été les chroniqueurs de Vatican II, à la fois informateurs et analystes de l'immédiat. Elle a exploité leur riche apport factuel et y a cherché des éléments de première analyse du processus d'élaboration des documents et de la phénoménologie du travail des Pères conciliaires; elle a parfois constitué leurs écrits en matériau archivistique d'une réflexion sur l'information religieuse et sur la fabrique des opinions et des représentations.

C'est à quelques-uns de ces chroniqueurs que sont consacrées les lignes qui suivent. Elles se cantonnent aux «grands chroniqueurs français», sans aborder les (grands) chroniqueurs du concile tout court, sans «français» et même sans «francophones». Cela ne doit pas faire oublier à quel point un travail consacré à ce type d'informateurs religieux – au sein du plus ample chantier, à la fois entamé et à poursuivre, de Vatican II et l'information religieuse[1] – serait d'un grand intérêt. L'investissement consenti par les grands médias, généralistes et spécialisés, pour couvrir l'événement conciliaire puis le premier engagement éditorial, qui a consisté assez notablement dans la publication de chroniques des sessions, le justifieraient. Que l'on songe à l'audience qu'ont eue l'ample chronique de Giovanni Caprile (1917-1993) dans *La Civiltà cattolica*[2], Raniero La Valle et

---

[1] Voir les remarques suggestives de Philippe Chenaux, *Le Temps de Vatican II. Une introduction à l'histoire du concile*, Paris, DDB, 2012, p. 198 et suiv.

[2] Sa chronique a nourri la parution en 1966-1969 de *Il concilio Vaticano II. Cronache del concilio Vaticano II edite da «La Civiltà cattolica» a cura di Giovanni Caprile s.j.* (5 vol., 6 t.).

L'Avvenire d'Italia qu'il dirigea à partir de 1961[1], Francis X. Murphy (1915-2002), alias Xavier Rynne, et sa régulière «*Letter from Vatican City*» du *New Yorker*[2], Robert Blair Kaiser, correspondant du *Time*[3], Ralph M. Wiltgen, fondateur de l'agence de presse du concile *Divine World News Service* et auteur de *The Rhine flows into the Tiber. A history of Vatican II*[4], Jan Grootaers et la revue *De Maand* tout récemment fondée, et quelques autres...

UN CORPUS MARQUÉ AU SCEAU D'UNE CERTAINE «ÉVIDENCE»

Celui qui, nanti de la consigne «Les grands chroniqueurs français du concile», se plonge dans la vaste – et toujours croissante – historiographie conciliaire ne peut échapper à la récurrence de cinq noms: ceux d'Yves Congar, Henri Fesquet, René Laurentin, Robert Rouquette et Antoine Wenger[5]. 100 % d'hommes – l'absence de femmes manifestant assez bien la sociologie du journalisme de l'époque et mieux encore celle de la formation/information en matière religieuse –; 80 % de membres du clergé, et parmi ces clercs 75 % de réguliers; comme seul laïc (Henri Fesquet), quelqu'un de profondément inscrit dans le tissu ecclésial. Tous étaient nés dans la décennie

[1]   La Valle a fait paraître trois livres chez Morcelliana (Brescia): *Coraggio del concilio. Giorno per giorno la seconda sessione*, 1964; *Fedeltà del concilio. I dibattiti della terza sessione*, 1965; *Il concilio nelle nostre mani*, 1966.

[2]   Sa chronique a nourri la parution de quatre volumes chez Faber and Faber (London): *Letters from Vatican City. Vatican Council II, first session: background and debates*, 1963; *The second session. The debates and decrees of Vatican Council II, September 29 to December 4, 1963* (1964); *The third session. The debates and decrees of Vatican Council II, September 14 to November 21, 1964* (1965); *The fourth session. The debates and decrees of Vatican Council II, September 14 to December 8, 1965* (1966). Le premier volume est paru en français dès 1963 chez Grasset: Xavier Rynne, *La Révolution de Jean XXIII (Letters from Vatican City)*, 249 p., mais n'a pas eu de suite.

[3]   Il fit paraître en 1963 *Pope, Council and World. The Story of Vatican II*, New York, The Macmillan Company and London, Collier-Macmillan Limited, 266 p., et *Inside the Council. The story of Vatican II*, London, Burns and Oates, 250 p.

[4]   Hawthorn Books Inc., 1967. L'ouvrage a été traduit en français aux éditions du Cèdre (1973), avec une introduction spécifique de l'auteur. La position de Wiltgen est assez originale parmi les essayistes des années 1960. Dans les *Archives de sciences sociales des religions* (37, 1974, p. 268-269), Paul Ladrière y lit une défense de la position conservatrice et plus encore peut-être un indice du rêve déçu des Anglo-Saxons par rapport à un concile où ils auraient pesé autant que les «Rhénans».

[5]   Un dernier exemple de cette récurrence dans Philippe J. Roy, «Le *Coetus Internationalis Patrum* au concile Vatican II: genèse d'une dissidence?», in *Histoire@Politique. Politique, culture, société*, n° 18, septembre-décembre 2012.

1900 (Congar et Rouquette) ou dans la suivante (Fesquet, Laurentin et Wenger) et étaient donc dans la force de l'âge en 1959. Mais quinze ans séparaient le plus jeune (Wenger, 1919) du plus âgé (Congar, 1904) : joint aux différences d'ancrage géographique, familial et ecclésial, ce constat incite à la prudence quant à la recherche d'un profil générationnel. À tout le moins peut-on souligner une triple communauté d'expérience : la guerre (et notamment l'expérience de la captivité pour Congar, Fesquet et Laurentin), le long pontificat pacellien et enfin l'immersion dans la société et l'Église de France au cours des trois importantes décennies 1930 à 1950.

Critères

Cette première exploration empirique conduite, il est possible de reconstituer la grille de critères ayant rendu ces noms peu ou prou incontournables. Sous bénéfice de possibles reformulations et de – souhaitables – réactions des lecteurs de ce texte, ces critères sont les suivants :

- avoir significativement, régulièrement et durablement écrit sur Vatican II ;
- l'avoir fait en illustrant les deux acceptions principales du couple « chroniqueur/chronique » : rapporter des faits peu ou prou dans l'ordre de leur déroulement chronologique ; donner régulièrement à une publication périodique des contributions consacrées à l'actualité d'un domaine dont on est considéré comme un expert et, par là même, tenir une chronique de ce domaine particulier de l'actualité[1]. Pour juger de l'adéquation avec cette seconde acception, le constat et l'esprit l'emportent sur la lettre : le recours au mot « chronique » n'est pas indispensable, Yves Congar et les *Informations catholiques internationales* par exemple lui préférant « bloc-notes », etc. ;
- avoir chroniqué le concile en français et depuis un ancrage résidentiel, professionnel et culturel ordinairement français ;
- s'être inscrit dans la durée et avoir acquis un type spécifique et supplémentaire de légitimité et d'influence en ayant fait paraître un ou des livres consacrés à Vatican II, se fondant, plus ou moins explicitement et plus ou moins étroitement, sur les chroniques antérieures ;

---

[1] Ce second sens est apparu au début de la décennie 1810, très tardivement par rapport au premier.

— faire partie du groupe des informateurs religieux le plus régulièrement cités et utilisés par l'historiographie conciliaire non
moins que du groupe des informateurs religieux le plus régulièrement cités et utilisés par leurs pairs[1] ;

— se distinguer d'une ou plusieurs autres manières encore,
comme : « associer [sans solution de continuité marquée] la
connaissance du savant au jugement et à la pertinence du critique et aux talents d'écriture du journaliste[2] », ce qui se traduit
parfois par l'invention de formules aussi efficaces que réem-
ployées par d'autres ; témoigner d'une lecture personnelle de
l'actualité ; bénéficier de la part du périodique où l'on écrit
d'une certaine mise en valeur : régularité, emplacement,
typographie, marques de reconnaissance de la rédaction, etc.

Cette grille permet une caractérisation à gros traits du petit groupe
de chroniqueurs français précédemment délimité. Elle pourrait sans
doute être mobilisée à d'autres échelles nationales, voire à l'échelle
de l'ensemble de l'information sur le concile afin de faciliter le dégagement d'un groupe homogène de chroniqueurs. Avant ces éventuels
changements d'échelle, on aurait pu espérer qu'elle permettrait, par
une exploration en quelque sorte rétroactive de l'historiographie de
Vatican II, d'adjoindre aux noms de Congar, Fesquet, Laurentin,
Rouquette et Wenger un ou plusieurs autres noms qu'elle aurait
permis de porter au jour. Cela n'a pas été le cas : les valeurs recon-
nues n'ont pas été bouleversées, et le corpus de « grands chroniqueurs
français du concile » ne s'en est pas trouvé accru[3]. Il est vrai que le
manque de temps a joué, et qu'une plus grande latitude d'emploi du
temps inciterait à être plus audacieux, notamment en donnant à
l'adjectif « grands » d'autres acceptions, comme celle de « (potentiellement) lus par le plus grand nombre ». Dans son *Vatican II retrouvé*,
Noël Copin rappelait qu'il avait signé, alors qu'il était encore un assez
jeune journaliste, un papier quotidien dans *Ouest-France* et un papier
bihebdomadaire dans *Le Progrès de Lyon* durant les troisième et
quatrième sessions[4] : du fait du tirage de ces titres et de leur taux de

---

[1]   Voir notamment les précieuses tables onomastiques de l'*Histoire du concile Vatican II (1959-1965)* dirigée par Giuseppe Alberigo, 5 vol., Paris, Cerf, 1997-2005, de *La Fin
d'une chrétienté* du père Rouquette, du *Journal du concile* du père Congar, etc.

[2]   Philip Arthur Larkin, évoquant les qualités du bon critique dans *Required Writing.
Miscellaneous Pieces 1955-1982*, London, Faber and Faber, 1983, p. 11.

[3]   Ce qui ne veut surtout pas dire qu'il faille confondre toute l'information religieuse en
langue française sur le concile dispensée et reçue en 1959 puis dans les années 1960 avec la
seule œuvre de ces cinq auteurs.

[4]   DDB, 2003, p. 42-44.

pénétration régionale, cela pourrait faire de lui un chroniqueur important du concile, sans présager même de l'influence de ses textes[1].

Appel à la prudence avant de poursuivre la lecture

Il faut avoir présent à l'esprit à quel point les années 1950 et 1960 ont constitué un temps de mutation pour les moyens de communication[2] et d'affaissement, au moins relatif, des anciens supports d'information. Comme l'écrit John W. O'Malley en un raccourci évocateur :

> Il est huit heures et demie, le 11 octobre 1962. Dans la lumière de l'aurore, la procession se met en branle pour traverser la place Saint-Pierre remplie de fidèles, sous les acclamations de la foule. En plus des dizaines de milliers de personnes assemblées sur la place, des millions d'autres suivent le spectacle sur leur écran de télévision[3].

Si la presse quotidienne souffrait – malgré de belles réussites –, les postes de radio étaient présents dans 90 % des foyers dès la première moitié de la décennie 1950, tandis que 900 000 postes à transistors étaient vendus au cours de l'année 1959 et que les stations que l'on pouvait capter se diversifiaient. Le 31 décembre 1953, l'adoption du premier plan quinquennal d'équipement prévoyait la totalité de la couverture télévisuelle du territoire français, qui serait effective en 1965 ; en lien avec cet effort, le pourcentage de ménages équipés d'un poste de télévision passait de 1 % en cette même année 1953 à 23,1 % en 1962 et à 45,6 % en 1965. Le début du règne du direct télévisé peut être référé au lancement de *Cinq colonnes à la une* par Pierre Lazareff, en collaboration avec Pierre Desgraupes, Pierre Dumayet, Igor Barrère et Éliane Victor en 1959. Ce premier magazine français d'information télévisée précédait de peu l'avènement des *newsmagazines* à partir de 1964 (*L'Express* puis *Le Nouvel Observateur*), avènement qui s'inscrivait dans le succès de la presse magazine : les titres féminins, qui tiraient l'ensemble du secteur, mais aussi *Paris Match* (1,8 million d'exemplaires dès 1957) et d'autres[4].

---

[1]   À l'ouverture de Vatican II, ces deux titres, les premier et deuxième de la presse quotidienne de province, tiraient approximativement à 550 000 et 375 000 exemplaires (*Histoire générale de la presse française*, t. 5 *De 1958 à nos jours*, Paris, PUF, 1976, p. 272).

[2]   C'est en 1953 que le mot «média» entre dans la langue française par le biais de l'anglicisme *mass-media*.

[3]   *L'Événement Vatican II*, Bruxelles, Lessius, 2011, p. 135.

[4]   Il serait intéressant d'analyser la couverture du concile par *Paris-Match*, notamment ce qu'a pu y écrire Robert Serrou, qui y a travaillé à partir du début de la décennie 1950.

APPROCHE MONOGRAPHIQUE

Yves Congar

À la veille de Vatican II, nonobstant l'ensemble des mesures restrictives et discriminatoires dont il avait fait l'objet dans l'après-guerre, le père Congar occupait une place significative dans l'édition catholique depuis plus de vingt ans et le lancement au Cerf de sa collection «Unam Sanctam» (1937), qui publierait son trente-neuvième titre en 1962 (*L'Épiscopat et l'Église universelle*) et son cinquantième en 1964 (*Chrétiens en dialogue*). Il était depuis le 20 juillet 1960 l'un des non-Romains parmi les trente-six consulteurs de la commission théologique préparatoire, aux côtés de Lubac, Journet, Philips, et fut ensuite (28 septembre 1962) expert officiel amené à travailler au sein de plusieurs commissions, sans préjudice de nombreuses autres formes d'intervention. Tous ces éléments lui conféreraient une audience croissante et au total importante durant le concile[1].

Sa participation régulière aux *Informations catholiques internationales* (*ICI*) commença avec la première session, mais les liens étaient antérieurs, ce dont témoignent son article «Les conciles dans la vie de l'Église» de février 1959[2] et la conférence-méditation «Une, sainte, catholique et apostolique» qu'il prononça en clôture des quatrièmes journées d'études organisées par les *ICI* à la mi-mai 1961[3]. Cet article et ces journées participaient de l'effort considérable du titre pour informer, former et par là construire l'opinion catholique sur le concile à venir, dont témoignent les livraisons des années et des mois préconciliaires[4], qui mériteraient une étude. À l'origine du périodique se trouvait, fondée en 1953 par les dominicains de la province de France, la revue *L'Actualité religieuse dans le monde*[5], devenue, au bout de deux ans, le 15 mai 1955, les *ICI*, sous la direction de Georges Hourdin. Dans son éditorial «Dix ans d'information religieuse» du 15 avril 1963[6], le père Boisselot leur attribuait 30 000 abonnés et un tirage moyen de 45 000 exemplaires.

---

[1]   Étienne Fouilloux a analysé cette audience: «Le père Yves Congar expert à Vatican II», in *Le Deuxième Concile du Vatican 1959-1965*, Rome, École française de Rome, 1989, p. 307-331.

[2]   N° 90, p. 17-26.

[3]   Publiée dans *Un concile pour notre temps*, Paris, Cerf, 1961, p. 225-252.

[4]   Notamment le numéro du 1er octobre 1962, très riche à cet égard.

[5]   Au comité de rédaction de laquelle appartenaient déjà Georges Hourdin et Jean-Pierre Dubois-Dumée.

[6]   N° 190.

«Le bloc-notes du père Congar» apparut en première page du n° 179 du 1er novembre 1962: «Sur l'invitation des *ICI*, nous voudrions proposer, au jour le jour et selon le déroulement des faits conciliaires tels qu'on les connaît publiquement, quelques réflexions simples mais de portée théologique. La loi de notre propos sera celle de la franchise, de la simplicité et du respect qui conviennent à des chrétiens, même adultes.» Sa régularité ne se démentirait pas durant l'ensemble des sessions[1].

Prêt dès la fin 1962 et publié en 1963, un premier livre naquit de cette collaboration, dans la toute nouvelle collection «L'Église aux cent visages»: *Vatican II. Le concile au jour le jour*[2], ouvrage composite associant le «bloc-notes» à d'autres articles d'Yves Congar[3], à des «points de repère» dus aux éditeurs et repris de l'effort pédagogique des *ICI* et à des annexes (textes importants et données statistiques). S'y ajouterait, avec un décalage de plus d'un an, une suite, forcément imprévisible à la mi-1963: *Le Concile au jour le jour. Deuxième session*[4], prêt début 1964. Puis suivraient *Le Concile au jour le jour. Troisième session* et *Le Concile au jour le jour. Quatrième session*[5]. Tous prolongèrent les choix éditoriaux du premier volume: un format ramassé (18 cm sur 12 et pas plus de 220 pages, sauf pour le dernier); une matière composite; une langue claire mais sans concession quant à la profondeur des questions et aux enjeux; un optimisme volontariste quant à la capacité du catholicisme à évoluer profondément. Ces traits convenaient à un lectorat certainement très majoritairement militant et caractérisaient à la fois les *ICI* et la collection «L'Église aux cent visages», qui mériterait elle aussi une étude.

Henri Fesquet

Mort il y a peu de temps (28 avril 2011), le premier chroniqueur religieux du *Monde* n'a pas encore fait – du moins à notre connais-

[1] Le «bloc-notes» réapparut par exemple dès la livraison du 1er octobre 1963 (n° 201). Dès lors, la proximité de Congar avec les *ICI* paraît connue si l'on en juge par un épisode assez sibyllin de son *Journal du concile* (II, p. 115, lundi 8 juin 1964), où le camérier Luigi Del Gallo Roccagiovine l'entraîne sur ce terrain, rendu glissant par l'opposition traditionaliste aux positions de Hourdin et de son équipe et par l'agacement que ces derniers suscitaient dans une partie de l'épiscopat international.

[2] Cerf-Plon, «L'Église aux cent visages» n° 3, 1963, 142 p.

[3] «La signification théologique du concile», in *Le Monde*, 6 septembre 1962, et «Des laïcs au concile», *Témoignage chrétien*, 21 décembre 1962.

[4] Cerf, «L'Église aux cent visages», n° 9, 1964, 220 p.

[5] Cerf, «L'Église aux cent visages», respectivement, n° 15, 1965, 179 p. et n° 12, 1966, 272 p.

sance – l'objet du travail de recherche que sa trajectoire mériterait. Entré au journal en janvier 1946, grâce aux solidarités nées durant la captivité, il y travailla plusieurs années sans être chargé spécifiquement de l'information religieuse, et non sans inquiéter Beuve-Méry sur sa capacité à s'insérer dans l'équipe et à devenir un journaliste professionnel[1]. Il ne se spécialisa qu'à partir de la première moitié des années 1950 – entre 1950 et 1952 sans doute[2] –, fondant ainsi la rubrique religieuse du quotidien :

> Armé d'un crayon noir à la pointe effilée, Beuve relit attentivement chaque ligne de son chroniqueur religieux. Non pas pour infléchir, peser, corriger (« Il me laissait une liberté royale », dit Fesquet), mais pour confronter ses informations avec celles de son collaborateur et se tenir au courant. Souvent, de retour d'un déjeuner, il l'appelle : « J'ai vu un tel qui m'assure que… Vérifiez[3]. »

Quand Jean XXIII annonça la convocation d'un concile, Fesquet avait donc déjà plusieurs années d'expérience, de la vie, puisqu'il avait quarante-deux ans, mais aussi de l'information religieuse. Ce sont cependant les années 1960 qui allaient le révéler, sur un double plan :

    – celui de la couverture de l'événement conciliaire en temps réel, puisqu'il en accompagna la préparation et en chroniqua les quatre sessions et les intersessions à un rythme soutenu : à elles seules, les trois dernières semaines de septembre 1964 firent l'objet de seize articles. Pour prendre la mesure de son impact, on n'oubliera pas que les années du concile s'inscrivirent pour *Le Monde* dans la période de forte expansion des années 1958-1976, marquée par l'essor de la diffusion (117 000 exemplaires vendus en 1955, 182 000 en 1962, plus de 355 000 en 1968) et la croissance de l'audience, qui était en 1961 de 2,75 lecteurs par exemplaire vendu ; par une rédaction en développement ; par son adossement à un lectorat inscrit au cœur de la modernité de l'époque ;

---

[1]   Sur son lien avec Beuve-Méry et l'extrême liberté dont il jouissait, voir son livre *Pensées buissonnières*, Paris, DDB, 1990, p. 105-108 ; Patrick Éveno, *Histoire du journal Le Monde 1944-2004*, Paris, Albin Michel, 2004, 700 p. ; Laurent Greilsamer, *L'Homme du Monde. La vie d'Hubert Beuve-Méry*, Paris, Perrin, 2010, 758 p., notamment p. 325, 391 et 487.

[2]   Sa nécrologie dans *Le Monde* est assez allusive sur ce point (Alain Woodrow, 6 mai 2011), celle de *La Croix* (5 mai 2011) retient l'année la plus haute : « Le premier chroniqueur religieux du journal *Le Monde* (1950-1983) est mort, jeudi 28 avril, à l'âge de 94 ans », comme l'avait déjà fait la quatrième de couverture de ses *Trois questions brûlantes à Rome*, paru en 1964.

[3]   L. Greilsamer, *L'Homme…*, p. 487.

– celui de son engagement éditorial, avec la parution rapprochée de cinq livres: *Le Catholicisme, religion de demain*? (Grasset, 1962), *Les Fioretti du bon pape Jean* (Fayard, 1963), *Trois questions brûlantes à Rome* (Grasset, 1964), *Rome s'est-elle convertie*? (Grasset, 1966) et *Journal du concile tenu par Henri Fesquet*[1].

Le *Journal* – qui constitue proprement une chronique – est un gros livre de 1 128 pages hors «Table générale», dans lequel se succèdent cinq parties: «Rome à l'approche du concile» (trois textes des 28-29-30 juin 1962), «Première session» (p. 25-150), «Deuxième session» (p. 151-400), «Troisième session» (p. 401-782) et enfin «Quatrième session» (p. 783-1128[2]). Son écrasante majorité est constituée des textes qu'il a donnés au *Monde*, mais leur compilation et leur organisation, un effort typographique et – très rarement – l'ajout de quelques paragraphes de suture entre les parties donnent à l'ouvrage une nature et une efficacité spécifiques[3].

René Laurentin

Je me rendis à Rome avant le 11 octobre pour l'ouverture du concile, sans fonction aucune, sans rime ni raison, peut-être pour obéir au principe de mon grand-père: «*Si quelque chose ne va pas, n'écris pas, vas-y!*»
Je n'avais aucun rôle reconnu ni au concile ni dans la presse [...].
Qu'allais-je donc faire à Rome, n'étant plus expert et pas encore journaliste? Je me le demandais moi-même. Mais, ayant tellement travaillé et tant risqué pour la préparation du concile, j'étais motivé par ce *kairos* encore incertain. Je ne pouvais m'en détacher ni intellectuellement, ni dans ma relation à l'Église qui en avait été approfondie[4].

Comme il le rappelle ici, notre troisième chroniqueur, prêtre séculier et enseignant-chercheur, avait une position des plus originales à l'automne 1962. Expert des commissions préparatoires, il était en attente d'être nommé *peritus* – ce qui arriverait assez vite. Future figure de l'information religieuse au *Figaro*, il n'avait pas encore été approché par le quotidien. Enfin, il était le seul des cinq à avoir déjà

---

[1]   Le Jas du Revest-Saint-Martin, Forcalquier (Hautes-Alpes), Robert Morel éditeur, 1966.

[2]   1156 p. dans la réédition 2012: *Le Journal du concile. Vatican II (1962-1965)*, Paris, Salvator.

[3]   L'éditeur le confirme dans sa préface: «En acceptant de réunir, corriger, compléter et publier ces chroniques dans toute leur passion, leur vivacité et leur fraîcheur, comme nous le lui avions demandé, Henri Fesquet...».

[4]   *Mémoires. Chemin vers la Lumière*, Paris, Fayard, 2005, p. 405-406. Ces mémoires, pourtant épais (613 p.), évoquent peu son activité d'informateur religieux; on peut les compléter par «L'information au concile», in *Le Deuxième Concile...*, p. 359-378.

écrit un ouvrage «pour acclimater le peuple chrétien au projet de Jean XXIII[1]»: *L'Enjeu du concile*, prêt dès l'été 1962 et paru aux éditions du Seuil[2]. L'ouvrage comptait deux parties, «Les conciles œcuméniques» et «Vatican II», où l'on repère ce qui fera le succès de ses autres livres: un sens aigu de la vulgarisation et du dégagement des enjeux, une pondération sans servilité, une langue sobre et claire.

René Laurentin intégra l'information religieuse du *Figaro* durant la première intersession, début juin 1963. À partir de ce moment, il y occupa une place significative, donnant par exemple sept articles durant la première quinzaine d'octobre (1er, 5-6, 8, 9, 11, 12-13, 15), très souvent annoncés en une[3]. Ses *Mémoires* soulignent l'influence que cette collaboration lui assurait[4]. Il est vrai que c'était alors l'époque du «*Figaro* triomphant[5]», qui court des années 1950 – il tirait à 433 000 exemplaires dès 1952 – au milieu des années 1960, sous la houlette de Pierre Brisson. La ligne politique y était celle du libéralisme modéré, la prospérité était réelle (en bonne partie grâce à une part exceptionnellement importante de la publicité), la rédaction plutôt prestigieuse.

Contrairement à ceux de Congar, Fesquet et Rouquette, les livres que Laurentin allait écrire sur Vatican II ne consistèrent pas, même à partir de la deuxième session, en une mise à disposition organisée des articles qu'il avait écrits, mais en une réélaboration, s'apparentant à une suite de *L'Enjeu du concile*. Se succéderaient: *L'Enjeu du concile**. Bilan de la première session*; *L'Enjeu du concile***. Bilan de la deuxième session 29 septembre-4 décembre 1963*; *L'Enjeu du concile****. Bilan de la troisième session*; et enfin *Bilan du concile. Histoire. Textes. Commentaires avec une chronique de la quatrième session*[6].

---

[1]   *Mémoires…*, p. 406.

[2]   1962, 201 p.

[3]   Il n'était pas seul bien sûr à écrire sur le concile et *a fortiori* sur les sujets religieux. Au début du concile, les noms qui apparaissaient étaient ceux de Raymond Millet et d'H. Duquaire (sans parler de Jean Guitton). Millet, régulièrement qualifié d'«envoyé spécial permanent» à Rome, est par exemple présent dans les numéros de la première quinzaine d'octobre 1963, soit seul (2, 3, 4, 7, 10 octobre), soit associé à Laurentin (1er, 5-6); si l'on suit ce dernier, son entrée au *Figaro* tint à la médiocrité du «correspondant [du journal] à Rome» et à la qualité de la concurrence, *Le Monde* en l'occurrence. C'est l'occasion de rappeler à quel point nous manquons d'études sur l'histoire de l'information religieuse au sein des grands quotidiens français, y compris à *La Croix*.

[4]   Par exemple p. 557 ou 443.

[5]   Le Figaro. *Deux siècles d'histoire*, Paris, Armand Colin, 2007, 309 p.

[6]   Paris, Le Seuil, respectivement 1963, 129 p., 1964, 318 p., 1965, 415 p. et 1966, 449 p. Il fera de ce panorama une synthèse de 315 p., qui paraîtra aussi au Seuil, dans la collection «Le Livre de vie», en 1967.

Robert Rouquette

Jésuite depuis 1929, Rouquette avait été rattaché au groupe des rédacteurs de la revue *Études* en 1943. Il en devint l'un des contributeurs féconds, surtout à partir de 1957, à la tête d'une chronique ecclésiale et ecclésiologique. Il put suivre le concile avec l'obligation et les atouts d'un recul mensuel (qui induisait une écriture spécifique et se rapprochait du rythme bihebdomadaire du bloc-notes du père Congar) et un rythme d'intervention régulier, non cantonné aux sessions conciliaires. Son article «L'annonce du concile par Jean XXIII[1]» articula d'emblée l'événement «à la volonté du souverain pontife de permettre à l'épiscopat universel un exercice plus plénier de sa fonction de droit divin dans l'Église» et à «l'instauration d'un dialogue officieux, voire officiel, entre Rome et les Églises et communions non romaines [qui] est, sur la longue et incertaine route de l'unité, un événement de portée immense». À partir de cette livraison, ses textes occupèrent une place centrale – quoique évidemment pas unique – dans le traitement de Vatican II par *Études*.

Cette dernière, qui réaffirmait son choix d'être une revue de culture générale, comptait en 1964 environ 15 000 abonnés, dont 75 % (majoritairement des laïcs) la recevaient à titre individuel et dont 25 % (majoritairement des prêtres, religieux et religieuses) la recevaient au titre d'une collectivité. Sur ces 15 000 abonnements, 4 000 étaient servis à l'étranger, ce qui n'est pas de peu d'importance pour le sujet qui nous occupe[2].

Si l'on suit Pierre Vallin[3], les textes du père Rouquette ont eu une réelle audience, qu'il explique ainsi, en renvoyant à deux de ses confrères:

> Le père André Blanchet, qui avait été son compagnon à la rédaction de la revue, indique comment la vivacité des propos du père servait le succès de ses chroniques: «Les lecteurs étrangers se régalaient de ses articles.» On l'attendait «chaque mois dans tous les pays chrétiens». «Les évêques le lisaient dès avant le concile...» [Notice donnée dans la revue interne *Compagnie*, mai 1969, p. 93 et suiv.] André Blanchet souligne d'ailleurs à juste titre l'audience œcuménique de Rouquette.

[1] Numéro de mars 1959.

[2] Pierre Vallin, «Les années du concile Vatican II», in *Études. Histoire d'une revue. Une aventure jésuite. Des origines au concile Vatican II (1856 à 1965)*, *Études*, numéro spécial, 2000, 104 p.

[3] Dans le hors-série 2010 de la revue: *Vatican II. Histoire et actualité d'un concile*, p. 11-12.

L'un des anciens directeurs de la revue, Jean Villain, écrivit de son côté : «Ce qui rend ces chroniques [du concile] si vivantes et attachantes, ce qui en fait la richesse, c'est leur caractère composite : l'auteur nous fait assister au déroulement des travaux, il ne néglige pas la petite histoire et les intrigues [...] mais il sait aussi présenter d'excellents exposés doctrinaux sur les grands sujets débattus» [*Études*, mai 1969, p. 745]. Le jugement demeure éclairant.

En 1968 parut au Cerf, dans la collection «Unam Sanctam», le recueil de ses chroniques[1], achevé durant la première moitié de 1967 et présenté au public sous le titre non elliptique de *Vatican II. La fin d'une chrétienté. Chroniques I et II*. Le début (périodes antépréparatoire et préparatoire) est abrégé par rapport aux articles d'*Études*, mais le reste est fourni à peu près à l'identique, avec les inévitables ajustements qu'impose un ouvrage de cette sorte. Beaucoup plus que Fesquet, Rouquette fit précéder ses textes originels de paragraphes à la typographie spécifique destinée à faciliter la compréhension, voire à souligner les limites d'un commentaire en temps réel ; la plus longue de ces introductions est sans doute celle qui précède la reprise de son «mystère Roncalli[2]», dont il dit à la fois le retentissement qu'il avait eu et le scandale qu'il avait pu causer[3]. Il établit une table analytique et une table onomastique qui confèrent un grand potentiel d'utilisation à l'ouvrage.

Antoine Wenger

Il y avait loin en 1959 et *a fortiori* en 1962 du jeune religieux de trente-sept ans, voué à la recherche scientifique la plus spécialisée mais contraint par l'obéissance de remplacer en février 1957 Émile Gabel à la rédaction en chef de *La Croix*[4]. Il est vrai que les problèmes internes à la rédaction et la nécessité de consolider le redressement du quotidien amorcé par Gabel d'un côté, et de l'autre la guerre d'Algérie, la fin de la IVe République, la mort de Pie XII et l'annonce d'un prochain concile avaient accéléré la formation du néophyte. Vatican II constitua une sorte de miracle pour la diffusion du quotidien assomptionniste, auquel il offrit l'occasion de rejoindre

---

[1]   Il en constitue le volume 69, en deux tomes – du fait de son importance, 717 p. – à pagination continue. On sait par le journal de Congar que ce dernier lisait les chroniques du père Rouquette (*Mon journal...*, I, p. 246 et 311).

[2]   *Études*, juillet-août 1963, p. 4-18.

[3]   *La Fin d'une chrétienté...*, I, p. 307.

[4]   Sur *La Croix* de la période, voir Yves Pitette, *Biographie d'un journal* : La Croix, Paris, Perrin, 2011, p. 185-230. La couverture de Vatican II n'est pas abordée dans le colloque *Cent ans d'histoire de la Croix 1883-1983*, Paris, Le Centurion, 1988, 471 p.

les militants catholiques, qui le boudaient assez largement, et en faveur duquel il motiva les évêques. Sur les 100 000 abonnements «concile» souscrits (une formule de trois mois, le temps d'une session, chaque année), Jean Gélamur, président-directeur général de la maison de la Bonne Presse, estimerait qu'un bon quart avait été fidélisé; et Pierre Limagne pourrait faire état en octobre 1965 de 100 000 abonnés permanents[1].

Il est vrai que Wenger fit les choses en grand: une équipe s'installait à Rome durant chaque session, lungo Tor di Nona au bord du Tibre, dans la maison assomptionniste, publiant chaque jour un compte rendu détaillé des débats dans une page intitulée «Journal du concile», où l'on trouvait aussi des commentaires, des interviews d'évêques, de théologiens, d'auditeurs, etc. Une fois dictés éditorial et compte rendu à son assistante, qui les transmettait ensuite par télex, le rédacteur en chef s'attachait à un texte plus complet pour le livre qu'il prévoyait[2]. Plus que dans les autres quotidiens, l'information religieuse était à *La Croix* affaire collective. En remplaçant Jean Pélissier, chef du service d'informations religieuses ayant suivi la première session mais éloigné par un infarctus, Noël Copin, entré au journal en 1955, partit à Rome pour couvrir les obsèques de Jean XXIII et le conclave; chargé ensuite durant les sessions de tout l'environnement de l'événement, il dynamisa le «Journal du concile» en racontant le quotidien des Pères, et sa chronique du samedi, «En flânant sur la place Saint-Pierre», eut du succès.

La Croix et ses journalistes avaient un statut ambivalent. La réputation et l'influence du titre leur ouvraient des portes, mais elles leur imposaient une éthique de responsabilité pas toujours facile à vivre. Plus tard, Wenger rappellerait que Paul VI souhaitait que le quotidien fût conscient de l'importance de ce qu'il faisait paraître, «parce que c'est *La Croix* et que tout le monde est attentif à ce qui s'écrit en France[3]». À titre personnel et pas seulement professionnel, Wenger jouissait d'un soutien particulier, qu'il référerait à l'amitié de Jean

[1]   Si l'on suit Jan Grootaers, le lectorat des *ICI* aurait crû de 70 % entre 1958 et 1961 («L'information religieuse au début du concile», in Étienne Fouilloux (dir.), *Vatican II commence... Approches francophones*, Leuven, Faculteit der Godgeleerdheid, 1993, p. 225). À tout le moins y a-t-il eu, comme à *La Croix*, une politique commerciale articulée sur les sessions du concile: on en trouvera un exemple en deuxième de couverture du n° 223 de septembre 1964.

[2]   Yves Pitette, *Biographie...*, p. 218-219.

[3]   Antoine Wenger, *Le Cardinal Villot (1905-1979)*, Paris, DDB, 1989, p. 41. Voir aussi, du même, «Monseigneur Villot et le concile Vatican II», in *Le Deuxième Concile...*, p. 243-266.

Villot, coadjuteur de Lyon (1960-1965) et surtout secrétaire général adjoint du concile dès octobre 1962[1]. Soucieux d'information, Villot était décidé à aménager les règles :

> À l'issue de chaque séance, raconterait le père Wenger à propos de la première session, Jean Pélissier et moi allions via Quattro Fontane, à la procure de Saint-Sulpice, ou à Sainte-Marthe au Vatican, et Mgr Villot nous lisait ses notes. Après quelque temps, pour simplifier notre travail, il rédigea ses notes sur des feuilles séparées qu'il passait après les séances à Jean Pélissier, qui ajoutait simplement le titre et les intertitres, et sa signature JP[2].

Pour cet ensemble de raisons, Antoine Wenger put assister à toutes les congrégations générales à partir de la deuxième session :

> La deuxième session du concile, ouverte par le nouveau pape le 29 septembre 1963, fut marquée par un statut plus libéral de l'information. Chaque groupe linguistique avait, au sein du concile, un représentant, à la fois théologien et homme de communication, qui à l'issue de chaque congrégation générale informait les journalistes. Pour le groupe francophone, Mgr Haubtmann, [futur] recteur de l'institut catholique de Paris, a rempli cet office avec une compétence exceptionnelle. En raison de la spécificité de *La Croix*, Paul VI, qui la connaissait et l'appréciait, m'a autorisé à assister à toutes les séances du concile, sans pour autant être tenu au secret. Quand Mgr Felici en reçut communication du substitut, Mgr Dell'Acqua, il dit avec humour « que le père Wenger n'avait pas besoin d'être dans le concile pour savoir ce qui s'y passait ». Mgr Villot, heureux de cette solution, m'aida désormais, sur place, de ses avis et de ses conseils. [...] Des congrégations générales, l'on savait pratiquement tout. Le secret avait trouvé refuge dans les commissions, et plus encore à la commission de coordination, présidée par le secrétaire d'État. Mgr Villot, qui assista à toutes les réunions, n'hésita pas à m'en confier les secrets. Beaucoup d'éléments se trouvent dans mes *Chroniques de Vatican II*, deuxième et troisième sessions, et j'ai donné quelques exemples concrets dans mon intervention au colloque de l'École française de Rome[3].

Dès 1963, il fit paraître, évidemment au Centurion, *Vatican II. Première session*[4]. Il s'agissait d'un ouvrage de petit format, qui n'est pas

---

[1]   Aux côtés de quatre autres secrétaires généraux adjoints. Fait primat des Gaules le 16 janvier 1965 et cardinal le 22 février suivant, Villot cessa alors d'appartenir au secrétariat général.

[2]   *Le Cardinal Villot...*, p. 36-37.

[3]   *Ibid.*, p. 41-42. Parmi d'autres, le journaliste espagnol José Luis Martin Descalzo portait une appréciation plutôt sévère sur le « monopole » et la « position exclusive » dont jouissait *La Croix* et ajoutait : « On comprend ainsi [qu'elle] ait été un îlot au milieu de ce monde fait de camaraderie et d'aide mutuelle entre les journalistes conciliaires » (cité par Hilari Raguer in *Histoire du concile...*, II, p. 276).

[4]   « L'Église en son temps », 346 p. Ce livre serait vite épuisé et connaîtrait un nouveau tirage, intitulé *Vatican II. Chronique de la première session* pour homogénéiser son titre avec les suivants.

sans rappeler celui des livres du père Congar. On y voit à quel point l'œcuménisme et singulièrement les rapports avec les Églises orientales l'intéressaient[1]. Ce centre d'intérêt et cette compétence demeureraient un point fort de ses ouvrages ultérieurs : *Vatican II. Chronique de la deuxième session* (1964), puis *Vatican II. Chronique de la troisième session* (1965) et enfin *Vatican II. Chronique de la quatrième session* (1966[2]).

Liens

Pas plus que les autres acteurs de Vatican II, les informateurs n'étaient des individus isolés, et la recherche des échanges, complémentarités, dépendances et concurrences ayant existé entre eux constitue une des dimensions de l'étude de l'information religieuse durant le concile, amenée notamment à mobiliser les concepts de milieu, réseau et sociabilité. De ces cercles d'appartenance, le père Rouquette donne une illustration significative – renvoyant au monde des revues culturelles éditées au sein de la Compagnie de Jésus – dans sa préface de *La Fin d'une chrétienté* (« Rome, le 1er mars 1967 ») :

> Ces chroniques sont le fruit d'un travail en équipe, encore qu'elles n'engagent que ma responsabilité. Tous les soirs, pendant toute la durée du concile, un petit groupe de rédacteurs de revues se retrouvait, fort avant dans la nuit, dans l'hospitalière maison romaine dont nous avons troublé la sérénité. Ensemble, très souvent autour d'un Père du concile ou d'un *peritus*, nous mettions en commun nos renseignements, nous discutions passionnément des événements de la journée, nous rendions compte des entrevues que nous avions eues, nous confrontions nos réactions. Ce petit groupe formait ainsi un poste incomparable d'observation. Certes, nous n'étions pas toujours d'accord, et tous les membres de ce colloque n'auraient pas signé ce que j'écrivais. Comme telle, ce fut la plus belle expérience de travail en équipe fraternelle que j'aie connue. En ce sens, ce livre doit donc tout à mes amis, les pères Graham et Campion (*America*, New York), Bréchet (*Choisir*, Genève), Tucci (*Civiltà cattolica*, Rome), Dejaifve et Fransen (*Nouvelle Revue théologique*, Louvain), Moffat et Hebblethwaite (*The Month*, Londres), von Galli et Kaufmann (*Orientierung*, Zurich), Iturrioz et Blajot (*Razon y fe*, Madrid), Seibel (*Stimmen der Zeit*, Munich) et Duff (*Religious News Service*, U.S.A.). Je ne saurais assez remercier, enfin, le père G. Caprile de la patience avec laquelle il a répondu, avec la scrupuleuse précision qui caractérise ses précieuses chroniques, aux questions que je n'ai cessé de lui poser, pendant qu'à Rome je préparais cette édition.

---

[1] La quatrième de couverture du volume rappelle qu'il est professeur de théologie orientale aux facultés catholiques de Lyon depuis 1949 et qu'il avait été membre de l'Institut français d'études byzantines.

[2] « L'Église en son temps », respectivement 342 p., 496 p. et 514 p.

De nombreux indices montrent que Congar, Fesquet, Laurentin, Rouquette et Wenger se connaissaient; se rencontraient par choix personnel, à des occasions formelles ou (pour certains d'entre eux) dans les locaux de l'*Ufficio Stampa*; se lisaient, se citaient[1], parfois se corrigeaient[2]; se montraient sensibles à telle analyse ou fulgurance de l'un d'entre eux. L'appréciation que porte Rouquette sur le rejet du schéma sur les sources de la Révélation dans son «Bilan du concile» du 11 décembre 1962[3] est ainsi recopiée et appropriée par Congar: «"On peut considérer qu'avec ce vote du 20 novembre s'achève l'ère de la Contre-Réforme et qu'une ère nouvelle, aux conséquences imprévisibles, commence pour la chrétienté." Dieu le veuille! (R. Rouquette, «Bilan du concile», in *Études*, janvier 1963, p. 94-111, à la p. 104[4]).» Assez classiquement, dans cet univers et sur ce marché somme toute réduits, ils étaient aussi amenés à rendre compte des travaux les uns des autres, comme le fit Rouquette avec chaleur dans sa chronique du 13 mai 1963 à propos des ouvrages récents de Laurentin et Wenger: «Avec ces deux livres, on a une vision presque exhaustive de la première session[5].»

Sans surprise, on constate que ces liens variés étaient inégaux et plutôt compartimentés: *Mon journal du concile* d'Yves Congar témoigne par exemple, par ses références assez fréquentes à Laurentin – réunions communes ou avec d'autres, dîners communs ou avec d'autres, textes donnés en lecture pour avis, etc. – des contacts «professionnels» et de la sociabilité spécifique entre experts[6]. Le nom de Wenger n'est quasiment pas cité: ils se connaissaient, il leur arrivait

[1]   Parfois en boucle… Dans son journal, Congar signale un extrait d'un article de Fesquet le citant dans *Le Monde* à partir des *ICI*: «De telles attaques [contre Congar et Chenu en l'occurrence] me rappellent toujours le mot de saint François de Sales: "Il faut laisser les mâtins aboyer après la lune"» (*Mon journal…*, II, p. 413).

[2]   C'est ce que fit par exemple Wenger dans sa *Chronique de la troisième session* à l'encontre d'un résumé paru dans *Le Monde* de l'intervention de Mgr Canestri, auxiliaire du cardinal-vicaire de Rome, lors du débat sur la liberté religieuse, résumé qu'il estimait franchement erroné et empirant encore un propos déjà bien peu œcuménique (p. 323).

[3]   *Études*, janvier 1963, p. 94-111.

[4]   *Mon journal…*, I, p. 246.

[5]   *Études*, juin 1963, p. 417-419. Non sans humour un peu acide, le père Rouquette signale dans le texte de Laurentin une erreur assez grossière dans la traduction d'un discours de Mgr De Smedt dont il était la source…, puisque Laurentin avait reproduit telle quelle la traduction erronée qu'il en avait, le premier, donnée.

[6]   Il y a de la part du père Congar une appréciation ambivalente de la personnalité de l'abbé Laurentin. Il le juge «mal accordé à lui» (II, p. 463), parce qu'il est intrigant et intéressé à obtenir le statut d'expert et surtout à alimenter ses articles et ses livres, ce qui le conduit à tout prendre en note; mais il salue fréquemment son courage (en commission et dans *Le Figaro*) et reconnaît sa compétence. Il évoquera encore ce courage dans *Une vie pour la vérité. Jean Puyo interroge Yves Congar*, Paris, Cerf-Centurion, 1975, p. 126.

d'échanger et d'être réunis dans des dîners, mais il ne paraît pas avoir été un interlocuteur régulier. Fesquet – que Congar avait connu en captivité – est un peu évoqué, parfois pour constater, voire pour partager, l'agacement suscité par le caractère aventuré de certaines de ses affirmations[1] : « De fait, la presse (Fesquet), cherchant un peu le sensationnel et voulant pousser à la roue du renouveau, a donné un peu cette impression [que le concile met tout en question]. Elle présente trop comme parole DU CONCILE tout ce qui s'y dit[2]. »

INFORMER, FORMER, AGIR

Le « périconcile »

On sait à quel point les rencontres formelles et informelles, les publications de toute nature, les prises de parole de laïcs, de théologiens et de prélats ont été nombreuses dès l'annonce du concile, durant les sessions et intersessions puis au fil des mois et années qui ont suivi la clôture officielle. Ce « périconcile » a entretenu des liens étroits avec l'accueil de la convocation puis la préparation du concile, avec l'événement conciliaire lui-même et enfin avec la première réception ; il appartient à l'ensemble historique complexe que fut Vatican II. Nos chroniqueurs s'y sont inscrits, adossés à leur talent et à leur légitimité propres, mais aussi à la place de la France dans le débat ecclésiologique et pastoral, à la pratique du français par de très nombreux Pères conciliaires et analystes, à la qualité et à l'investissement des médias français. Dans l'enquête sociologique qu'il a publiée à chaud en 1964, le jésuite Rock Caporale (travaillant notamment sur les habitudes de lecture de son échantillon de quatre-vingt-dix participants influents) soulignait le poids des périodiques au sein desquels plusieurs d'entre eux écrivaient.

---

[1] Par exemple I, p. 514 et 536.

[2] II, p. 295, 25 décembre 1964. Il est révélateur que cette note suive l'évocation d'un dialogue entre Christian Fouchet et Mgr Elchinger durant lequel le ministre avait déclaré : « Vous faites du mauvais travail au concile. Vous mettez tout en question. Ce qui était vrai hier n'est plus vrai aujourd'hui... »

Les vingt périodiques les plus lus par les personnes interrogées par le père Caporale[1]

	Italien[2]	Français	Anglais	Américain	Allemand	Espagnol
Avvenire d'Italia	32					
La Croix		25				
Osservatore Romano	22					
Le Monde		14				
Informations catholiques internationales		11				
Messaggero	10					
Time Magazine				8		
America				8		
London Tablet			7			
Tempo	7					
Commonwealth				6		
Civiltà cattolica	6					
Herald Tribune				5		
Le Figaro		5				
Catholic Herald			4			
Témoignage chrétien		4				
Documentation catholique		4				
London Times			4			
Quotidiano	4					
Daily American				3		

Sur 228 occurrences, ses interlocuteurs avaient cité au total 91 fois le nom d'un périodique italien et 70 fois celui d'un périodique français, les autres ensembles linguistiques (anglais, américain, allemand et espagnol) se partageant 67 occurrences. Son enquête l'amenait à

[1]   Si l'on étendait le tableau aux 32 titres les plus lus, il inclurait aussi *France catholique* et *Études*.

[2]   Comprendre : rédigé en langue italienne et basé en Italie.

conclure: «Si l'on pouvait prouver que l'influence de la presse ait en quelque façon affecté la pensée des évêques, et donc indirectement le concile, il faudrait conclure que le rôle joué par la presse italienne et française fut écrasant, comparé à celui de la presse des autres pays[1].»

José Luis Martin Descalzo l'exprimait à sa manière, en évoquant le succès et la manière de Fesquet:

> Ses articles étaient sans aucun doute les plus recherchés dans les kiosques romains, ils circulaient de main en main non seulement dans la salle de presse, mais aussi dans l'*aula* conciliaire […]. Les articles de Fesquet, vifs, intelligents, aigus, motivés, devinrent beaucoup plus des «organes de pression» que des «organes d'information», au point qu'il faut se demander si, inconsciemment, Fesquet n'écrivait pas en songeant davantage à la vie conciliaire romaine qu'à ses lecteurs parisiens. Plus qu'informer, il exprimait des opinions; il publiait presque autant de bruits de couloir que de faits; ses articles étaient plus habiles et étudiés que concrets; enfin, ils reflétaient un intérêt pour ce qui se passait hors de l'*aula*, dans les couloirs, beaucoup plus que pour ce qui se passait dans les séances[2].

Quoi qu'il en soit de cette appréciation – qui minore les conditions de travail spécifiques du laïc qu'était Fesquet et la densité informative de ses textes –, Martin Descalzo rappelle ici des faits majeurs: la quête – parfois très forte – d'informations, l'audience qu'avaient su gagner certains titres et informateurs, et enfin le fait qu'écrire et élargir le corpus documentaire disponible au plus grand nombre, c'était évidemment aussi agir sur l'événement. Ce dont témoignerait justement Fesquet publiant dans un article daté du 16 octobre 1964 la lettre de protestation adressée à Paul VI le 11 par les cardinaux estimant inapproprié le fait que le texte sur la liberté religieuse fût examiné lors de la prochaine session et fût revu d'ici là non seulement par le Secrétariat pour l'Unité des chrétiens mais par une commission mixte dont feraient partie trois opposants résolus: Browne, Lefebvre et Fernandez Alonso[3]. Quelque agacement qu'ait pu parfois ressentir

---

[1]   *Les Hommes du concile*, Paris, Cerf, «L'Église aux cent visages» 19, 1965 [*Vatican II: last of the councils*, Baltimore, Helicon, 1964], p. 176-184. Cette étude confirme le poids de l'épiscopat et des experts français, sans forcément que ces deux éléments soient articulés d'ailleurs.

[2]   Cité par Hilari Raguer in *Histoire du concile…*, II, p. 276-277.

[3]   On connaît l'épisode de *L'Avvenire d'Italia* publiant en octobre 1963, grâce à un modérateur, le projet de texte dont Suenens avait annoncé aux Pères la distribution (le 15 pour le 16) mais que Paul VI avait fait brûler avant qu'on y procédât. On se souvient aussi que Fesquet, dès le 29 juin 1962, avait fait connaître aux lecteurs du *Monde* à la fois l'intérêt de la lettre de l'épiscopat hollandais de 1960 sur «le sens du concile» et le retrait forcé de l'édition italienne de ce texte courant 1962.

Congar face à l'action de la presse, il n'hésita pas à mobiliser sa puissance, comme l'a révélé son *Journal du concile* en date du mercredi 7 novembre 1962 :

> À 15 h 10, je reçois Fesquet. Je le remercie de ne m'avoir pas vu plus tôt : ainsi suis-je indemne de toute indiscrétion. Il m'interroge beaucoup et me fait un peu parler : il prend des notes. De mon côté, je lui demande de dire deux choses : 1°) que beaucoup d'évêques venus de loin ne veulent pas revenir à une seconde session (bien que le serment de leur sacre les engage à venir au concile) : ce qui risque de changer, d'altérer même gravement, la composition de l'assemblée pour l'abordage des questions *De Ecclesia, De episcopis* ; 2°) que dans l'absence de tout programme, on se demande si certaines questions importantes pour les hommes, la paix, la bombe, la faim seront abordées par le concile[1].

D'autres recours au chroniqueur du *Monde* furent envisagés. On en a au moins une trace dans ce même *Journal du concile*, où Congar a noté le jeudi 8 octobre 1964 que Mgr Prignon, inquiet de l'éventuel enterrement du schéma XIII, entamait une contre-offensive et estimait qu'il «faudrait même, dit-il, toucher Fesquet, car le Pape lit *Le Monde* tous les jours. (L'idée serait : remplacer le schéma XIII par une encyclique!!!) / Je m'applique immédiatement à parler aux uns et aux autres de la mise en question du schéma XIII, QUI SERAIT UNE CATASTROPHE – mais je ne ferai rien du côté de Fesquet[2]».

À sa manière, qui visait plutôt à dédramatiser les conflits dans le but d'assurer le bon renom du concile et de se centrer sur l'effectivité de sa réception, Jean Villot n'avait pas une attitude si différente. Wenger précise que l'article paru dans *La Croix* du 14 octobre 1964 à propos des tensions liées à l'intervention de Paul VI déjà évoquée fut rédigé sur la base d'informations qu'il avait transmises durant le week-end des 10-11 octobre ; les choses y étaient dites sobrement mais clairement, sans mettre le pape en cause mais sans céder sur le fait que l'éventuelle nomination d'opposants résolus dans la sous-commission mixte serait déroutante[3]. Plus d'un an auparavant, le 22 avril 1963, Villot avait même proposé au rédacteur en chef un véritable programme :

> Puis-je exprimer un désir ? C'est que *La Croix* cherche à faire réfléchir le clergé, militants, religieux et religieuses, sur ce que le concile va demander au peuple chrétien pour pouvoir passer dans la vie concrète de l'Église. On «attend des résultats» plus qu'on ne partage un esprit. Or, la réussite du

---

[1] I, p. 193.

[2] II, p. 185.

[3] «Monseigneur Villot…», contribution citée, p. 256-259.

concile passe par notre vie à tous! C'est difficile à exprimer, mais l'histoire semble montrer que les échecs passés sont parfois venus d'une insuffisante participation du peuple chrétien, du clergé, de l'épiscopat, au nouveau que pouvait apporter le concile[1].

Furia francese[2]?

Malgré les différences de personnalité, de culture, de style et de position existant entre nos chroniqueurs, ce qui les unissait dans le contexte du concile était certainement plus fort que ce qui les distinguait. À commencer par leur commune appartenance au parti du Mouvement. À les relire aujourd'hui, il paraît indéniable :

– que leurs textes étaient empreints d'une joie souvent contrôlée mais profonde, de confiance en l'Église de l'avenir, de désir que fussent liés concile et vocation des hommes à la sainteté et à la fraternité, de refus principiel de répondre par l'immutabilité à l'inévitable part d'inconnu de la marche conciliaire. Pour un peu prédicant qu'il soit, l'éditorial d'Antoine Wenger dans *La Croix* du 12 octobre 1962 se révèle significatif à cet égard :

Si la terre et les cieux nouveaux promis par l'Apocalypse ne seront que l'œuvre du deuxième avènement, je ne pouvais m'empêcher de penser qu'une œuvre nouvelle commençait pour l'Église et pour le monde. Le cri vers Dieu invoqué ce matin avec tant de ferveur plane sur le concile afin de renouveler la face de la terre.

– qu'ils ont participé de l'interprétation du concile comme d'un conflit entre une majorité et une minorité, minorité dont ils affirmaient souvent la fragilité au-delà des apparences, ainsi que le fit l'abbé Laurentin fin 1963-début 1964 :

Dans les débats contradictoires où une ouverture réformatrice se trouve engagée [en l'occurrence la question du diaconat et de son ouverture aux hommes mariés], l'opposition suscite des interventions qui dominent le débat en nombre et en intensité. Mais cette armée d'opposants fait penser aux revues de troupes dans les théâtres à grand spectacle. L'armée qui défile n'est qu'une petite troupe qui court derrière le décor pour renouveler la colonne qui passe inépuisablement sur le devant de la scène[3].

---

[1] *Le Cardinal Villot…*, p. 40. Voir aussi Noël Copin, *Vatican II retrouvé*, p. 38-40 et *Je doute donc je crois*, Paris, Flammarion-DDB, 1996, p. 94-95. Sur les liens entre la majorité conciliaire et les informateurs au concile, voir Jan Grootaers, «L'information religieuse…», contribution citée, p. 225.

[2] Titre emprunté à Jean-Dominique Durand, «La *Furia francese* vue de Rome : peurs, suspicions et rejets des années 1950», in Michel Lagrée et Nadine-Josette Chaline (dir.), *Religions par-delà les frontières*, Paris, Beauchesne, 1997, p. 15-35.

[3] *L'Enjeu du concile ***…*, p. 71.

Et tous, certainement, auraient pu faire leur la position qu'adoptait alors Laurentin :

> L'important, c'est que la tendance ouverte, engagée ou réformatrice, comme nous l'appellerons, soit réaliste, raisonnable et vraiment éclairée, non pas confuse et sentimentale, et que la tendance conservatrice, comme nous la nommerons, faute d'un meilleur mot, soit le ferment d'une exigence constructive, non d'une obstruction bornée ou une tentative de sabordage de l'institution conciliaire. L'important, c'est enfin, et surtout peut-être, que le centre ne soit pas un marais, c'est-à-dire un bas-fond, prompt à élaborer des expressions faciles en deçà des problèmes à résoudre, mais l'agent d'une haute conciliation[1].

— qu'ils défendaient une vision de la catholicité où le poids du centre et de l'Église d'Italie serait pensé à nouveaux frais et équilibré par des contrepoids, singulièrement ceux de la collégialité, d'organisations ecclésiales nationales ou/et régionales et d'une meilleure qualité du dialogue *ad intra* et *ad extra* ;

— qu'ils ont anticipé, souvent sans concession, l'évaluation qu'a faite l'historiographie du rôle des milieux curiaux : « La présence, au sein même de la curie, de positions différentes, loyales envers le concile, n'a pas modifié la donnée structurelle d'un pôle ecclésiastique autorisé et puissant, qui a poursuivi des objectifs divergents par rapport à ceux de la majorité conciliaire » (G. Alberigo[2]).

Comme beaucoup d'autres informateurs, ils se montraient notamment peu amènes envers la politique de communication officielle, dont Fesquet dénonça jusqu'au bout l'impéritie[3] et dont Rouquette signalait en novembre 1962, à propos de l'organe officiel du Saint-Siège, la liberté qu'elle prenait avec la parole pontificale quand celle-ci paraissait dérangeante :

> Malheureusement, *L'Osservatore Romano* du 4 octobre, qui relatait le discours [délivré par Jean XXIII lors de l'audience générale précédant son déplacement à Lorette et Assise], a gazé une fois de plus les paroles du pape : « Il ne s'agit pas seulement d'un épisode, d'un fait singulier, fait-on dire seulement à Jean XXIII, d'une attitude particulière. Il s'agit du mystère de la sainte maison de Nazareth, du mystère de l'incarnation. » Dans son discours de Lorette, qu'il était impossible de modifier parce qu'il était entièrement rédigé et lu, le pape

---

[1]   *L'Enjeu du concile ***...*, p. 8.
[2]   *Histoire du concile...*, V, p. 727.
[3]   Voir l'exécution qu'il en fait dans un texte daté du 9 décembre 1965 : *Le Journal...*, éd. 2012, p. 1126-1127.

a évité toute allusion à la translation et l'on a fort remarqué qu'il n'est pas entré dans la *Santa Casa* qui est supposée être la maison de la Vierge apportée par les Anges. C'est du mystère de l'Incarnation seulement qu'a parlé le pape dans un beau et profond discours tout spirituel[1].

> – qu'ils ont été profondément sensibles à la note œcuménique de Vatican II, s'inquiétant de ce qui pouvait l'affaiblir – ainsi de la proclamation pontificale de Marie Mère de l'Église lors de la troisième session –, préparant leurs lecteurs à la lenteur de sa mise en œuvre, jouant leur partition dans son appropriation. On le mesure notamment dans les chroniques du père Rouquette comme dans celles d'Antoine Wenger, par exemple dans le long chapitre où ce dernier analysa fin 1964 « La place et le rôle de Marie dans l'Église[2] » ou dans la place qu'il donnait régulièrement aux interventions du Conseil œcuménique des Églises ou à celles des pasteurs Lukas Vischer et Visser't Hooft.

S'il fallait employer une clef de lecture contemporaine, on pourrait donc parler d'herméneutique, non de la rupture ou de la discontinuité[3], mais de la conversion, du dépassement, de la réforme, du ressourcement, de l'inculturation, du rééquilibrage entre existence et essence, de la tension créatrice entre le déjà donné et le toujours à faire. Toutes choses suffisamment décisives pour que les cinq chroniqueurs aient fait passer dans leurs textes, chacun à sa manière, le sentiment qu'il en était fini d'une étape du catholicisme, et qu'avaient été décisivement interrogés le legs constantinien, l'excroissance de la formulation juridique à partir de la réforme grégorienne, la Contre-Réforme, enfin l'ecclésiologie et le rapport au monde élaborés durant le long XIXe siècle. Le titre retenu par Rouquette pour sa chronique, *La Fin d'une chrétienté*, valait évidemment message, pour autant qu'on le prît dans sa nuance (« une ») autant que dans sa rudesse (« fin »). Même s'ils recoururent parfois à la force des images et des formules, même si leurs supports respectifs d'écriture induisaient telle ou telle attitude dominante – plus pugnace au *Monde*, plus respec-

---

[1] *Études*, novembre 1962, p. 260. Un exemple du même ordre, portant sur un sujet plus grave (le sacerdoce commun des fidèles), est donné pour la même période par Congar dans *Vatican II. Le concile au jour...*, p. 43.

[2] *Vatican II. Chronique de la troisième session...*, p. 94-139. De manière révélatrice, les pages 122 à 139 y sont consacrées à « Marie mère et médiatrice selon la théologie byzantine ».

[3] Congar notamment rejeta ces termes dans le bilan général qu'il donna aux *ICI* du 1er janvier 1966 (p. 5).

tueuse à *La Croix*[1] –, la lecture de leurs textes témoigne cependant pour l'essentiel qu'ils avaient trop vécu pour méconnaître l'intérêt d'une attitude de patience constructive[2], et avaient trop de culture – notamment historique pour la majorité d'entre eux – et de respect pour leurs lectorats respectifs et pour eux-mêmes pour porter des appréciations inconditionnelles. À cet égard, la chronique du père Rouquette frappe par sa liberté de ton autant que par sa hauteur de vue. On le repère singulièrement dans l'article «Le mystère Roncalli», qu'il donna à *Études* de juillet 1963 à la suite de la mort du pape, où la volonté de respecter la part de mystère de cette personnalité complexe est aussi manifeste que le rejet de toute hagiographie consensuelle. On le retrouve notamment aussi dans l'analyse distanciée qu'il fit, à l'issue du concile, de la constitution pastorale sur l'Église dans le monde de ce temps[3].

Ce qui ressort de l'étude de ce vaste ensemble de textes pourrait donc être la conjonction d'un effort pour faire éprouver le chemin parcouru, pour aider à mesurer le sérieux des enjeux, pour donner confiance et inviter à opérer des choix, et d'un refus de basculer tout uniment dans la construction d'un mythe conciliaire[4]. Comme l'écrirait le père Congar dans son bilan, reprenant une idée présente tout au long de son bloc-notes: «L'ouvrage réalisé est fantastique. Et pourtant, tout reste à faire. Le concile a certainement dépassé nos espérances, mais les appels que nous entendons retentissent bien loin *en avant* de nous, et au-delà de lui. Ce qui est fait reste toujours très en deçà de ce qui reste à faire[5].»

---

[1]   Ce qui ne signifiait pas neutralité. On connaît l'agacement suscité parmi les Pères français par la présentation qu'avait faite *France-Soir* de la prise de parole du cardinal Liénart le 13 octobre 1962: «Les évêques français brandissent l'étendard de la révolte.» Mais Wenger disait-il quelque chose de radicalement différent quand il commentait ainsi l'action de Liénart et de Frings: «Le journaliste retiendra de l'incident l'irruption dans le concile de la liberté et de la spontanéité» (rappelé par Copin, *Vatican II retrouvé*, p. 29)?

[2]   Y compris Fesquet sur le fond. Ses *Trois questions brûlantes à Rome* (Grasset, 1964), qui abordait le triple enjeu des armes nucléaires, du contrôle des naissances et du mariage des prêtres, même s'il se rangeait clairement dans le parti du Mouvement et était assez pugnace et «définitif» sur la première question, insistait sur le refus de la simplification, la volonté de donner du temps au temps, le rappel qu'«aménager n'est pas détruire» (p. 67) et la conscience des risques que porte toute évolution.

[3]   *Études*, janvier 1966.

[4]   Du type des mythes et contre-mythes élaborés autour de la figure de Jean XXIII et étudiés par Victor Conzemius dans un article de *Cristianesimo nella storia* (vol. X/3, octobre 1989, p. 553-576).

[5]   *ICI*, n° 255, 1er janvier 1966, p. 15.

VATICAN II DANS LE DÉBAT
THÉOLOGICO-POLITIQUE FRANÇAIS

par Michel Fourcade

«La fin de l'ère constantinienne.» Le pronostic avancé dès 1961 par Marie-Dominique Chenu marqua suffisamment les esprits pour accompagner tout le concile ensuite comme une clé de lecture: «La formule est bien frappée; dans la perspective et les espérances du concile, elle prend un vif éclat, elle donne à la conjoncture la dimension de la plus grande histoire, elle devient presque provocante, dans sa force suggestive et par son indétermination même[1].» Par là, les décisions de Vatican II s'inscrivaient nécessairement dans l'histoire du «théologico-politique», catégorie dont les années conciliaires enregistrèrent l'éclatant renouveau. Le 8 décembre 1965, lors de la cérémonie de clôture et juste avant la lecture du bref qui fermait ses travaux, l'un des ultimes «messages du concile» fut d'ailleurs adressé aux «gouvernants» et à tous les «dépositaires du pouvoir temporel». Lues par le cardinal Liénart et remises au baron Poswick, doyen belge du corps diplomatique, ces lignes fortes en teneur exposaient, par-delà les circonstances solennelles, la nouvelle thèse doctrinale touchant à la position de l'Église au milieu des États:

Nous le proclamons hautement: nous rendons honneur à votre autorité et à votre souveraineté; nous respectons votre fonction; nous reconnaissons vos justes lois; nous estimons ceux qui les font et ceux qui les appliquent. Mais nous avons une parole sacrosainte à vous dire, et la voici. Dieu seul est grand. Dieu seul est le principe et la fin. Dieu seul est la source de votre autorité et le fondement de vos lois. C'est à vous qu'il revient d'être sur terre les promoteurs de l'ordre et de la paix entre les hommes. Mais ne l'oubliez pas: c'est Dieu, le Dieu vivant et vrai, qui est le Père des hommes. Et c'est le Christ, son

---

[1] Marie-Dominique Chenu, «La fin de l'ère constantinienne», in *Un concile pour notre temps*, Paris, Cerf, 1961, p. 59-87.

Fils éternel, qui est venu nous le dire et nous apprendre que nous sommes tous frères. C'est lui, le grand artisan de l'ordre et de la paix sur la terre, car c'est lui qui conduit l'histoire humaine, et qui seul peut incliner les cœurs à renoncer aux passions mauvaises, qui engendrent la guerre et le malheur. C'est lui qui bénit le pain de l'humanité, qui sanctifie son travail et sa souffrance, qui lui donne des joies que vous ne pouvez pas lui donner et la réconforte dans des douleurs que vous ne pouvez pas consoler. Dans votre cité terrestre et temporelle, il construit mystérieusement sa cité spirituelle et éternelle, son Église. Et que demande-t-elle de vous, cette Église, après deux mille ans bientôt de vicissitudes de toutes sortes dans ses relations avec vous, les Puissances de la terre ; que vous demande-t-elle aujourd'hui ? Elle vous l'a dit dans un des textes majeurs de ce concile : elle ne vous demande que la liberté.

L'Église s'engageait à former des «citoyens loyaux, amis de la paix sociale et du progrès», et elle offrait «son amitié, ses services, ses énergies spirituelles et morales» au bien commun ; elle ne revendiquait plus aucun privilège, mais elle voulait pouvoir «répandre la bonne nouvelle de l'Évangile» «partout» et «sans entraves» : «Ne la craignez pas : elle est à l'image de son Maître, dont l'action mystérieuse n'empiète pas sur vos prérogatives, mais guérit tout l'humain de sa fatale caducité[1].» Développant le propos le 8 janvier suivant, lors de ses vœux au corps diplomatique, Paul VI replaçait l'apport du concile dans la longue durée de la coexistence des deux Cités :

C'est une longue histoire que celle des rapports de la «Cité de Dieu» et de la «Cité des hommes» : une histoire qui est née avec le christianisme, c'est-à-dire avec l'apparition dans le monde d'une société religieuse universelle, fondée sur la foi au Christ et ouverte aux hommes de toute race et de tout pays. Le chrétien se trouvait avoir pour ainsi dire deux patries et relever comme de deux pouvoirs. Suivant les époques, diverses furent les tentatives de dresser une théorie cohérente de l'harmonie nécessaire entre ces deux pouvoirs. Depuis les «deux Cités» de S. Augustin, en passant par la théorie médiévale des deux glaives et la «Monarchie» de Dante, et jusqu'aux essais de synthèse de penseurs plus modernes, on a pu parler des «métamorphoses de la Cité de Dieu» (Étienne Gilson, Paris, Vrin, 1952). Une chose est certaine : l'évolution s'est faite dans le sens d'une prise de conscience croissante par la «cité temporelle» de son autonomie vis-à-vis de la «cité spirituelle», et réciproquement du désengagement de cette dernière par rapport à la cité temporelle. Mais alors que leur diversité même a pu les faire apparaître parfois non seulement distinctes, mais rivales et opposées, aujourd'hui, grâce à Dieu, et de plus en plus – et Nous voudrions souhaiter qu'il en soit ainsi dans le monde entier –, elles ne se posent plus en adversaires.

---

[1]   *La Documentation catholique*, n° 1462, 2 janvier 1966.

Au terme d'un laborieux «travail interne, d'une prise de conscience progressive, en harmonie avec l'évolution des circonstances historiques», l'Église, «puissance désarmée», désormais «concentrée sur sa mission» propre, «entièrement dégagée de tout intérêt temporel», se présentait aux États «comme une amie et une alliée» sur le plan des «exigences morales fondamentales»: «Son indépendance est totale en face des compétitions de ce monde, pour son plus grand bien à elle, et Nous pouvons bien ajouter aussi pour celui des souverainetés temporelles [...]. Quiconque s'offre à vous aider est sans nul doute le bienvenu.» Ce n'était évidemment pas la «fin de l'histoire» pour autant, puisque voici que surgissait aussi dans le discours pontifical un nouvel acteur, «l'opinion publique». Mais quant à la théologie politique, la «déclaration sur la liberté religieuse», enfin adoptée par les Pères le 7 décembre 1965, à l'avant-dernier jour du concile, en même temps que la constitution *Gaudium et spes*, après trois ans d'un débat théologique que l'on sait acharné et qui n'était pas parvenu à vaincre tous les récalcitrants (2308 *placet*, 70 *non placet*, 8 nuls), semblait marquer non seulement une étape, mais une sorte de dernier mot, la conclusion salutaire d'un processus séculaire. Cette impression d'achèvement avait déjà été celle laissée le 4 octobre 1965 par le grand discours de Paul VI à la tribune des Nations-Unies:

Oh! Vous savez bien qui Nous sommes. Et quelle que soit votre opinion sur le Pontife de Rome, vous connaissez Notre mission: Nous sommes porteur d'un message pour toute l'humanité. Et Nous le sommes non seulement en Notre Nom personnel et au nom de la grande famille catholique, mais aussi au nom des Frères chrétiens qui partagent les sentiments que Nous exprimons ici, et spécialement de ceux qui ont bien voulu Nous charger explicitement d'être leur interprète. Et tel le messager qui, au terme d'un long voyage, remet la lettre qui lui a été confiée: ainsi Nous avons conscience de vivre l'instant privilégié – si bref soit-il – où s'accomplit un vœu que Nous portons dans le cœur depuis près de vingt siècles. Oui, vous vous en souvenez. C'est depuis longtemps que Nous sommes en route, et Nous portons avec Nous une longue histoire; Nous célébrons ici l'épilogue d'un laborieux pèlerinage à la recherche d'un colloque avec le monde entier, depuis le jour où il Nous fut commandé: *Allez, portez la bonne nouvelle à toutes les nations!*

«On exulte de penser que la juste idée de la liberté est désormais reconnue et mise à l'honneur parmi les grandes idées directrices de la sagesse chrétienne; et de même la juste idée de la personne humaine, et de sa dignité et de ses droits», commentait Maritain dans les «actions de grâce» qui ouvraient en novembre 1966 son fameux *Paysan de la Garonne*, non sans reconnaître là une évolution que son œuvre avait beaucoup contribué à initier[1]. En optant pour la liberté religieuse, les Pères du concile avaient accompli ce «grand renversement en vertu duquel ce ne sont plus les choses humaines qui prennent charge de défendre les choses divines, mais les choses divines qui s'offrent à défendre les choses humaines, si celles-ci ne refusent pas l'aide offerte»:

> On exulte de penser qu'a été maintenant proclamée la liberté religieuse, – ce qu'on appelle ainsi n'est pas la liberté que j'aurais de croire ou de ne pas croire selon mes dispositions du moment, et de me tailler une idole à mon bon plaisir, comme si je n'avais pas un devoir primordial envers la Vérité; c'est la liberté qu'a chaque personne humaine, en face de l'État ou de n'importe quel pouvoir temporel, de veiller à sa destinée éternelle en cherchant la vérité de toute son âme et se conformant à elle telle qu'elle la connaît, et d'obéir selon sa conscience à ce qu'elle tient pour vrai concernant les choses religieuses (ma conscience n'est pas infaillible mais je n'ai jamais le droit d'agir contre elle). [...] En vérité, tous les vestiges du Saint-Empire sont aujourd'hui liquidés; nous sommes définitivement sortis de l'âge sacral et de l'âge baroque; après seize siècles qu'il serait honteux de calomnier ou de prétendre répudier, mais qui ont décidément achevé de mourir, et dont les graves défauts n'étaient pas contestables, un âge nouveau commence[2].

Le concile marquerait-il alors le moment final et ultime, en contexte catholique s'entend, de «l'histoire politique de la religion», achevant ces processus que décrira Marcel Gauchet en 1985 dans son *Désenchantement du monde*?

> S'il y a sens ainsi à parler de quelque chose comme une «fin» ou comme une «sortie» de la religion, ce n'est pas tant du point de vue de la conscience des acteurs que du point de vue de l'articulation de leur pratique. Le critère n'est pas ce que pensent et croient à titre personnel les membres d'une société donnée. Ce qui compte et décide, en la matière, c'est l'ordre de leurs opérations de pensée, c'est le mode de leur coexistence, ce sont la forme de leur insertion dans l'être et la dynamique de leur activité. On peut concevoir, à la limite, une société qui ne comprendrait que des croyants et qui n'en serait pas moins une société d'au-delà du religieux. Car la religion, ce fut d'abord une économie générale du fait humain, structurant indissolublement la vie matérielle, la vie sociale et la vie mentale. C'est aujourd'hui qu'il n'en reste plus que des expériences singulières et des systèmes de conviction, tandis que l'action sur les choses, le lien entre les êtres et les catégories organisatrices de l'intellect foisonnent de fait et dans tous les cas aux antipodes de la logique de la dépendance qui fut

---

[1]   Michel Fourcade, «Maritain et la dé-théologisation du politique», in Isabelle Chareire, Daniel Moulinet (dir.), *Théologie et Politique. Cent ans après la loi de 1905*, Lyon, Profac, 2007, p. 95-120.

[2]   Voir ici notre réédition de l'ouvrage, sous un titre amendé: *Le Feu nouveau. Le Paysan de la Garonne*, Genève, Ad Solem, 2007, avec préface et dossier autour de sa réception: «La querelle du Paysan. Un tour d'horizon critique», p. 387-548.

leur règle constitutive depuis le commencement. Et c'est proprement en cela que nous avons d'ores et déjà basculé hors de l'âge des religions[1].

Mais en inscrivant le principe même de la sécularisation de l'État dans son apport doctrinal, le concile n'aurait-il pas mis aussi en panne l'un des principaux moteurs de l'histoire ? Quel type de rapport établir alors entre les élaborations conciliaires et la crise de civilisation immédiatement consécutive ? Cinquante ans après, compte tenu de l'éloignement historique et de la transition générationnelle, et tandis que Vatican II fait l'objet d'un vaste débat herméneutique, le moment paraît venu de reformuler ces questions, longtemps prises dans la querelle des tendances et des interprétations, et gelées pour ne pas sembler partager les déplorations traditionalistes ni fourbir en arguments les remises en cause intégristes. Il ne s'agira pas ici de conclusions vérifiées, de thèses sûres, de recherche historique achevée, mais de réflexions plus exploratoires, d'hypothèses régulatrices.

L'INADVERTANCE DES PUISSANCES

Certes, rien ne semblait troubler profondément le front théologico-politique à l'orée du concile, en Occident en tout cas, comme si l'Église avait enfin trouvé avec les États contemporains le *modus vivendi* apaisé si longtemps recherché. Les relations des deux institutions avaient généralement pris un tour courtois, familier et presque routinier. Situation de « chrétienté » superficielle sans doute, mais Jean XXIII, loin de s'en plaindre, y voyait un *signe des temps* « particulièrement favorable » qu'il opposait le 11 octobre 1962, dans son fameux discours *Gaudet Mater Ecclesia*, qui ouvrait la première session, aux sombres diagnostics des « prophètes de malheur » :

> Dans la situation actuelle de la société, ils ne voient que ruines et calamités ; ils ont coutume de dire que notre époque a profondément empiré par rapport aux siècles passés ; ils se conduisent comme si l'histoire, qui est maîtresse de vie, n'avait rien à leur apprendre et comme si du temps des conciles d'autrefois tout était parfait en ce qui concerne la doctrine chrétienne, les mœurs et la juste liberté de l'Église. Il nous semble nécessaire de dire Notre complet désaccord [...]. Il suffit de jeter un coup d'œil sur l'histoire de l'Église pour voir tout de suite avec évidence que les conciles œcuméniques eux-mêmes, dont les vicissitudes sont inscrites en lettres d'or dans les fastes de l'Église, ont souvent connu de graves difficultés et des motifs de tristesse à cause de l'intrusion du

[1]   *Le Désenchantement du monde*, Paris, Gallimard, 1985, p. 133-134.

pouvoir civil. Ces princes séculiers se proposaient certes parfois sincèrement de protéger l'Église ; mais la plupart du temps, cela ne se faisait pas sans dangers ni dommages pour le spirituel, car ils étaient bien souvent poussés par des motifs politiques et trop soucieux de leurs propres intérêts.

Cette fois au contraire, sur ses terres historiques du moins, l'inadvertance bien intentionnée des puissances laissait à l'Église toute la liberté nécessaire pour opérer sa mue, et pour se réformer, en répondant au mieux à ce qu'elle comprenait de son mystère :

> Dans le cours actuel des événements, alors que la société humaine semble à un tournant, il vaut mieux reconnaître les desseins mystérieux de la Providence divine qui, à travers la succession des temps et les travaux des hommes, la plupart du temps contre toute attente, atteignent leur fin et disposent tout avec sagesse pour le bien de l'Église, même les événements contraires. On peut facilement en faire la constatation, si on considère attentivement les très graves questions et controverses actuelles d'ordre politique et économique. Elles préoccupent tellement les hommes qu'elles les empêchent de penser aux choses religieuses qui ressortent du magistère de l'Église. Cette attitude n'est certainement pas bonne et elle doit être réprouvée. Personne cependant ne peut nier que les nouvelles conditions de vie ont au moins cet avantage d'avoir supprimé d'innombrables obstacles par lesquels autrefois les fils du siècle entravaient la liberté d'action de l'Église[1].

Les liens du « spirituel » et du « temporel » n'étaient cependant pas dénoués pour autant : la plupart des États à dominante catholique partageaient la même culture concordataire ambiguë sans la remettre en cause. Malgré plus d'un demi-siècle de « séparation », et bien que le « pacte laïque » ait été noué à nouveaux frais à la Libération, la France elle-même en restait très profondément imprégnée, le cas certes particulier de l'Alsace-Moselle induisant, par-delà les deux provinces, une « catho-laïcité » devenue consensuelle pour l'essentiel, mais qui n'avait pas éliminé toutes les occasions de frottement. Durant la décennie précédant le concile d'ailleurs, ce n'est pas autour d'une « séparation » accrue, mais bien sur l'opportunité d'un nouveau concordat que le débat théologico-politique français s'était souvent porté, tant du côté des « antimodernes », admirateurs avec le cardinal Ottaviani de la « solution espagnole » et de l'accord conclu avec Madrid en 1953, que du côté des libéraux, soucieux de défendre les libertés de « l'Église de France », ses expériences novatrices, son dynamisme « d'aile marchante » contre les empiétements de la Curie. Dans la crise des prêtres-ouvriers, et lorsqu'avaient été démis de leur charge

---

[1]　*La Documentation catholique*, n° 1387, 4 novembre 1962.

les trois provinciaux dominicains, les lignes de François Mauriac à la une du *Figaro* avaient fait, on le sait, quelque bruit :

> Ce concordat que la Troisième République a détruit, la Quatrième République, dans l'intérêt de l'Église et de la France, n'aurait-elle pas raison de le rétablir en l'adaptant aux exigences de notre époque ? Je pose la question. Mais ce dont je suis assuré, c'est que si l'offensive en cours se poursuivait, sans égard pour ce qui est dû à cette très sainte Église de France, institutrice et modèle de toutes les autres dans la philosophie, dans la théologie comme dans l'apostolat missionnaire, la nation entière se sentirait atteinte en la personne de ses meilleurs fils[1].

Les « laïques » les plus scrupuleux enfin, dont le président du tribunal administratif de Lille, ancien sous-directeur des cultes et bientôt conseiller d'État François Méjan s'était souvent fait l'interprète, avaient eu quelques occasions d'exprimer, sinon leurs regrets du concordat rompu, du moins leur nostalgie des articles organiques : la France s'imaginait laïque, mais les « privilèges » grignotés peu à peu par l'Église, sans contrepartie, menaient tout droit à la « théocratie », avait soutenu Méjan en mars 1955 devant la Ligue des droits de l'homme du septième arrondissement parisien, invoquant à titre de preuves la tolérance laissée à des congrégations non autorisées ou l'organisation de l'aumônerie militaire. Et plus rien ne subsistait désormais à ses yeux de la vieille autonomie gallicane, sacrifiée entre les mains du nonce :

> Ce qui semble le plus grave à M. Méjan, ce sont les empiétements du Saint-Siège sur les droits des évêques. Ainsi le statut de la Mission de France, qui crée une prélature *nullius* supra-diocésaine dépendant directement de la Sacrée Congrégation consistoriale. [...] « Les catholiques dits de gauche, affirme le conférencier, ne savent pas résister au Saint-Siège parce qu'ils sont seuls et ne sont plus protégés par l'État [...]. L'Église de France n'existe pas ; il n'existe plus rien depuis la séparation pour s'opposer au démantèlement des pouvoirs des évêques. C'est pourquoi je suis partisan d'un régime concordataire. L'Église ne pactise qu'avec les forts[2]. »

Auteur en décembre 1956 d'une étude sur *L'Église catholique et la France d'outre-mer*, publiée par la Ligue de l'enseignement, l'auteur avait trouvé dans les décolonisations en cours de nouveaux arguments. *Le Vatican contre la France d'outre-mer ?*, questionnait-il derechef à l'automne 1957, toute la démonstration s'indignant que la

---

[1]   « Pour un nouveau concordat », *Le Figaro*, 16 février 1954.

[2]   Voir ici la controverse « La France est-elle une théocratie ? » abritée par le *Monde*, 7 mars 1955 ; 11 mai 1955.

congrégation de la Propagande, dont dépendaient les missions, ait versé du côté «des Afro-Asiatiques de la conférence de Bandung». L'Église restait donc «une force de désagrégation pour la communauté nationale»:

> «Le Vatican abandonne Goa à l'Inde non chrétienne, en dépit du droit des populations à disposer d'elles-mêmes.» Les «démocrates autochtones» semblent trouver une alliée sûre dans la politique catholique. L'Église a explicitement encouragé le nationalisme malgache, l'indépendance du Cameroun, l'autonomie de l'AOF; si elle se montre plus prudente en Algérie, c'est que le départ de la France risquerait d'entraîner le sien. Rome refuse, même pour les noirs francophones, l'usage outre-mer du rituel latin-français de la métropole; les langues indigènes sont utilisées comme langues d'enseignement. M. Méjan se demande si l'Église n'est pas en train de lâcher la proie pour l'ombre et de préparer en Afrique noire de futurs «princes-évêques» qui finiront par inféoder la religion à une politique gouvernementale. «L'ingratitude des missions religieuses, affirme-t-il, ignorée de beaucoup de Français, est redoutable pour l'avenir de la France et même de l'Occident. C'est à la France d'agir avant qu'il soit trop tard». En effet, ces missions religieuses reçoivent de l'État des subventions, des traitements et des subsides «sans contrepartie». M. François Méjan réclame donc une fois de plus une négociation d'ensemble avec le Vatican[1].

Dans ce contexte, on conçoit que la secrétairerie d'État n'ait pas mis beaucoup d'empressement à répondre aux sollicitations de Guy Mollet, lorsque celui-ci, devenu président du conseil en janvier 1956, avait poursuivi des négociations secrètes en quête d'un règlement général de toutes les questions conflictuelles, l'abolition du régime particulier alsacien servant de principale monnaie d'échange à l'octroi de subventions scolaires[2]. L'enlisement des négociations cependant n'avait pas empêché René Coty d'être le premier chef d'État français reçu au Vatican «depuis que Charlemagne s'y était fait couronner», si l'on exceptait Charles VIII venu en 1494 en conquérant. Et le rendez-vous manqué par le président Loubet en 1904 avait été honoré cette fois «avec une solennité tout à fait exceptionnelle», un temps de recueillement de Coty à la chapelle de sainte Pétronille succédant à la Marseillaise. Ce 13 mai 1957, la Ligue de l'enseignement n'avait pas manqué d'observer que la République laïque se montrait ainsi moins soucieuse de «défendre l'indépendance et la

---

[1]	Henri Fesquet, «Le Vatican contre la France d'outre-mer?», *Le Monde*, 20 novembre 1957. L'ouvrage de Méjan était paru aux éditions Fischbacher.

[2]	Ces négociations ne furent révélées par *L'Express* qu'en juillet 1965, quelques semaines avant l'ultime débat conciliaire sur la liberté religieuse. Voir le témoignage de Robert Lecourt, *Entre l'Église et l'État. Concorde sans concordat (1952-1957)*, Paris, Hachette, 1978, 187 p.

souveraineté du pouvoir civil» que les rois très chrétiens de naguère[1]. Deux ans plus tard, le 27 juin 1959, les mêmes dents avaient grincé encore, lorsque le président de Gaulle, «en uniforme de gala d'officier général et portant le collier de l'ordre du Christ, suprême distinction vaticane», était venu présenter à la papauté le nouveau visage de sa «fille aînée»: «À l'issue de l'audience, le Général a invoqué la bénédiction du souverain pontife sur toute la France. Puis, donnant l'exemple aux membres de sa suite, il s'est agenouillé pour recevoir la bénédiction de Jean XXIII[2].» Aux portes mêmes du concile, tout le passé sacral était encore une fois remonté à la surface, le 9 juillet 1962, lorsque Mgr Marty avait accueilli de Gaulle et Adenauer dans sa cathédrale de Reims pour sceller la réconciliation des descendants de Charlemagne.

Dans le cours plus quotidien des choses, la loi Debré, le 31 décembre 1959, avait certes fourni l'occasion de remobiliser un camp laïque vindicatif, soutenant par des serments solennels revanchards sa longue traversée du désert[3]. Mais elle avait aussi fait le choix, non seulement de la coexistence, mais du rapprochement des deux systèmes scolaires, nouvelle étape d'une «concorde sans concordat», qui dégageait également de Gaulle de tout souci d'«intendance» dans ses rapports avec le Vatican. Si «ère constantinienne» il y avait, ce n'est donc pas du côté des institutions qu'elle paraissait sur le point de «dépérir».

DE LA CONCORDE À LA TANGENTE

La «Fille aînée de l'Église» ne fut pas associée cependant en tant que telle au concile, et elle ne chercha pas non plus, dans l'état des informations, à y jouer quelque rôle. Pour avoir estimé assez vite que le «bonhomme» Jean XXIII, qui «ouvrait toutes grandes les vannes», allait un peu vite en besogne et l'avoir jugé «dépassé par ce qu'il avait déclenché», de Gaulle ne fit rien pour freiner l'élan: l'élection de Roncalli puis celle de Montini avaient d'ailleurs comblé les vœux de

[1] Jean d'Hospital, «René Coty sera depuis Charlemagne le premier chef d'État français reçu par le pape», *Le Monde*, 7 mai 1957; Jean d'Hospital, «L'entretien a duré 45 minutes», *Le Monde*, 14 mai 1957; Georges Hourdin, «Un statut juridique de liberté», *Le Monde*, 30 avril 1957; André Fontaine, «Le poids du temporel», *Le Monde*, 29 mai 1957.

[2] Jean d'Hospital, «Le pape a reçu le général de Gaulle dans la salle du trône du Vatican», *Le Monde*, 29 juin 1959.

[3] Aline Coutrot, «La loi scolaire de décembre 1959», in *Revue française de science politique*, vol. XIII, n° 2, 1963, p. 352-388.

la France officielle et de ses réseaux d'influence[1]. Revenu «émerveillé» du couronnement de Paul VI, Pompidou n'avait pas entrevu, semble-t-il, d'autre horizon que celui du bon rang de la France dans les politesses protocolaires:

> Le pape nous a entourés d'égards. Il est resté trois bonnes minutes avec nous. La France était en tête des États, aussitôt après les princes. Son rôle de fille aînée de l'Église est confirmé. Le pape m'a dit ce qu'il doit à la culture française. Il a tout appris dans des livres français. Il lit la *Revue des Deux Mondes* et *Le Figaro*. Il a rendu un hommage appuyé au Général. Dans son discours aux délégations étrangères, il a parlé uniquement en français. Il y avait autour de lui une nuée d'Africains, tous français (sic), gonflés de fierté. Il n'y a que la France sur terre! (On sent une flamme se mêler à l'ironie[2]).

Le Général, pour sa part, s'en était également satisfait, semblant considérer comme complémentaires son effort de redressement national et le renouveau conciliaire, ou traçant d'ambitieux parallèles entre sa stratégie de rayonnement français et le nouveau positionnement de la papauté, dans la conviction sous-jacente que tout ce qui était bon pour la «mère» serait bon pour la «fille aînée»: «Je n'ose pas comparer ce qui n'est pas comparable, mais au fond, c'est un peu la politique que nous faisons», avait-il expliqué à Peyrefitte après les voyages de Paul VI en Terre sainte et à Bombay:

> En outre, de tout ça, il ressort d'abord que le christianisme est la plus grande religion du monde, ensuite que l'Église catholique est l'essentiel de la chrétienté. Et ça, c'est très important. Là, il est gagnant sur les protestants et même sur les orthodoxes. Il n'y a qu'une église qui compte, c'est la sienne. L'essentiel, vis-à-vis de tout ce qui est chrétien et vis-à-vis de tout ce qui n'est pas chrétien, c'est l'Église catholique. C'est le pape. Et il peut prendre l'initiative. Et il crée un mouvement[3].

Quand de Gaulle était revenu à Rome le 31 mai 1967 pour rencontrer Paul VI, les allocutions en étaient donc restées pour l'essentiel aux grands soucis de la paix, de la construction européenne, du développement, le Général et le Pape se félicitant mutuellement de la «concordance» de leurs préoccupations. Mais quant au concile lui-même, le chef de l'État s'était contenté d'exprimer son *satisfecit* pour «l'immense confrontation, l'examen de conscience sans précédent» et «cette mise à jour spirituelle, cet approfondissement doctrinal, ce

---

[1]   Sébastien Gué, «De Gaulle et le Saint-Siège (1958-1969)», in *Charles de Gaulle, chrétien, homme d'État*, Paris, Cerf, 2011, p. 159-170; Alain Peyrefitte, *C'était de Gaulle*, t. 2, Paris, Éd. de Fallois, 1997, p. 200.

[2]   Propos rapporté par Alain Peyrefitte, *op. cit.*, p. 201.

[3]   *Ibid.*, p. 203-204.

perfectionnement pastoral exigés par notre époque[1]». Le témoignage modeste, et à bien des égards décevant, laissé ici par l'ambassadeur de France près le Saint-Siège durant les troisième et quatrième sessions vient confirmer à la fois la proximité bienveillante et le *laisser-faire* officiels, René Brouillet insistant sur son point de vue de «témoin seulement indirect, témoin de l'extérieur». Intégrant sans regret exprimé l'*exeant omnes* proféré par Mgr Felici au début de chaque congrégation générale, il ne s'était aventuré que deux fois dans l'*aula*, se rangeant sagement avec les *periti* et bien décidé à «se faire aussi transparent que possible»:

> En dehors des célébrations eucharistiques, présidées par le pape pour l'ouverture et la clôture des sessions, ou pour l'ouverture d'autres séances dites publiques marquées par une circonstance exceptionnelle, [...] le corps diplomatique n'était pas admis à pénétrer ou demeurer dans l'*aula* [...]. Loin en effet était le temps où, dans l'enceinte des assemblées conciliaires, les représentants des États ou, plus exactement, des souverains catholiques, tel mon compatriote forézien Claude d'Urfé au concile de Trente, avaient, au côté des pères, vocation, eux aussi, à être présents[2].

L'ambassade reçoit certes beaucoup, et Brouillet gardera la mémoire de «l'un des moments les plus lumineux de sa vie», mais le travail diplomatique semble privé d'énergie dialectique, et l'ambassadeur s'ennuie, si l'on en croit du moins l'impression fixée en novembre 1964 par le père Congar:

> Son poste, estime-t-il, est assez vide. Le principal contentieux entre l'Église et l'État est liquidé. D'autre part, la papauté n'a plus, comme encore sous Pie XII, la valeur d'une pensée diplomatique mondiale. Pie XII, Tardini faisaient encore de grands tours d'horizon politiques qui avaient, comme tels, de l'intérêt. L'Église est occupée désormais de choses purement religieuses; il s'est établi ainsi une situation sans heurts ni compétition. Les difficultés et petits dissentiments occasionnés par la décolonisation sont réglés. Il ne reste pas grand-chose. M. Brouillet me fait l'impression de trouver son poste assez peu intéressant. Je le comprends[3]!!!

Brouillet sera du reste le dernier ambassadeur si lié au chef de l'État, et à rester aussi longtemps en poste. Mais la Villa Bonaparte méritait-elle encore un tel investissement? Le correspondant du *Monde*

---

[1]   Jacques Nobécourt, «L'entrevue du Vatican. Le général de Gaulle exalte la grande entreprise de la construction européenne», *Le Monde*, 1er juin 1967.

[2]   René Brouillet, «Témoignage sur le deuxième concile du Vatican», in *Le Deuxième Concile du Vatican*, Rome, École française de Rome, 1989, p. 17-29.

[3]   *Mon journal du Concile*, t. 2, Paris, Cerf, 2002, p. 236 (1er novembre 1964).

Jacques Nobécourt en doutait en 1974, à l'heure de lui trouver un remplaçant:

> Quel type de succession est désormais possible et opportun? C'est la question que se posent tous les milieux qui touchent aux affaires de l'Église. Le bilan de cette très longue ambassade et de l'activité d'un diplomate qui, pendant près de vingt ans, a été la charnière des relations entre le Vatican et la France pose en effet des questions de fond dont la solution va plus loin que l'enjeu d'une relève normale [...]. M. René Brouillet a vu l'Église se transformer profondément dans des conditions et un sens qui ont progressivement bouleversé les relations des États et de l'institution ecclésiastique. Le renforcement du rôle des conférences épiscopales, l'apprentissage par les évêques de leur autonomie, sinon de leur indépendance vis-à-vis des pouvoirs politiques, ont nécessairement donné une autre signification aux relations diplomatiques entre le Saint-Siège et les régimes établis. En particulier entre la France et la papauté. Des illusions sont tombées et le Vatican n'a rien fait pour les maintenir [...]. L'ambassadeur de France représente moins que jamais la nation qui fut dite «la fille aînée de l'Église» et le comportement à la fois soumis et fier du général de Gaulle devant le pontife ne serait plus aujourd'hui que teinté d'anachronisme[1].

«Les liens de la sphère religieuse à la sphère politique se sont très notablement distendus dans les dernières années, par la volonté persistante de Paul VI», poursuivait Nobécourt dans un second article: «La matière à discussion se restreint d'autant [...]. Le temps est passé d'un choix de prestige [...]. Les trônes et les autels ont pris du champ[2].» Dans cette séparation amiable des deux institutions, le *concordat*, la *concordance*, la *concorde* n'avaient plus besoin de se vérifier, de s'attester autant qu'avant, et la philosophie, la théologie, la mythologie politiques semblaient bien avoir enterré le *Domine, Salvam fac Rem Publicam* et la «fille aînée de l'Église» dans le caveau de Colombey. Personne n'avait songé, semble-t-il, à citer le célèbre article du *Globe* par lequel, en 1825, Théodore Jouffroy avait donné le coup de grâce à la monarchie sacrale, ridiculisée par Charles X: «Comment les dogmes finissent[3].» Beaucoup plus radicalement cependant que le dernier sacre anachronique de Reims, la

---

[1]   Jacques Nobécourt, «M. René Brouillet, l'homme de l'État face aux hommes d'Église», *Le Monde*, 2 mars 1974. Le successeur immédiat de Brouillet, Gérard Amanrich, fut finalement nommé par Alain Poher durant sa présidence intérimaire, promotion contestée suivie d'un rappel à Paris jugé prématuré en 1976 – rupture des usages que la presse mit en relation avec son destin funeste lorsqu'il se suicida en 1977 après avoir tué femme et enfants.

[2]   Jacques Nobécourt, «L'ambassade de France près le Saint-Siège, poste difficile et sujet à malentendus», *Le Monde*, 27 mars 1974.

[3]   «Comment les dogmes finissent», *Le Globe*, 24 mai 1825.

théologie politique mise en œuvre par Vatican II n'avait rien laissé subsister du nimbe de sacralité dont l'État, si peu de temps auparavant, était encore entouré.

L'ÉTAT SANS TRANSCENDANCE

Une défaite pour l'Église, un recul de ses prérogatives, un «ralliement» à ces erreurs modernes qu'elle avait précédemment condamnées, un renoncement au dogme de la «royauté sociale» du Christ? La déclaration *Dignitatis humanae* fut fréquemment interprétée hors de l'*aula* comme une concession au libéralisme, et l'on sait le poids conservé jusqu'à aujourd'hui par le thème dans la controverse, puis dans la rupture intégriste: «Révolution en tiare et en chape», Vatican II dans un grand «brigandage» avait «découronné Jésus-Christ», cédant au «complot libéral de Satan et de sa secte[1]». Le texte, remis plusieurs fois en chantier à l'instigation de Paul VI, «par respect pour le droit des minoritaires» et en quête d'un consensus plus large, n'avait pu cependant s'imposer qu'au terme d'un débat proprement doctrinal, l'Église ne postulant qu'un développement homogène du dogme. Et, comme l'avait noté dès le début de la controverse Henri Fesquet, les obstacles théologiques à vaincre en la matière étaient impressionnants:

Des textes pontificaux relativement récents attaquent la liberté de conscience et des cultes. Le R.P. Lecler, des jésuites, a pu écrire dans les *Études*: «Depuis le dix-septième siècle s'est développée autour de la thèse de l'absolue tolérance toute une casuistique qui permet à l'intolérance la plus farouche de se donner libre cours». Restent présents dans les mémoires divers textes, tels que celui de Grégoire XVI dans l'encyclique *Mirari vos*, écrit en 1832: «Maxime fausse et absurde ou plutôt délire», le fait de prétendre «qu'on doit procurer et garantir à chacun la liberté de conscience, erreur des plus contagieuses». Pie IX, dans l'encyclique *Quanta cura* en 1864, évoquait «cette opinion erronée on ne peut plus fatale à l'Église catholique et au salut des âmes, à savoir que la liberté de conscience et des cultes est un droit propre de l'homme». Dans le *Syllabus*, le même Pie IX condamne les propositions suivantes: «Tout homme est libre d'embrasser et de professer la religion qu'il aura reputée vraie d'après la lumière de la raison»; «À notre époque, il n'est plus utile que la religion catholique soit considérée comme l'unique religion de l'État à l'exclusion de tous les autres cultes»; «Il est faux que la liberté civile de tous les cultes et que

---

[1]   *Ils l'ont découronné. Du libéralisme à l'apostasie. La tragédie conciliaire*, Paris, Fideliter-Clovis, 1987. Voir ici notre étude «Un Seigneur, des histoires. La Royauté du Christ à l'heure de Vatican II», in *Communio*, t. 32 (1), 2007, p. 71-85.

le plein pouvoir laissé à tous de manifester ouvertement et publiquement toutes leurs pensées et toutes leurs opinions jettent plus facilement les peuples dans la corruption des mœurs et de l'esprit et propagent la peste de l'indifférentisme.» Léon XIII, enfin, dans l'encyclique *Libertas praestantissimum* de 1885, appelait la liberté des cultes «une liberté si contraire à la vertu de religion» et affirmait que «l'État ne peut être animé à l'égard de toutes les religions des mêmes dispositions et leur accorder indistinctement les mêmes droits[1]».

Les sept versions successives de la déclaration, les numéros spéciaux des revues de l'époque et les *Histoires du Concile* en témoignent: le défi fut néanmoins relevé, la question absorbant, par-delà les «experts», une bonne partie du débat théologique; moyennant quoi, *Dignitatis humanae* ne fut pas un texte circonstanciel, posé dans «l'hypothèse» et la concession à l'air du temps, mais bien une «thèse» affirmée, solidement «doctrinale», s'appuyant sur les Écritures, s'argumentant dans la «Révélation[2]». Le thème participait donc bien ainsi du renouveau de la «théologie politique», notion que l'on avait un peu vite enterrée, mais qui retrouve autour de Vatican II une actualité vibrante, dans la pensée allemande notamment, plus familière de la problématique, où rebondit la controverse qui avait opposé dans les années 1930 Erik Peterson et Carl Schmitt, ce dernier reprenant ses thèses face à d'autres protagonistes[3]. Dans son acceptation conciliaire, la «liberté religieuse» n'était pas située à l'extérieur de la catégorie: c'était bien une option théologico-politique en elle-même, induisant non seulement de nouvelles relations entre les «pouvoirs spirituel et temporel», mais changeant aussi le pouvoir temporel dans son essence, en obligeant l'État à poursuivre sa route sans recourir désormais à quelque transcendance.

L'État le plus authentiquement compatible avec le christianisme en effet ne serait plus dorénavant ni l'État confessionnel, ni l'État clérical, mais l'État qui réaliserait le mieux son essence propre d'État – déplacement de l'idéal d'un «État chrétien» vers celui d'un «état chrétien

---

[1]   Henri Fesquet, «L'attitude des chrétiens envers les juifs et envers la liberté religieuse à l'ordre du jour de Vatican II», *Le Monde*, 21 novembre 1963.

[2]   Sur ce passage de «l'aperception spontanée» ou idéologique au XIXe siècle à la «justification» doctrinalement élaborée, voir par exemple Georges Cottier, «La liberté religieuse, thème majeur de Vatican II», in *Études*, avril 1965, p. 443-459. Voir également la livraison de *Lumière et Vie* consacrée au sujet (n° 69, juillet 1964).

[3]   Carl Schmitt, *Théologie politique, I (1922) & II (1969)*, Paris, Gallimard, 1988, XVII-182 p.; Henri de Lavalette, «L'impact des théologies politiques», in *Études*, décembre 1975, p. 753-762; Pierre-Yves Materne, «La réception de la théologie politique de Johann Baptist Metz», in *Laval théologique et philosophique*, vol. 63 (2), 2007, p. 275-290. Sur ce réveil de la notion, voir aussi notre étude à paraître «Vatican II dans l'histoire de la sécularisation».

de l'État»: c'était là débarrasser ce dernier des derniers résidus de césaro-papisme, de ses missions médiévales de «bras séculier» ou des fantômes de l'Inquisition espagnole, des ultimes résonances de la maxime *cujus regio, ejus religio*. Mais le coût pour l'État ne s'arrêtait pas là, puisque la «liberté religieuse» ébranlait également une large part de ses soubassements théoriques modernes: en perdant la gestion de la religion et en étant réduit au simple appareil de sa sécularité, l'État ne pouvait plus se penser dans ce cadre *moniste* où presque toute la théorie de l'État était restée enfermée, qu'on l'approche par Bodin ou par Bossuet, par Hobbes ou par Rousseau; *Dignitatis humanae* déconstruit Léviathan et ruine sa prétention à tenir les deux sceptres; elle ampute également *Le Contrat social* de tout son dernier chapitre et prive «l'unité politique» du ciment de sa «religion civile». «Il y a une autre sorte de Religion plus bizarre, qui, donnant aux hommes deux législations, deux chefs, deux patries, les soumet à des devoirs contradictoires et les empêche de pouvoir être à la fois dévots et Citoyens», avait déploré Rousseau dans des formules bien connues:

> Telle est la religion des Lamas, des Japonais, tel est le christianisme romain. On peut appeler celle-ci la religion du Prêtre. Il en résulte une sorte de droit mixte et insociable qui n'a point de nom […]. Cette troisième sorte [de religion] est si évidemment mauvaise que c'est perdre le temps de s'amuser à le démontrer. Tout ce qui rompt l'unité sociale ne vaut rien. Toutes les institutions qui mettent l'homme en contradiction avec lui-même ne valent rien.

C'est pourtant cette «bizarrerie» que la déclaration conciliaire consacre, et non l'indifférence dogmatique de l'État que préconisait Jean-Jacques pour tout ce qui concernait l'arrière-monde ou la vie intérieure, doublée quant à ce qui touchait à la cité d'une «profession de foi purement civile dont il appartient au Souverain de fixer les articles[1]». La liberté religieuse ne se limite pas en effet au for interne de chaque individu devant qui l'État retiendrait sa puissance; c'est le corps social lui-même qu'elle affecte et partage: sa sécularisation oblige l'État à un aveu d'incomplétude, et le réduit à un organe, qui peut certes connaître une prolifération bureaucratique, mais qui, face au corps politique, s'inscrit désormais dans l'immanence. En renonçant à se penser comme un pouvoir spirituel, l'État s'en trouve aussi fragilisé dans toutes ses autres positions de surplomb: la fin de l'idéal de «l'État chrétien» ne tarde pas à bousculer aussi l'État kantien, ses constructions mimétiques, ses prétentions morales, métaphysiques,

---

[1]   Ghislain Waterlot (dir.), *La Théologie politique de Rousseau*, Rennes, PUR, 2010, 168 p.

éducatives ou biopolitiques. Selon des processus et des interactions qui restent à décrire, en convoquant Certeau, Derrida, Deleuze ou Foucault, mais également Ivan Illich, «phénomène» de librairie après qu'il ait prolongé de l'Église à l'État sa critique des institutions, le pouvoir politique, une fois déchargé du soin des âmes, perd aussi de sa légitimité dans la formation des esprits ou dans la police des corps : dans l'histoire de l'État, *Dignitatis humanae* ouvre ainsi une séquence où la loi Neuwirth vient très vite s'inscrire, avant Mai 68.

«Tu veux ou tu veux pas?»

Par-delà les effets de la «liberté religieuse» sur la théorie de l'État, les mois qui suivirent immédiatement le concile manifestèrent également la portée directement contestatrice et déstabilisatrice du thème : durant toute la décennie qui suit, *Dignitatis humanae* et le débat autour d'une nécessaire révision des accords qui étaient en vigueur structurent et polarisent l'Espagne, le Portugal, l'Italie, plusieurs Länder de la RFA et les autres nations concordataires. Au cœur des tensions et des revendications en Pologne, dès 1966, année où le pays célèbre le millénaire de son «baptême» dans une rivalité institutionnelle sournoise, la «liberté religieuse» devient également le levier de l'*Ostpolitik* vaticane, le Saint-Siège ne ménageant pas ses efforts pour faire inscrire son principe le 1er août 1975 dans l'acte final de la conférence d'Helsinki. Le thème ne pouvait évidemment pas avoir en France cette forte valeur d'enjeu, ni ces possibilités dynamiques, mais la «liberté religieuse» affecte néanmoins les relations des deux institutions, dans le sens d'une distanciation accrue : les «missions prophétiques» l'emportent au moins provisoirement sur les «tâches institutionnelles», et les «politiques tirées des propres paroles de l'Écriture sainte», libérées du souci de l'État et de ce qui restait de solidarité organique avec «l'ordre établi», se chargent en un rien de temps d'accents contestataires.

Vatican II inaugure ainsi toute une série de glissements proprement politiques, auxquels l'opinion s'intéresse dès les présidentielles de 1965 : la déconfessionnalisation et l'éclatement d'une partie des militances chrétiennes, la crise de l'Action catholique mandatée, le «Dieu n'est pas conservateur» du cardinal Marty, la cristallisation de nouvelles constructions idéologiques d'inspiration chrétienne participent de cette effervescence théologico-politique, sans parler des liaisons adultères avec toutes les variétés de « marxismes[1] ». Messie sur orbite cosmique, guérillero juif cousinant avec Cohn-Bendit ou gourou hippie exotique résolument alternatif, aucun des visages du « Jésus 1968 » n'était certes tout à fait compatible avec le régime gaulliste. Mais le Général et son « nationalisme magique », son « dogme de la guerre et du sang », son « césaro-papisme tempéré d'une indifférence hautaine » ou son « culte du moi-prophète » servent également de repoussoir aux zélotes d'une « politique évangélique », s'atterrant comme Jean-Marie Paupert du « vide païen de sa pensée[2] ».

Dans ces rebuffades ou ces exorcismes, alimentant sa mélancolie historique, de Gaulle semble n'avoir perçu qu'une rancœur aussi personnelle que l'était son pouvoir, si l'on en croit encore les *verbatim* notés par Peyrefitte. L'Église de France, qui n'avait pourtant « manqué » ni à Vichy, ni au MRP, voilà qu'elle lui « manquait à lui » : « Elle ne nous est pas tellement reconnaissante de ce que nous avons fait pour elle. » Que le cardinal Gerlier n'ait pas retardé d'une demi-journée son départ au concile pour pouvoir l'accueillir en septembre 1963 sur le parvis de la primatiale des Gaules lui inspirait ces rosseries désabusées : « Le cardinal, ce n'est pas le gallicanisme qui l'étouffe. L'Église de France non plus, dans sa majorité ; ni le patriotisme […]. Que voulez-vous que j'y fasse ? C'est ainsi. » « Il y a là une souffrance dont il n'aime pas parler », notait son interlocuteur : « S'il laisse aller son amertume, il traiterait l'Église en ennemie, et il ne peut s'y résoudre. Pour lui, l'Église de France, l'Église gallicane, c'est la France[3]. » Autour cependant de l'imposante statue du Commandeur, l'éloignement des deux institutions témoignait plus généralement de recompositions proprement structurales : de la relation qui s'effiloche à celle qui sera renouée à nouveaux frais vingt ans après, se cherchait non sans tâtonnements un nouveau « style » de rapports, pastoral et évangélique, refusant le « protocolaire » et redoutant par dessus tout « l'équivoque politique », que décrivait le cardinal Marty :

Ce fut mon interrogation lorsque l'archevêque de Paris fut invité à l'Hôtel de Ville, en juin 1969, au moment de l'élection du nouveau président de la République. Non pas absent, mais situé autrement : ni à la même place, ni au

---

[1]   Denis Pelletier, Jean-Louis Schlegel (dir.), *A la gauche du Christ. Les chrétiens de gauche en France de 1945 à nos jours*, Paris, Seuil, 2012, 614 p. ; Denis Pelletier, *La Crise catholique*, Paris, Payot, 2002, 321 p.

[2]   Jean-Marie Paupert, *De Gaulle est-il chrétien ?*, Paris, R. Laffont, 1969, 216 p., faisant suite à *Pour une politique évangélique*, Toulouse, Privat, 1965, 208 p. Du côté de la satire, voir Jacques Kermoal, *Procès en canonisation de Charles de Gaulle*, Paris, André Balland, 1970, 148 p.

[3]   Alain Peyrefitte, *op. cit.*, p. 202-203.

même endroit que tel président de syndicat, tel chef d'armée, telle personnalité diplomatique. Personnellement, je souhaite que nous ayons la simplicité d'écarter les honneurs [...]. L'Église est servante [...]. J'ai une double préoccupation : d'une part, que l'Église soit, comme le Christ, libre à l'égard de tout pouvoir, de droite comme de gauche; d'autre part, que le pasteur, comme le Christ, puisse être présent partout, osant dire uniquement l'Évangile et refusant d'être une «puissance», un «notable[1]».

Révisant leurs relations avec l'État ou avec la nation dans toute son économie générale, les clercs de l'après-concile se mettent fréquemment dans une sorte de «grève sacrale» : désertion au niveau local des cérémonies publiques et des fêtes votives, abandon des rogations ou des bénédictions de troupeaux, répugnance devant un certain nombre de tâches renvoyées à un substrat «païen», une sociabilité «bourgeoise» ou une superficialité «sociologique». Le 8 juillet 1976, en pleine sécheresse, Mgr Boillon expliquait dans son *Église de Verdun* pourquoi il refusait de prescrire des prières pour la pluie : ses prêtres n'étaient pas «les fonctionnaires de la prière, chargés, comme dans les religions antiques, d'offrir les sacrifices au nom et à la place du peuple. Dans l'Église, c'est tout le peuple chrétien qui a mission sacerdotale [...]. Comment s'est exprimée notre solidarité avec les victimes, bien plus gravement atteintes, de la sécheresse du Sahel ? [...] Cherchez d'abord le Royaume de Dieu, et le reste – même la pluie – vous sera donné par surcroît[2]». Le «rendez-vous manqué de Matignon» quelques semaines plus tôt avait aussi défrayé la chronique, les dirigeants de la Conférence épiscopale, Mgr Etchegaray et Mgr Matagrin, refusant au dernier moment de se rendre à un déjeuner avec Jacques Chirac, le «secret n'ayant pas été gardé» et dans la crainte «d'interprétations tendancieuses». Le coup avait certes été rattrapé un mois plus tard par une invitation des mêmes à l'Élysée, où leur Ami 6 bleu ciel avait fait sensation, mais l'acte avait eu besoin d'explications : «L'Église trahit-elle les pauvres lorsque ses dirigeants déjeunent à l'Élysée ?», s'interrogeaient les *Informations catholiques internationales* d'avril, au nom de toutes les consciences catholiques inquiètes. «Hommes d'État et partis politiques cherchent désespérément le dialogue avec l'Église, une Église qu'ils ne parviennent plus à saisir depuis Vatican II», constatait *Le Monde* à cette occasion :

Pendant des siècles, l'Église catholique est restée la garante d'un ordre social qui était, pour elle, voulu par Dieu. Elle a mérité le compliment que lui adres-

---

[1]   Entretien donné aux *Informations catholiques internationales*, 1er juin 1971.
[2]   *La Documentation catholique*, n° 1703, 1er-15 août 1976.

sait Charles Maurras, d'avoir «débarrassé l'Évangile de son venin révolution-naire». Quand César la respectait, l'Église le lui rendait, et au-delà de «ce qui est dû à César», jusqu'à l'oindre d'huile sacrée dans ses cathédrales. La Révo-lution et la République rompirent le charme, et l'Église eut l'impression d'être trahie par sa «fille aînée». Les retrouvailles avec un «régime établi» étaient enfin accomplies lorsque le grand vent du concile entraîna la nef romaine vers le large, loin des écueils du pouvoir et de la politique. Gouvernants et partis, un instant désemparés, se sentirent trahis à leur tour, car les évêques, non contents de prendre envers eux une distance évangélique, se permettaient de leur fixer des objectifs sociaux et humains aussi inaccessibles que la morale chrétienne, l'art sans les moyens de la «grâce»[1].

Le pas de deux de l'Église et de l'État semble ainsi rythmé durant quelques années par Brigitte Bardot et son fameux «Tu veux ou tu veux pas»: ses élans conciliaires poussent l'Église à se «désétablir», quand l'État n'en demande pas tant, et tandis aussi que les habitus résistent. De la censure de *La Religieuse* (1966) à l'affaire de Saint-Nicolas-du-Chardonnet (1977), en passant par l'occupation du Sacré-Cœur de Montmartre par une poignée de gauchistes (13 février 1971), l'État reste d'ailleurs saisi d'appels vigoureux à son «bras séculier», qui divisent l'épiscopat lui-même et l'opinion catholique. Alors? «Tu veux, c'est bien. Si tu veux pas, tant pis. Si tu veux pas, j'en f'rai pas une maladie. Oui, mais voilà, réponds-moi. C'est comme ci ou comme ça. Ou tu veux ou tu veux pas[2].»

En critiquant au printemps 1971 la sévérité des peines infligées aux perturbateurs du Sacré-Cœur, l'archevêque de Paris fournit l'occasion recherchée par une partie au moins de la classe politique pour expri-mer son désarroi: après Georges Bidault, Alain Peyrefitte proteste et Tixier-Vignancour fait la Une du *Nouvel Observateur* du 3 mai: «Mgr Marty fait plus pour la subversion que dix mille gauchistes.» Que l'ordre politique et social – et l'État qui le garantissait – ne puisse plus compter sur le soutien inconditionnel de l'Église fait ensuite la matière de la grande controverse de l'été, la France pom-pidolienne s'inquiétant de voir ressurgir «le tourbillon fanatique des flagellants hirsutes, des bégards, lollards hallucinés, mendiants et

---

[1] Alain Guichard, «L'Église et les ingénus», *Le Monde*, 13 mars 1976. Dans le contexte électoral certes brûlant des cantonales, cette visite à l'Élysée le 11 mars avait d'ail-leurs été équilibrée par un dîner privé du cardinal Marty avec François Mitterrand dont il ne fallait certes tirer «aucune conclusion politique»: «Tout serait plus clair si on pouvait faire comprendre à l'opinion publique que, pour un évêque, rencontrer un homme poli-tique n'est pas une opération politique», avait expliqué le cardinal sur France-Inter (*Le Monde*, 14 avril 1976). Sur le déjeuner manqué à Matignon (11 février 1976), voir *La Docu-mentation catholique*, n° 1693.

[2] Marcel Zanini, Brigitte Bardot, 1970.

moines faméliques, où l'angélisme de François d'Assise annonce la foudre de Savonarole». Comment revenir aux temps simples où la contestation cléricale s'arrêtait à «Nous voulons Dieu dans nos écoles» et où les horizons du «christianisme politique» se bornaient à «Catholique et Français toujours»? Pour rétablir l'État dans ses «prérogatives» et lui rendre ses «droits légitimes sur l'univers ecclésiastique», le journaliste Gilbert Comte avait préconisé dans une tribune du *Monde* une nouvelle «constitution civile du clergé»:

> Objectivement, les ecclésiastiques, assemblés dans des édifices paroissiaux pour contester l'ordre établi, le régime économique de la société, forment un groupe de pression. Le gouvernement ne peut leur ôter le droit d'avoir un avis. Mais il ne peut davantage admettre qu'une activité de cette nature se déroule hors de son contrôle. Si l'ordre des médecins invoquait demain la thérapeutique pour justifier une sédition, il cesserait d'apparaître comme un organisme neutre, et il faudrait le ramener à l'étroite observance d'une discipline professionnelle. L'absence de toute réglementation place l'Église actuelle au-dessus des lois. Affranchie par avance de la plus légère sanction, elle peut tout prétendre, tout oser. Mais quand la religion s'occupe tant du pouvoir, le pouvoir doit s'occuper davantage de la religion. Dans l'intérêt général, il faut rétablir sur ce point nos grandes traditions royales et républicaines, restaurer le système interrompu en 1921, doubler les relations diplomatiques avec l'Église extérieure par des rapports législatifs avec l'Église intérieure[1].

Développant le propos quelques semaines plus tard, Maurice Druon, pas encore ministre des Affaires culturelles, mais déjà membre de l'Académie française, avait accusé l'Église «de se tromper de siècle» et de miner de l'intérieur la cohésion de la nation elle-même en répandant les doutes, les utopies, les anathèmes. «L'ordre de la nature veut que les espèces restent fidèles à elles-mêmes. De la même façon, l'équilibre des sociétés veut que les institutions demeurent fidèles à leur vocation», et voilà que l'Église, alors même que rien ne la menaçait plus, «se fissurait, se délitait, s'écroulait sur elle-même»: «Nous assistons, pantois, à ce séisme interne.» Mais voilà également qu'elle exportait sa propre crise, glissant du côté des «démolisseurs», alors même que l'ordre politique et social semblait pourtant, au jugement de l'auteur, plus «fondamentalement chrétien» que jamais dans le passé:

> Parce que les premières Églises chrétiennes étaient en conflit avec l'ordre romain et les fonctionnaires impériaux, une partie du clergé veut se persuader et nous persuader que la révolution est la vocation de l'Église. Il y a seize siècles bien comptés que l'Église a cessé d'être révolutionnaire, seize siècles qu'elle a obtenu ce qui était son ambition et sa volonté initiales: supplanter les religions

---

[1]   Gilbert Comte, «Pour une constitution civile du clergé», *Le Monde*, 13 juillet 1971.

précédentes, donc modifier la philosophie de l'État. Seize siècles qu'elle est non plus une force de subversion, mais un pouvoir, composant ou collaborant avec les autres pouvoirs dans une société qu'elle a contribué à construire. Si la révolution permanente et la pureté contestataire avaient été vraiment sa vocation, c'est sous Constantin le Grand qu'il eût convenu à l'Église de refuser un statut officiel et de condamner le tyran au lieu de se faire reconnaître par lui […]. Car, lorsqu'une institution de cet ordre et de cette taille a, pendant tant de siècles, été la principale armature spirituelle d'un peuple et constitué le principal pouvoir moral dans une nation, elle a tout influencé, tout imprégné, tout marqué, les schémas de la pensée, les références de la mémoire, les habitudes de la vie, les comportements individuels et collectifs, les expressions artistiques, tout, et même le droit, et même les rapports du citoyen et de l'État. Quand donc l'Église vit une crise de pareille ampleur, ce n'est pas elle seule qui est en cause ; c'est l'ensemble de la vie nationale qui en est affecté et c'est la personnalité même d'un peuple qui peut s'en trouver altérée.

Persuadé d'ailleurs que l'Église ne se dérobait à l'État que par opportunisme ou par tartuferie – «Volons au secours des faibles…, juste au moment où ils cessent de l'être, et pour le cas où ils deviendraient tout à fait les plus forts» –, Druon opposait aux fièvres catholiques la sagesse des Églises orthodoxes, «nationales ou autocéphales», s'acceptant comme une sorte de grand corps de l'État, plus particulièrement préposé aux valeurs morales et spirituelles, et se contentant de conférer des certitudes et «un peu de sublime, un peu de sacré – ou de sacrement – aux actes de notre vie». Il fallait donc envisager, menaçait l'auteur pour conclure, un nouveau «gallicanisme», «en des termes pas tellement différents de ce qu'ils pouvaient être» naguère, sous Philippe le Bel ou sous Louis XIV, seule façon de ramener l'Église aux dieux lares, à la religion de la patrie et à ces tâches quasi régaliennes, que l'État finalement lui avait presque toujours concédées mais qu'elle ne voulait plus exercer[1]. Il y eut d'autres passes d'armes avant que la classe politique n'achève bientôt d'apprivoiser son nouveau sécularisme.

Une Église sans interface

Les processus mis en œuvre par *Dignitatis humanae* ne se résumaient donc pas à confirmer ou à légitimer l'état des choses ; en la matière

---

[1] Maurice Druon, «Une Église qui se trompe de siècle», *Le Monde*, 7 août 1971. L'article et les principales pièces de la riche controverse qui suivit, avec notamment des interventions d'André Mandouze, du pasteur André Dumas, des pères Cardonnel ou Daniélou, ont été réunis en volume chez Plon en 1972.

aussi, le concile inaugure et ne se contente pas de rallier, de rattraper, de remettre à niveau : l'élaboration théologique de la «liberté religieuse» en point de doctrine en modifie non seulement la justification, mais aussi le positionnement et la portée. À ressaisir la déclaration conciliaire dans la «dimension de la plus grande histoire», chère au père Chenu, on s'étonne donc *a posteriori* que le choix de l'Église ait pu être si unilatéral, puisque contrairement aux décrets du concile de Trente, les constitutions de Vatican II n'eurent à se faire «enregistrer» par aucun des trois lieux officiels de puissance laïque : les Princes, les Magistrats, les Universités. C'était certes libérer ainsi l'Église d'interfaces souvent conflictuelles et de compromissions potentiellement honteuses, c'était aussi lui permettre de mieux dégager son «prophétisme» et le bilan postconciliaire de la «liberté religieuse» devrait être poussé plus loin, jusqu'à la fin des années 1980 et l'effondrement des dictatures en terres chrétiennes, pour en ressaisir toute la fécondité historique. Mais un «moteur de l'histoire» s'enraye néanmoins lorsque des flottements succèdent aux frottements : ce qui n'est pas «enregistré» n'est peut-être pas non plus «reçu». Et dans le cas français, l'énervement soixante-huitard des militances et l'effervescence des théologies politiques «radicales» ne retarda pas très longtemps le repli sur «l'individu» et le désœuvrement historique.

Mieux dégager le «pouvoir spirituel» du «pouvoir temporel», c'était aussi inscrire les clercs et les laïcs, leurs statuts et leurs disciplines, dans une séparation plus marquée, tout pastoral que le concile ait voulu être, et malgré l'oreille généreusement prêtée aux «aspirations des hommes de notre temps» ou l'appel universel à la sainteté. Les relations de l'Église et de l'État n'épuisaient d'ailleurs pas le registre «théologico-politique», et il faudrait ici regarder également les effets de la «liberté religieuse» dans tous les autres secteurs où l'Église s'était si souvent confrontée de puissance à puissance, sous le pontificat de Pie XII notamment. Des princes, des magistrats, des universitaires, il s'en trouve en tout cas parmi les «troisièmes hommes», jugeant dès 1966 que cette «montagne d'efforts» dont ils n'avaient été que spectateurs ne méritait de leur part qu'un «désintérêt tranquille», détachement qu'accentuent ensuite la contestation des «institutions chrétiennes» et le dépérissement des structures d'Action catholique[1]. Quelques «auditeurs laïcs» avaient certes été admis dans l'*aula*, mais en accueillant en premier lieu Jean Guitton, les Pères ne s'étaient exposés qu'à un laïcat très irénique et assez facile

---

[1]   François Roustang, «Le troisième homme», in *Christus*, n° 52, octobre 1966.

à manier. Parmi d'autres doléances, les bougonneries d'un Étienne Gilson l'attestent: l'indifférence du concile aux « mandarins » en blessa sans doute plusieurs aussi gravement que trois ans plus tard la révolte estudiantine[1].

L'encyclique *Humanae Vitae* révéla bientôt un autre laïcat plus « sauvage », contestant le fossé séparant « l'Église enseignante » de « l'Église enseignée », privé de passerelles avant comme après le concile. Le lien d'intelligence, dont les *Nihil obstat* et les *Imprimatur* fournissaient naguère quelque trace tangible, ne s'était-il pas d'ailleurs amoindri au contraire? L'époque où chaque livre important était adressé à Rome en deux exemplaires, l'un relié blanc pour le pape, l'autre rouge pour le préfet de l'une ou l'autre des congrégations, ne donnait-elle pas au magistère laïque plus de chances d'influence? La suppression de l'Index ne méritait en tout cas des feux de joie que si elle ne dispensait pas désormais les clercs de lire, de juger ou de se confronter.

On a réfléchi ailleurs à la parcimonie avec laquelle le travail conci-liaire emprunta à la métaphysique, comme si la théologie suffisait à elle seule pour « dialoguer avec le monde[2] »; au-delà des philosophes inemployés, René Rémond, appelé à faire l'inventaire de « vingt ans d'histoire conciliaire » du point de vue des « intellectuels », alors que le CCIF qu'il présidait encore se mettait en sommeil, avouait un certain malaise devant cette « tâche ardue et passablement aléatoire »: les intellectuels catholiques s'étaient certes réjouis de la consécration de leur liberté de recherche, « de jugement et d'innovation », et ils en avaient usé... laissant se désagréger ces institutions qui jusqu'alors organisaient leur témoignage collectif. Rendus à leurs itinéraires per-sonnels, ils n'avaient généralement pas fait « de la lecture des textes conciliaires leur nourriture quotidienne »; ils vivaient donc encore « dans une assez large mesure sur l'acquis des années 1930 et de l'après-guerre, ou sur sa récusation, ce qui revient au même ». Cette stagnation témoignait peut-être d'une faiblesse d'envie, mais d'abord aussi d'une absence de besoin, et donc d'un manque de sollicitation. Là encore, leur relation avec l'institution ecclésiale s'était donc « pro-gressivement distendue et même altérée ». L'une des raisons avancées

---

[1]   Florian Michel, « Étienne Gilson et *Les tribulations de Sophie* », in Dominique Avon, Michel Fourcade (dir.), *Un nouvel âge de la théologie? 1965-1980*, Paris, Karthala, 2009, p. 45-67.

[2]   Voir « Thomisme et antithomisme à l'heure de Vatican II », in *Antithomisme. His-toire, thèmes et figures*, II. *L'antithomisme dans la pensée contemporaine*, *Revue thomiste*, t. CVIII (2), 2008, p. 301-325; « *Il n'en restera pierre sur pierre... Aux origines antiro-maines de la déconstruction* », in *Esprit*, février 2010, p. 94-109.

par l'historien, non sans timidité puisque son invocation de la «crise de l'Église» laissait sans examen les héritages du concile lui-même, tenait au déclassement dont le «ministère de type intellectuel» avait été victime :

> L'esprit de 68 renforça puissamment la tendance anti-intellectualiste déjà lovée au cœur du catholicisme français en lui fournissant une justification idéologique. L'idée généralement admise alors que toute culture était celle d'une classe et un moyen pour la classe dominante d'imposer et d'intérioriser sa domination, la renonciation corrélative à l'ambition universaliste de l'intelligence, l'assimilation de la supériorité de celui qui sait sur celui qui ignore à celle du riche sur le pauvre ont concouru à jeter le discrédit sur l'exercice de la compétence. La dénonciation du savoir comme d'un pouvoir et sa récusation au nom de l'égalité rejoignaient aussi trop bien l'antique anathème proféré par une longue et respectable tradition spirituelle sur la *libido sciendi* : d'où le doute sur le statut de l'intelligence dans la communauté ecclésiale[1].

Tous les vœux formulés à l'orée du concile n'avaient donc pas été honorés de la même manière, et l'on avait notamment perdu de vue celui exprimé en novembre 1961 lors de la Semaine des intellectuels catholiques par un Henri-Irénée Marrou très en verve et très libéré ce jour-là : «La Sainte Église nous demande à tous de collaborer aux travaux du futur concile ; suggérons qu'il y aurait bien à étudier le rôle, institutionnel, qu'il convient d'attribuer au peuple chrétien dans l'administration de l'autorité. C'est là qu'il y aurait quelque chose à faire, des réformes à promouvoir.» Pour la première fois en effet depuis Constantin, poursuivait l'historien, «le pouvoir des clefs s'exerçait sans contrepoids institutionnel», précieuse grâce de liberté sans doute, mais qui privait l'Église de stimuli, d'interactions, de vérifications, de médiations :

> C'est là une conséquence inattendue de la laïcisation de nos institutions politiques. Autrefois, le point de vue des fidèles, la voix du peuple chrétien s'exprimait par l'intermédiaire de l'empereur, puis de ses successeurs les princes, chefs chrétiens de peuples composés de fidèles. Lestée du poids de leur autorité, – ce «glaive» n'était pas que symbolique –, cette voix n'a pas toujours été cantonnée dans un rôle consultatif. En fait, l'Église et, je précise, sa hiérarchie, a durement ressenti ces interventions qui outrepassaient souvent leurs droits, et cela depuis Constantin lui-même. [...] On serait donc tenté d'interpréter la situation nouvelle comme entièrement bénéfique, mais ce serait oublier l'ambivalence du temps de l'histoire : jamais une entreprise humaine n'est réussie à cent pour cent. Et il est bien vrai qu'il y a eu des abus, que la situation au XXe siècle était devenue paradoxale [...]. Mais il faut voir la contrepartie : par

---

[1]   René Rémond, «Les intellectuels, leurs débats et l'Église», in Gérard Defois (éd.), *Le Concile. 20 ans de notre histoire*, Paris, Desclée, 1982, p. 143-158.

le prince, et plus généralement le milieu dirigeant, élite longtemps si réduite, c'était la voix du peuple qui pouvait se faire entendre. Ce n'était pas très institutionnel, mais très réel. Il faut voir que le rôle des laïques dans l'Église a été historiquement considérable. Le cas d'un peuple composé de paysans illettrés ou de prolétaires sans patrimoine culturel et entièrement remis entre les mains de son clergé a existé, certes, mais exceptionnellement: c'est celui par exemple du Canada rural [...]. Il faudrait que les fidèles ne se conçoivent pas seulement comme des passagers, mais comme des membres de l'équipage, disciplinés bien sûr, mais coopérant, ayant un rôle, sachant qu'on leur fait confiance[1].

Réclamant à «être traité par l'Église en intellectuel et non en paysan illettré», Marrou appelait donc à réorganiser les diverses interfaces de l'Église et du monde laïque «sous des formes sociales certes entièrement nouvelles», mais qui n'en seraient pas moins «institutionnelles». Mais la suggestion ne fut pas substantiellement retenue par le concile, où la façon de faire du «Canada rural» fut adoptée et universalisée, par la force des choses sans doute, mais non sans conséquences: entièrement remis entre les mains de ses évêques et de leurs experts de 1962 à 1965, le laïcat confie l'Église aux seules lumières de ses clercs, avant de la laisser aussi souvent par la suite à leur seule responsabilité. En sécularisant les divers pouvoirs temporels, *Dignitatis humanae* avait donc aussi pour effet de rendre le «pouvoir spirituel» plus clérical.

Seules quelques voix dans le contexte avaient semblé ici percevoir une partie au moins de ces effets induits, et celle du père Daniélou fut certainement la plus répandue et la plus éloquente, bien qu'à contre-courant des théologies alors dominantes. Refusant de renier le «processus constantinien» et partant en croisade contre le sécularisme, il avait rappelé dès 1965 que «l'oraison était aussi un problème politique», réhabilitant le pôle «institutionnel», le sacré d'origine païenne, le christianisme dit «sociologique» et l'idéal d'une «civilisation chrétienne». Renvoyons à une autre occasion l'étude du vaste débat qui s'organisa autour de ses positions et de pressentiments auxquels l'avenir donna souvent raison. Sur le plan proprement théologico-politique toutefois, le jésuite n'était pas parvenu à donner une réponse pleinement satisfaisante à son dilemme: «Trop de chrétiens acceptent la juxtaposition d'une religion personnelle et d'une société laïque. Une telle conception est ruineuse pour la société et pour la religion. Mais comment trouver une union de l'une et de l'autre qui

---

[1]   Henri-Irénée Marrou, «L'expérience du fidèle», in *Catholicisme un et divers. Semaine des intellectuels catholiques 1961*, Paris, Fayard, 1962, p. 88-95.

n'assujettisse pas la religion aux pouvoirs temporels et qui n'asservisse pas les pouvoirs temporels à la religion[1]?»

C'est l'une des questions que légua Vatican II et qui n'a reçu sous les deux derniers pontificats que des réponses encore partielles et personnelles – Jean-Paul II renouant du côté des États et Benoît XVI avec la Magistrature et l'Université. Dans tout concile, il y a sans doute une session manquante, et les ébranlements que celui-ci initia auraient bien pu justifier, après quelques années de récupération et de pause, une session supplémentaire de bilan et de complément. Non pas évidemment que la déclaration conciliaire sur la liberté religieuse aurait besoin d'amoindrissements ou de corrections, mais ses effets créaient aussi pour l'Église comme pour les États une situation nouvelle exigeant des prolongements. Le Paysan de la Garonne était le premier à en avoir fait l'aveu: «De tout ce que le concile a dévoilé et accompli je rends grâce. D'autres choses encore j'aurais sans doute aimé rendre grâces si le concile les avait faites aussi.»

---

[1]   Jean Daniélou, *L'Oraison, problème politique*, Paris, Fayard, 1965, 157 p., suivi d'un débat l'opposant au père Jossua, *Christianisme de masse ou d'élite*, Paris, Beauchesne, 1968, 112 p. Sur le thème, voir aussi notamment la contribution du jésuite au volume «Faut-il des institutions chrétiennes?» de *Recherches et Débats*, n° 60, 1967, et sa «Réponse à quelques objections», in *Études*, mars 1967. Le père Daniélou participa bien sûr à la controverse lancée en 1971 par Druon. Voir sa réponse «Crise de l'Église et crise de la civilisation», *Le Monde*, 28 août 1971.

Figures du concile

LE CARDINAL EUGÈNE TISSERANT
À VATICAN II

par Étienne Fouilloux

Parmi les questions qui n'ont pas encore été éclaircies par la recherche historique sur le dernier concile figure en bonne place le rôle qu'y ont joué quelques éminences de la curie romaine (le secrétaire d'État Amleto Cicognani) ou quelques responsables de la machine conciliaire (le secrétaire général Pericle Felici). Tel était aussi le cas du cardinal Eugène Tisserant, doyen du Sacré Collège et, à ce titre, second personnage de l'Église catholique[1].

Celui-ci est tout à la fois très présent et très visible à Vatican II, avec sa légendaire barbe orientale qui le fait immédiatement remarquer. Chaque matin de congrégation générale, il arrive un peu en avance à Saint-Pierre et gagne d'un pas pressé sa place au centre de la table de présidence, sans jamais s'arrêter pour converser avec l'un ou l'autre évêque. C'est lui qui entonne la prière de début de séance ; lui aussi qui entonne la prière de fin des travaux ; et c'est lui encore qui entonne le *De profundis* après annonce du décès d'un Père conciliaire. Mais par-delà ces fonctions cérémonielles, ou de représentation, a-t-il eu une influence autre qu'anecdotique ou fonctionnelle sur le cours de l'assemblée ? Une réponse nuancée s'impose après consultation des *Actes* officiels et des archives de Vatican II, qui contiennent près de cinq cents documents à son nom[2], alors que le concile n'occupe significativement ? que peu de place dans ses papiers privés[3].

[1]   Né en 1884, il va vers ses soixante-quinze ans à l'annonce du concile.

[2]   Liste aimablement fournie par Piero Doria, chargé du classement du fonds Vatican II à l'*Archivio segreto vaticano*.

[3]   Papiers conservés par l'association «Les Amis du cardinal Tisserant», Sant Jordi 66150 Montferrer ; que Mme Paule Hennequin soit remerciée de son accueil.

Pour définir la juste part du cardinal Tisserant à l'événement Vatican II, trois étapes successives sont à considérer: sa réaction à l'annonce de Jean XXIII et son rôle dans la préparation du concile; ses interventions, ponctuelles mais importantes, en faveur de la majorité de l'assemblée jusqu'en octobre 1963; son irritation croissante face aux lenteurs et aux lourdeurs du concile, qui provoque bientôt chez lui un net retrait, sans le faire basculer pour autant dans le camp de la minorité[1].

UNE ENTRÉE EN CONCILE À RECULONS

Secrétaire de la Congrégation romaine pour l'Église orientale depuis 1936, le cardinal Tisserant doit se rendre en Éthiopie au mois de janvier 1959. Comme il sera absent de Rome le 25, Jean XXIII le prévient de la convocation du concile en audience, le 16 janvier. Le moins que l'on puisse dire est qu'il ne manifeste guère d'enthousiasme pour cette perspective. Non qu'il nie l'urgence de réformes au sein de l'Église catholique. Principal cumulant de la curie dépeuplée de Pie XII, il n'a cessé de se plaindre du mauvais fonctionnement des services centraux de l'Église et souhaite vivement qu'ils deviennent plus efficients[2]. Bien qu'il manque d'une formation philosophique et théologique approfondie, et qu'il n'ait jamais été membre du Saint-Office, congrégation compétente en la matière, il a exprimé depuis les années 1930 une sympathie prudente pour certains courants réformistes alors suspects et parfois soumis à sanctions: opportunité de développer le pluralisme liturgique en Occident par introduction des langues vernaculaires dans les offices; utilité de restaurer le diaconat permanent pour pallier le manque de prêtres; importance de la liberté de recherche dans le domaine de l'exégèse biblique; vœu d'une détente dans les rapports entre science et foi, sur la question des origines du monde ou de celles de l'homme notamment. Et bien sûr établissement de relations cordiales avec les chrétiens séparés d'Orient, dont sa congrégation a la charge.

[1]   Pour plus de détails, voir Étienne Fouilloux, *Eugène cardinal Tisserant, 1884-1972. Une biographie*, Paris DDB, 2011, p. 599-646 («Le concile du cardinal»). Certains des documents cités ici ont été retrouvés après la rédaction de ce chapitre.

[2]   Voir notamment la copie de sa longue lettre du 22 février 1944 à l'ambassadeur du Brésil près le Saint-Siège, Étienne Fouilloux, «Réformer la curie romaine?», *Cristianesimo nella storia*, 33, 2012.

D'emblée, il déclare pourtant à Jean XXIII qu'il ne veut jouer aucun rôle dans la préparation ni dans le déroulement du concile[1]. Argument invoqué? La lourdeur et la multiplicité bien réelles de ses tâches en curie. Mais ne peut-on deviner aussi une certaine réserve envers l'événement qui s'annonce? Cette décision est rapidement renforcée par sa «démission» de la Congrégation orientale, en novembre 1959, que Tisserant vit très mal. Une telle «démission», qui lui a été explicitement demandée par le secrétaire d'État Domenico Tardini au nom du pape, le prive d'une bonne partie de l'influence que lui donnait à Rome la maîtrise d'un secteur d'intervention propre, autrement important que les charges qu'il conserve, la haute main sur les archives et la bibliothèque du Vatican par exemple[2]. Il s'éloigne alors de Jean XXIII qu'il connaissait bien pour l'avoir eu sous ses ordres comme délégué apostolique à Istanbul, et dont il attendait beaucoup.

On ne saurait pourtant imaginer que le doyen du Sacré Collège soit absent de la genèse du concile. Aussi le cardinal Tisserant est-il nommé membre de la commission centrale préparatoire et, contre son gré[3], membre de la sous-commission des affaires mixtes chargée d'une délicate coordination entre les soixante-dix schémas rédigés par les dix commissions préparatoires sans grande concertation. D'autant que, comme doyen du Sacré Collège, il est amené à présider ces deux instances en l'absence fréquente du pape. Il y adopte d'emblée une posture fonctionnelle qu'il conservera durant toute la phase conciliaire: faire appliquer strictement le règlement tout en veillant à la clarté et l'efficacité des débats; mais intervenir le minimum sur le fond de ceux-ci, à une exception notoire près: éviter la condamnation par le concile du communisme comme régime politique. Aussi est-il difficile de tirer de ses quelques remarques sur les schémas préparatoires et de ses votes en commission centrale, où son rang l'amène à se prononcer en premier, une vision nette de sa position. Ses critiques des textes examinés portent principalement sur leur manque de réalisme pratique, dans le cas des visites pastorales[4],

[1]   Le cardinal Tisserant «ne veut pas de poste de travail au concile», note Jean XXIII dans son agenda le 27 avril 1960, *Pater amabilis. Agende del pontefice 1958-1963*, a cura di Mauro Velati, Bologne, Istituto per le scienze religiose, 2000, p. 112.

[2]   Sur l'épisode de la «démission», voir Étienne Fouilloux, *Eugène cardinal Tisserant...*, p. 557-566 et 578-584.

[3]   «Naturellement, j'obéirai au Saint-Père, mais je suis déjà si accablé de travaux et de responsabilités que j'espérais ne pas recevoir de nouvelles charges», lettre à Mgr Felici, 31 octobre 1961.

[4]   «Celui qui a fait le programme de la visite pastorale n'en a jamais fait une seule!» (projet sur les évêques, 10 juillet 1962).

ou de réalisme intellectuel, dans celui de l'apparition de l'homme sur terre[1]. Quant à ses votes, ils vont dans le sens des futurs ténors de la majorité conciliaire (Frings, Döpfner, Liénart, Bea), plutôt que dans celui de leurs futurs adversaires de curie (Browne, Confalonieri, Ottaviani). Ces indices sont cependant fragiles : il reste délicat de déterminer le sentiment profond du cardinal Tisserant. Comme à l'accoutumée, il s'acquitte avec conscience de charges qu'il n'a pas briguées, mais sans trop s'y impliquer personnellement. Sa place est donc minime dans la préparation du concile, dont il regrettera après coup l'insuffisance[2]. Elle a cependant pu bénéficier de ses qualités d'organisateur et de sa longue expérience des réunions au sommet de l'Église.

AU SECOURS DE LA MAJORITÉ

Le cardinal Tisserant n'intervient pas plus durant le concile que dans sa phase préparatoire. Il est toutefois en mesure, du fait de sa fonction de président du conseil de présidence en l'absence du pape, de donner quelques coups de pouce ponctuels, mais décisifs, à la majorité de l'assemblée en formation.

On pourrait croire l'inverse au vu de son comportement lors de la première congrégation générale, le 13 octobre 1962, au cours de laquelle il refuse de donner la parole au cardinal Liénart qui veut demander le report des élections aux commissions conciliaires chargées d'examiner les schémas préparatoires : c'est contre son gré que l'évêque de Lille prend malgré tout la parole[3]. En fait, dans une lettre de la veille au secrétaire général du concile, Mgr Felici, il suggérait lui aussi un report. Comme son vœu, réitéré au début de la séance du 13, a reçu une réponse négative, l'homme de devoir qu'il est s'incline et tente en vain de faire respecter la décision prise ; mais il n'en pense pas moins. Le cardinal Siri, archevêque de Gênes, pense d'ailleurs, à tort, qu'il est de mèche avec Liénart et Frings[4].

---

[1] « Mais comment expliquer la disparition des hommes (*homo sapiens*), dont la présence est démontrée entre 50 000 et 100 000 ans avant nous, si Adam a vécu au temps indiqué par la Genèse ? », 20 janvier 1962.

[2] « Note critique » pour le procès de béatification de Jean XXIII, 12 mai 1971.

[3] D'où la méprise de l'ambassadeur du royaume de Belgique auprès du Saint-Siège, Prosper Poswick (*Un journal du concile*, Paris, 2005, p. 161).

[4] « Era evidente il concerto previo tra i nominati e tra questi e il Decano chiaramente compiacuto », Diario, in Benny Lai, *Il Papa non eletto. Giuseppe Siri cardinale di Santa Romana Chiesa*, Rome-Bari, Laterza, 1993, p. 360.

L'aula conciliaire à Saint-Pierre de Rome
lors de la séance d'ouverture, le 11 octobre 1962.
Archives diocésaines de Lille, fonds Liénart.

La Tribune de presse lors de l'ouverture du concile, le 11 octobre 1962.
Au premier rang, le P. Antoine Wenger. Au deuxième rang à droite,
Noël Copin, journaliste à *La Croix*.

Archives de la province de France des Augustins de l'Assomption,
fonds iconographique.

Un évêque lisant *La Croix* entre deux séances du concile.
Archives de la province de France des Augustins de l'Assomption,
fonds iconographique.

Mgr Gabriel-Marie Garrone, archevêque de Toulouse.
Collection particulière.

Paul VI reçoit les cardinaux français en 1965. De gauche à droite,
les cardinaux Achille Liénart, Maurice Feltin, Paul Richaud,
Joseph Lefebvre, Joseph Martin et Jean Villot.

Archives diocésaines de Lille, fonds Liénart.

Réception donnée par l'ambassadeur René Brouillet à la Villa Bonaparte
en l'honneur des Pères conciliaires français et francophones, 7 octobre 1965.

Archives du ministère des Affaires étrangères (FR_MAEE 576/PO/1/1402).

Maurice Couve de Murville, ministre des Affaires étrangères,
et Wladimir d'Ormesson, ambassadeur de France,
lors de la dernière séance publique du concile, 8 décembre 1965.

Archives du ministère des Affaires étrangères.

Droits : Associated Press.

Le pape Paul VI en conversation avec Jean Guitton à Castel Gandolfo,
dans le jardin de la villa pontificale.

Cl. Mgr Macchi, secrétaire particulier du pape.

Dans l'examen du schéma sur la liturgie, son intervention la plus importante n'est pas celle qu'il prononce à Saint-Pierre le 24 octobre 1962 : plaidoyer rigoureux et argumenté pour le pluralisme des rites et des langues, elle fait pourtant l'admiration du père Henri de Lubac[1]. Le 15 octobre précédent, en effet, la voix du cardinal Tisserant a été décisive au conseil de présidence pour que le débat s'engage sur la liturgie et non sur un des textes de la commission théologique préparatoire comme le voulait le cardinal Ottaviani, président de celle-ci, au nom de la supériorité du doctrinal sur le pastoral. La décision qui permet au concile de se roder sur un sujet moins polémique y est acquise par cinq voix, dont celle de Tisserant, contre quatre[2], au grand dam d'Ottaviani qui, dans une lettre du 18 octobre, lui manifeste « son étonnement et son désappointement » : « Une telle inversion offense la tradition des conciles et les exigences de la théologie, laquelle enseigne que la doctrine de la foi est le fondement et la raison d'être non seulement de la liturgie, mais de toute la vie de l'Église », écrit-il[3], en discordance manifeste avec le discours d'ouverture de Jean XXIII.

Le débat sur la liturgie ne tarde pourtant pas à s'enliser dans la litanie des interventions répétitives pour ou contre l'introduction des langues vernaculaires et de la concélébration ou sur le rôle des conférences épiscopales dans la réforme. Lassé de ce qu'il considère comme une perte de temps, le cardinal Tisserant joue de son statut de président pour faire procéder, le 14 novembre, à un vote de principe sur la recevabilité du schéma discuté, moyennant amendements renvoyés en commission. À la surprise de bien des observateurs, trompés par la tactique d'obstruction des opposants, une énorme majorité se dégage en faveur du texte. Le lazariste italien Annibale Bugnini, secrétaire de la commission liturgique préparatoire, mais écarté de la commission conciliaire, ne s'y trompe pas : il remercie chaudement Tisserant d'avoir décidé ce scrutin qui peut être considéré comme l'acte de naissance de la majorité conciliaire[4].

La deuxième des trois seules interventions publiques du cardinal Tisserant à Saint-Pierre est tout aussi marquante que la première. Le

[1]   *Carnets du concile*, Paris, 2002, t. 1, p. 120.

[2]   Liénart, Frings, Alfrink, Ruffini et Tisserant face à Gilroy, Caggiano, Spellman, Pla y Deniel, Wyszynski étant absent (*Acta synodalia*, V/1, p. 18).

[3]   Manuscrit et copie dactylographiée, Archivio concilio Vaticano II, busta 757.

[4]   « Dans la joie du premier succès, je vous prie de bien vouloir accueillir les remerciements les plus vifs et les plus reconnaissants, aussi au nom des membres de la commission liturgique préparatoire, que je suis sûr d'interpréter, pour la décision et le dynamisme avec lesquels vous avez ce matin dirigé la congrégation », lettre en français du 14 novembre, papiers Tisserant.

16 novembre 1962, dans le débat sur le texte controversé de la commission théologique préparatoire concernant les sources de la foi, il prononce une vibrante défense et illustration de l'exégèse, alors attaquée dans l'enceinte conciliaire et autour par les Pères et experts du «parti romain». Il utilise à cet effet un argument imparable à leurs yeux : une référence à Pie XII dont l'encyclique *Divino afflante Spiritu* de 1943 a été accueillie avec soulagement par des biblistes sous étroite surveillance depuis la crise moderniste. Cette encyclique, Tisserant la connaît mieux que personne, puisqu'elle a été rédigée sous sa direction par la commission biblique pontificale qu'il continue de présider. Après une nouvelle intervention sur des points mineurs du texte, il ne semble pas favorable, par légalisme une nouvelle fois, à son renvoi en commission mixte le 21 novembre : il transmet au concile la décision de Jean XXIII, sans y avoir été associé.

Une semaine plus tard, il manifeste son déplaisir d'apprendre par un tiers la manœuvre qui consisterait à faire voter le concile sur le schéma dédié à Marie avant la présentation du schéma sur l'Église. Elle fait long feu, mais elle a suscité son mécontentement : non seulement elle tendait à bousculer le calendrier établi, mais elle était discutable d'un point de vue théologique, puisque «le schéma sur la Madone apparaissait comme un corollaire du schéma *De Ecclesia*, à traiter après celui-ci[1]».

La tâche conciliaire du cardinal Tisserant décline dès la fin de la première session, ce qui le soulage visiblement. Il ne fait pas partie de la commission de coordination rendue nécessaire par les failles du règlement et le fiasco de la préparation. La nomination de quatre modérateurs par Paul VI, dont il n'est pas plus proche que de Jean XXIII, le décharge de la direction de l'assemblée, ce dont il se félicite. Il faut donc une circonstance extraordinaire pour qu'il joue, une dernière fois, un rôle clé en faveur de la majorité de l'assemblée. Dans un climat de tension aiguë, il préside les deux réunions des organes dirigeants du concile, les 23 et 29 octobre 1963, au cours desquelles est débattu le droit des modérateurs à poser aux Pères cinq questions décisives sur le *De Ecclesia*, concernant les pouvoirs des évêques, individuellement et collégialement, ainsi que la restauration du diaconat permanent. La discussion oppose les modérateurs et les principaux ténors de la majorité, qui sont favorables au scrutin, à la commission doctrinale du cardinal Ottaviani et au secrétaire général Felici, qui sont contre. Sur le fond, Tisserant paraît hésitant en

---

[1]   Lettre du 28 novembre au mariologue franciscain Charles Balić, par lequel le cardinal apprend la nouvelle, copie, même source.

matière de collégialité, mais on le sait très favorable au diaconat, célibataire ou marié. Sur la forme, dans ce cas comme dans celui de la liturgie, il est favorable au vote de principe qui débloquerait la situation en fournissant le sentiment de l'assemblée. Après une première réunion sans résultat au cours de laquelle il s'énerve de l'obstruction des opposants et menace de claquer la porte, il parvient le 29 octobre à obtenir une majorité en faveur du passage au vote. Paul VI ratifie la décision et les scrutins du 30 octobre donnent une large majorité aux partisans de la collégialité, et du diaconat dans une moindre mesure. Le schéma sur l'Église est sorti de l'ornière. Cette intervention du cardinal Tisserant est toutefois la dernière en faveur de la majorité conciliaire : un mois plus tard, il intervient dans un sens opposé.

IRRITATION ET RETRAIT

Tisserant n'a pas attendu le milieu de la deuxième session pour s'impatienter de la lourdeur et de la lenteur d'une assemblée qu'il qualifiait dès le 2 novembre 1962 de « machine épouvantable[1] ». Et son irritation va croissant jusqu'à ce qu'il soit assuré que le concile mette enfin un terme à ses travaux en 1965. Mais, fait nouveau, cette irritation englobe désormais certains des éléments les plus en pointe de la majorité.

Le 25 novembre 1963, en début de séance, il émet une vive protestation contre la distribution, aux portes de Saint-Pierre, d'une pétition signée par vingt-cinq évêques, allemands ou français, demandant un rejet du schéma de décret sur les moyens de communication sociale, jugé très inférieur à son objet. Son intervention lui a peut-être été soufflée par Mgr Felici, mais elle est cohérente avec la posture qu'il a adoptée : sans se prononcer au fond, il s'indigne qu'on puisse ainsi faire pression sur le vote d'un document qui a déjà été approuvé par le concile. Et il défend vigoureusement sa position auprès des protestataires qui lui ont manifesté leur étonnement.

Durant l'intersession de 1964, il multiplie les instances, auprès du pape notamment, pour que la troisième période de Vatican II soit aussi la dernière. Il revient en effet de son voyage au Mexique de l'été avec la conviction que les évêques sont las d'être aussi longtemps éloignés de leur diocèse. Et il ne cache pas sa position lors de son allocution inaugurale, le 20 septembre 1964. Aussi, lorsqu'un évêque

[1]   Lettre au chanoine parisien Samuel Hecquet, copie, même source.

brésilien demande, au nom de cent douze confrères latino-américains, une quatrième session nécessaire à l'épuisement du programme prévu, cette requête est-elle interprétée comme un désaveu du cardinal[1].

L'attitude de celui-ci vis-à-vis de la presse, qu'il n'a jamais aimée, s'est elle aussi modifiée en cours de route. Alors qu'il ne défendait guère le secret conciliaire en 1963, avec l'argument selon lequel il n'avait été respecté ni à Trente ni à Vatican I, il insiste pour que les Pères évitent de s'épancher auprès des journalistes, ce qui menace de troubler la sérénité des débats. Et il s'en prend aux experts, dans lesquels il n'hésite pas à voir «la peste du concile[2]». Lui qui n'est pas théologien, et qui n'a guère recours au théologien qu'il s'est choisi, considère que leur manie de couper les cheveux en quatre allonge artificiellement les discussions. On peut penser que cette mise en garde vise surtout les experts de la majorité, mais elle n'est pas à sens unique. Son auxiliaire à Porto et Santa Rufina, Mgr Tito Mancini, qui a signé en confiance une pétition contre la collégialité de Mgr Dino Staffa, secrétaire de la Congrégation des séminaires et universités, doit se rétracter après une lettre sévère.

Peut-on pour autant ratifier l'opinion du regretté Evangelista Vilanova selon lequel le cardinal Tisserant, «figure particulièrement autoritaire, forma avec le cardinal Cicognani et le secrétaire général Felici le triumvirat qui exerça une influence prépondérante dans la seconde moitié de Vatican II[3]»? La documentation accessible ne permet pas de confirmer un tel jugement, du moins pour ce qui concerne Tisserant. Ses relations notoirement médiocres avec Paul VI l'empêchent de peser vraiment: il regrette souvent d'être si peu écouté du pape. Et s'il connaît Cicognani de longue date, il n'a pas de relations étroites avec Felici.

Le cardinal Tisserant ne réapparaît au premier plan que lors de deux péripéties notoires des troisième et quatrième sessions. Le 19 novembre 1964, c'est lui qui annonce la décision de faire droit au recours de la minorité et donc de ne pas soumettre au vote la déclaration controversée sur la liberté religieuse. Comme toujours, il ne se prononce pas sur le fond, mais se borne à transmettre une décision venue

---

[1]   «Pan, un direct du droit au Prince Eugène», selon Mgr Pinier de Constantine, lettre du dominicain Bernard Dupuy, 18 octobre 1964 (*Istina*, 2010/3, p. 248).

[2]   Lettre à son propre expert, le chanoine de Porto et Santa Rufina Pierre Riches, 13 novembre 1964, copie, papiers Tisserant.

[3]   *Histoire du concile Vatican II, 1959-1965*, sous la direction de Giuseppe Alberigo et d'Étienne Fouilloux, t. III *Le concile adulte*, Paris, Cerf/Peeters, 2000, p. 382.

de plus haut et à faire respecter le règlement. Le texte est si différent de la mouture précédente qu'on peut à bon droit le considérer comme nouveau. Or, il a été distribué tardivement: on ne saurait donc le voter sans discussion. En privé, il affirme, contre certains chroniqueurs, qu'il a bien consulté les modérateurs et ses coprésidents avant de faire l'annonce. Il souligne aussi son rôle dans la permission accordée à Mgr De Smedt, évêque de Bruges, de lire la relation qu'il avait préparée, lecture suivie de longs applaudissements qui traduisent la frustration d'une bonne partie des Pères[1].

Un an plus tard, dans une situation voisine, il refuse de prendre en compte le recours de Mgr Carli, évêque de Segni et porte-parole de la minorité, concernant la nécessité d'ajouter une condamnation explicite du communisme au schéma sur l'Église dans le monde de ce temps, texte dont Tisserant aurait volontiers fait l'économie pour que le concile se termine plus vite... Non seulement il ne se repent pas d'avoir omis de réunir le conseil de présidence pour examiner le recours, mais il s'en justifie oralement et par lettre auprès du pape le 26 novembre 1965. Il s'est abstenu de convoquer cette instance parce que le cardinal Wyszynski, très hostile au communisme, en fait partie et qu'il n'aurait pas manqué de plaider en faveur du recours, ce qui aurait enfreint la consigne de Jean XXIII, confirmée par Paul VI, d'éviter toute prise de position politique au concile. Et il absout bien vite Mgr Achille Glorieux, secrétaire de la commission pour l'apostolat des laïcs, principal responsable de l'oubli de la pétition[2].

Ces incidents, pour révélateurs qu'ils soient, sont toutefois d'un poids moyen sur l'achèvement et le contenu de l'œuvre de Vatican II. C'est donc bien d'un retrait conciliaire du cardinal Tisserant qu'il

[1]   «J'ai lu ici [à Paris] l'article du R.P. Rouquette, tout à fait faux pour ce qui me concerne, car il dit que je n'ai pas interrogé les modérateurs, alors que je m'étais entendu avec eux avant de consulter les membres du conseil de présidence. Il ne fait pas allusion, non plus, si j'ai bien retenu ce que j'ai lu, à la lecture du rapport, que j'avais cependant proposée, afin qu'on ne puisse pas dire que nous avons escamoté la question épineuse de la liberté religieuse», lettre à Mgr Pirolley, évêque de Nancy, du 14 janvier 1965, copie, papiers Tisserant (elle renvoie à l'article «Les derniers jours de la troisième session», *Études*, janvier 1965, p. 113). Le chroniqueur jésuite impute à tort la décision du report au seul Tisserant. Il corrige ensuite son erreur sans exonérer le cardinal de toute responsabilité: «Il est absolument inexplicable» qu'il ait attribué la décision au conseil de présidence sans dire qu'elle venait du tribunal administratif saisi par le pape (*La Fin d'une chrétienté. Chroniques*, Paris, Cerf, 1968, t. II, p. 545). Sur cet épisode, le récit le plus complet est celui de Silvia Scatena, *La fatica della libertà. L'elaborazione della dichiarazione «Dignitatis humanae» sulla libertà religiosa del Vaticano II*, Bologne, Il Mulino, 2003, p. 304-318.

[2]   «Votre responsabilité ne sera pas chargée outre mesure par les historiens du concile. Ceux qui ont été au courant vous pardonneront votre oubli», lettre du 4 décembre, copie, fonds Tisserant.

faut parler à partir de l'automne 1963. Ce retrait, d'ordre épidermi-
que plus que doctrinal, ne le fait pourtant pas se ranger dans la minorité. Sa lettre pastorale de carême 1966 aux fidèles de Porto et Santa
Rufina vante l'heureuse issue de l'événement. On a toutefois remarqué que, d'une ecclésiologie « très traditionnelle », elle retenait surtout
ce qui, dans l'œuvre de Vatican II, concerne l'Église au détriment
des autres documents du corpus conciliaire[1]. Le cardinal Tisserant,
qui a été nommé membre de la commission pour la révision du code
de droit canon en 1963, devient président délégué de la commission
centrale de coordination des travaux postconciliaires en janvier 1966.
Comme il n'appartient pas au cercle restreint des proches collaborateurs de Paul VI, il s'acquittera de ces deux tâches avec plus de
conscience que de plaisir, sans beaucoup influer sur les décisions
prises.

Au total, le cardinal Tisserant ne fut donc pas un acteur majeur du
concile Vatican II, du moins pas un acteur à la mesure de ce qu'on
pouvait attendre d'un doyen du Sacré Collège. Et ce parce qu'il ne
l'a pas voulu. Derrière l'argument de la surcharge de travail, constamment mis en avant, il faudrait évaluer le poids d'autres facteurs : son
expérience des synodes orientaux par exemple, qui le rend sceptique
sur la capacité d'un concile à effectuer l'*aggiornamento* de l'Église,
lui qui est habitué à traiter les affaires en cours par prompte décision
hiérarchique. Il est d'autant moins enclin à s'engager dans l'aventure
conciliaire que sa « démission » forcée de la Congrégation orientale
marque le déclin sans retour de son influence en curie, qui n'a jamais
été considérable, mais qui pouvait s'appuyer auparavant sur un
secteur d'activité stratégique au sein de l'Église : les nombreuses fonctions curiales qui lui restent après 1959 sont plus honorifiques ou de
représentation que de pouvoir. Et son influence sur Jean XXIII, puis
sur Paul VI, est plus réduite que ce qu'elle était sur Pie XII et surtout
sur Pie XI, « son » pape. Cependant, le président du conseil de présidence du concile a pu peser sur certains débats, de façon ponctuelle
et sans sortir de la posture fonctionnelle dans laquelle il s'est volontairement confiné. Ses interventions qui ont le plus compté, au vu de
l'histoire générale de Vatican II, sont celles en faveur du schéma
liturgique à l'automne 1962, pour le déblocage du schéma sur l'Église
un an plus tard, et contre la condamnation par le concile du communisme comme régime politique en 1965.

---

[1]   Maurilio Guasco, « Écclésiologie et rapports entre l'Église et le monde dans les lettres
pastorales d'Eugène Tisserant », *Le Cardinal Eugène Tisserant (1884-1972). Une grande
figure de l'Église. Une grande figure française*, Toulouse, Institut catholique, 2003, p. 170.

UN ACTEUR IMPORTANT DU CONCILE VATICAN II : Mgr GARRONE, ARCHEVÊQUE DE TOULOUSE

par Christian Sorrel

À l'automne 1985, le pape Jean-Paul II demande au cardinal Gabriel-Marie Garrone (1901-1994), ancien préfet de la Congrégation pour l'éducation catholique et président du Conseil pontifical de la culture, d'évoquer son expérience de Père conciliaire devant le synode extra-ordinaire des évêques convoqué à l'occasion du vingtième anniversaire de la clôture de Vatican II[1]. Hommage rendu à un proche, le geste est aussi la reconnaissance du rôle joué par celui qui était alors l'archevêque de Toulouse[2]. Sans doute n'est-il pas l'un des ténors de l'assemblée, à l'égal d'un Suenens, d'un Döpfner ou d'un Léger. Mais il y occupe une place importante, à titre personnel et comme représentant d'un épiscopat français dont l'action collective est encore peu étudiée[3]. Attentif aux enjeux du concile dès l'annonce du projet de Jean XXIII le 25 janvier 1959, il s'impose en 1962, au cours de la première session, comme un Père actif, engagé dans le travail de réorientation des schémas préparatoires, avant d'être responsable en 1965, durant la dernière session, de la rédaction finale du schéma XIII, la future constitution pastorale *Gaudium et spes*[4].

---

[1] «Retrouver l'élan initial du concile. Rapport du cardinal Gabriel-Marie Garrone», in *La Documentation catholique* [*DC*], n° 1909, 5 janvier 1986, p. 25-31.

[2] Jan Grootaers, «Gabriel-Marie Garrone», in *I Protagonisti del Vaticano II*, Cinisello Balsamo, Edizioni San Paolo, 1994, p. 133-143 ; André Duval et Albert Raffelt, «Garrone, Gabriel-Marie», in Michael Quisinsky et Peter Walter (dir.), *Personenlexikon zum Zweiten Vatikanischen Konzil*, Freiburg, Herder, 2012, p. 114-115.

[3] Frédéric Le Moigne et Christian Sorrel, «Les évêques français et le concile Vatican II», in *Anuario de historia de la Iglesia*, vol. 21, 2012, p. 185-205.

[4] Les papiers du cardinal Garrone, qu'il avait déposés au Séminaire français de Rome, ont été reversés par les Spiritains, à leur départ de l'établissement, à l'*Archivio segreto vaticano*, où ils ne sont plus consultables.

L'AFFIRMATION D'UNE PERSONNALITÉ

La vie de Mgr Garrone, né en 1901 en Savoie d'un père artisan tailleur originaire de la province de Novare, porte l'empreinte du Séminaire français de Rome, où il séjourne de 1918 à 1925, à l'exception du temps de service militaire[1]. Sensible à l'intransigeantisme du supérieur Le Floch, il reste en revanche à distance du maurrassisme, comme ses aînés Émile Guerry et Alfred Ancel, auxquels il se lie durablement[2]. Ordonné prêtre en 1925, docteur en théologie la même année, il est nommé professeur au grand séminaire de Chambéry à la rentrée 1926. Sans renier sa fidélité à la romanité redéfinie par Pie XI, il renouvelle peu à peu son univers théologique, marqué au départ par le thomisme de la Grégorienne, héritage du cardinal Billot. Il le fait en grande partie sous l'influence de Jacques Chevalier, qui guide ses études de philosophie à l'Université de Grenoble, l'initie à saint Augustin, Pascal, Newman et l'ouvre à la pensée contemporaine (Bergson, Gilson, Lacroix). Il est marqué parallèlement par l'expérience jociste et l'intègre à sa réflexion pour rénover la formation des séminaristes sur lesquels il acquiert un réel ascendant à la fin de la décennie 1930[3]. Celui-ci se prolonge en son absence entre 1940 et 1945, alors qu'il est prisonnier de guerre, une expérience majeure de vie spirituelle, de travail intellectuel et de formation de ses compagnons de captivité[4]. À son retour, il devient supérieur de l'établissement et directeur de l'enseignement libre, mais pour peu de temps.

Le 24 avril 1947, en effet, le chanoine Garrone est nommé coadjuteur du cardinal Saliège, archevêque de Toulouse, malgré la réserve initiale du ministre des Affaires étrangères Bidault, qui lui reproche la présence à Vichy de son frère Louis, directeur de la Jeunesse puis

[1]   Christian Sorrel, «Garrone famille», in Christian Sorrel (dir.), *La Savoie*, Paris, Beauchesne, 1996, p. 211-214 (Dictionnaire du monde religieux dans la France contemporaine, 8) et «Garrone Gabriel», in Dominique-Marie Dauzet et Frédéric Le Moigne (dir.), *Dictionnaire des évêques de France au XXᵉ siècle*, Paris, Cerf, 2010, p. 285-287.

[2]   Paul Airiau, *Le Séminaire français de Rome du père Le Floch 1904-1927*, thèse, IEP de Paris, 2003, *passim*.

[3]   Témoignage donné à Christian Sorrel, Rome, 1987 ; Christian Sorrel, *Les Catholiques savoyards. Histoire du diocèse de Chambéry 1890-1940*, Montmélian, La Fontaine de Siloé, 1995, p. 294-302 et 360-363.

[4]   «Lorsque Mgr Garrone était en "Oflag"», in *DC*, n° 1473, 19 juin 1966, col. 1151-1152 ; «Le cardinal Gabriel-Marie Garrone 1901-1994», in *Foi et vie de l'Église au diocèse de Toulouse*, mai 1994, p. 4-5.

de la Formation des jeunes en 1941[1]. La tâche est délicate face à l'autoritarisme du vieux prélat, fort du prestige acquis pendant la guerre, qui ne lui laisse aucune initiative jusqu'à l'automne 1954[2]. Il obtient alors la direction du diocèse, dont il devient l'archevêque le 5 novembre 1956 et qu'il oriente vers une pastorale missionnaire centrée sur l'action catholique spécialisée et la restructuration du réseau paroissial. Dans le même temps, il écrit et s'affirme sur le plan national dans la ligne du rôle joué autour de la Mission de France auprès du cardinal Liénart, évêque de Lille, président de la commission épiscopale du clergé et des séminaires[3]. En 1958, il lui succède à ce poste et devient aussi président de la commission des milieux indépendants[4]. En 1959, il est chargé par la commission permanente de l'Assemblée des cardinaux et archevêques, dont l'archevêque de Cambrai Guerry est le secrétaire, de préparer et d'animer la quatrième assemblée plénière de l'épiscopat d'avril 1960 qui réaffirme l'option missionnaire de l'Église de France et développe ses structures institutionnelles[5]. À la fin de l'année 1961, il abandonne la responsabilité des milieux indépendants pour devenir le président de la nouvelle région apostolique du Midi, tout en conservant la tutelle du clergé et des séminaires[6].

C'est dans ce contexte que Mgr Garrone manifeste un intérêt immédiat pour le concile voulu par Jean XXIII. Le 30 août 1959, en réponse à l'invitation adressée aux évêques à formuler leurs propositions sur les thèmes de la future assemblée, il adresse son *votum* au secrétaire d'État Tardini, président de la commission antépréparatoire[7]. Alors que nombre de ses collègues sont peu originaux ou énumèrent des questions de détail, même si la note réformiste l'emporte

[1]   Frédéric Le Moigne, «Les nominations épiscopales (1920-1960). Accords et désaccords entre la France et le Saint-Siège», in Frédéric Le Moigne et Christian Sorrel (dir.), *Les Évêques français de la Séparation au pontificat de Jean-Paul II*, Paris, Cerf, 2013, p. 87-88.

[2]   Jean-Louis Clément, *Mgr Saliège, archevêque de Toulouse 1929-1956*, Paris, Beauchesne, 1994, p. 335-336.

[3]   Tangi Cavalin et Nathalie Viet-Depaule, *Une histoire de la Mission de France. La riposte missionnaire 1941-2002*, Paris, Karthala, 2007, p. 138-139.

[4]   *DC*, n° 1274, 30 mars 1958, col. 408.

[5]   Christian Sorrel, «À l'heure du concile. Les débuts de la Conférence épiscopale française (1964-1974)», in Frédéric Le Moigne et Christian Sorrel (dir.), *Les Évêques français...*, p. 330-331.

[6]   *DC*, n° 1365, 3 décembre 1961, col. 1365.

[7]   *Acta et documenta Concilio œcumenico Vaticano II apparando*, series I (antepraeparatoria), vol. II *Consilia et vota episcoporum ac praelatorum*, pars I *Europa*, Roma, Typis Polyglottis Vaticanis, 1960, p. 426-431.

chez les Français[1], sa contribution témoigne d'une véritable conscience des enjeux et d'une vision d'ensemble. Dans le prolongement des articles qu'il avait rassemblés en 1957 sous le titre *Sainte Église notre mère*[2] et en se référant à l'épître aux Éphésiens (4, 3-12), il suggère de centrer le programme du concile sur l'Église. Il fait de l'unité un axe structurant, écho de l'unification du monde par-delà ses divisions profondes, ne serait-ce que pour ne pas décevoir l'attente ou justifier le doute. Il importe, dans cette perspective, de définir d'abord la fin de l'Église, Corps mystique du Christ, sans esquiver les «difficultés, équivoques et erreurs» apparues entre elle et la société civile. Il sera possible ensuite de préciser la nature de son unité (unicité, universalité), qui ne doit pas être confondue avec l'uniformité, notamment face aux Orientaux, d'évaluer la démarche œcuménique et de préciser les fonctions (prêtres, laïcs, religieux). Dans un troisième temps, le concile pourra aborder le rôle du Siège apostolique comme vecteur d'unité en cherchant à améliorer les conditions d'exercice de sa mission (organisation de la curie, relations avec les diverses parties du monde). Il devra enfin se pencher sur le collège des évêques en définissant la nature et la charge de l'épiscopat (caractère sacramentel, juridiction ordinaire de l'évêque résidentiel, participation à la juridiction universelle) et en réfléchissant aux organes nécessaires, peut-être sous la forme de conciles régionaux, entre l'échelon diocésain et le centre romain, tous deux inadaptés pour régler nombre de problèmes pastoraux.

Un an plus tard, le 31 août 1960, l'archevêque de Toulouse, connu pour ses réflexions sur l'action catholique[3], est nommé membre de la commission préparatoire pour l'apostolat des laïcs au sein de laquelle il est très actif en se faisant l'écho de la préoccupation centrale de Jean XXIII d'exprimer la doctrine en termes accessibles à l'homme moderne[4]. Mais il se heurte à l'attitude de la curie et des théologiens romains qui tentent d'imposer leurs normes comme le suggère son appréciation d'un document discuté lors de la réunion de la sous-commission de l'action sociale le 26 octobre 1961 : «On est en présence d'une formulation juridique, d'un code, d'un traité

[1] Yves-Marie Hilaire, «Les vœux des évêques français après l'annonce du concile de Vatican II (1959)», in *Le Deuxième Concile du Vatican 1959-1965*, Rome, École française de Rome, 1989, p. 101-117.

[2] *Sainte Église notre mère*, Toulouse, Éditions de l'Apostolat de la Prière, 1957, 232 p.

[3] *L'Action catholique*, Paris, Fayard, 1958, 127 p.

[4] Son rôle précis reste à étudier à partir des matériaux conservés dans le fonds du concile Vatican II à l'*Archivio segreto vaticano*, *buste* 1169 et suivants, commission pour l'apostolat des laïcs.

de morale sociale [...]. Il y manque ce qui donnerait à ce travail le ton pastoral, comme tout semble l'exiger de nous. Autrement dit, il suffirait de comparer ces textes à ceux du concile de Trente pour saisir l'absence d'une certaine "vibration" pastorale, d'un frémissement de vie qui devrait être sensible[1].»

Il n'est donc pas étonnant que Mgr Garrone, qui s'était préoccupé par ailleurs début 1961 de l'état de l'opinion publique, pour lui insuffisamment «avertie et orientée[2]», réagisse vigoureusement à la lecture des premiers schémas préparatoires envoyés aux futurs Pères le 23 juillet 1962. Derrière une prudence apparente, qui le conduit à affirmer que ses remarques «portent sur la présentation plus que sur le fond» et à identifier la solution à «quelques mesures pratiques», il se fait incisif, comme plusieurs de ses collègues français, dans sa réponse du 8 septembre au nouveau secrétaire d'État Cicognani[3]. Il l'alerte sur «la grande attention» des «chrétiens séparés», «l'immense attente d'un monde qui a été longuement stimulé» et «l'angoisse créée chez les meilleurs par la nouveauté déconcertante des problèmes, par leur ampleur, par ce silence sur Dieu qui gagne peu à peu d'immenses portions du monde». Or, le risque est réel que le concile «s'attache à mille questions de détail sans référence explicite perceptible aux grandes questions qui travaillent présentement le monde», aborde les problèmes «dans une langue abstraite, étrangère au temps, inintelligible ou mal intelligible», et ne laisse pas «immédiatement percevoir la Parole de Dieu» dans des textes qui feraient «penser bien plutôt à une philosophie». «Grave appréhension», «peur» ... les mots sont forts pour provoquer une réaction et demander au minimum «la présence au début de tout chapitre d'une introduction [...] capable d'orienter ainsi, en lui donnant le ton, toute la suite du développement»:

---

[1]   Giovanni Turbanti, *Un concilio per il mondo moderno. La redazione della costituzione pastorale «Gaudium et spes» del Vaticano II*, Bologna, Il Mulino, 2000, p. 83-84.

[2]   Centre national des archives de l'Église de France [CNAEF], 19 CE 1, compte rendu de la réunion du conseil permanent de l'Assemblée des cardinaux et archevêques, 18 janvier 1961

[3]   *Acta synodalia Sacrosancti Concilii œcumenici Vaticani II. Appendix*, Roma, Typis Polyglottis Vaticanis, 1983, p. 190-192. Mgr Garrone communique son texte au cardinal Liénart: «Je porte cette inquiétude depuis longtemps. Je crois qu'elle a trouvé un écho au sein de notre commission préparatoire, mais elle renaît avec plus d'insistance à la veille des grandes réunions et à la lecture des schémas. Peut-être mon appréhension n'est-elle pas fondée? J'ai tenu cependant à l'exprimer par conscience», Archives diocésaines [AD] de Lille, fonds conciliaire Liénart, 3 A 21 (149), lettre de Mgr Garrone au cardinal Liénart, 10 septembre 1962.

Il ne peut être question de renoncer aux précisions et déterminations rigoureuses que doit revêtir la parole d'un concile; pas davantage aux instruments traditionnels de pensée et d'expression de l'Église. Mais ne doit-on pas s'imposer rigoureusement la loi suivante: en toute question, veiller à ce que soient toujours expressément perceptibles à la fois la Parole de Dieu en sa force native qui est celle de l'Écriture et le problème présent du monde [...]. Faute de ces deux signes réunis, l'homme d'aujourd'hui ne comprendra pas que c'est Dieu qui s'adresse véritablement à lui maintenant. Or, il faut à tout prix qu'il entende cet appel d'où peut naître l'espérance.

Ce n'est donc pas sans inquiétude que Mgr Garrone aborde le concile, inauguré le 11 octobre 1962, d'autant qu'il s'interroge sur le règlement de l'assemblée et les modalités de désignation des commissions dont la reconduction en l'état, souhaitée par les milieux curiaux, pourrait hypothéquer l'avenir[1]. Le 10 octobre, à peine arrivé à Rome et installé au Séminaire français, comme une quarantaine de ses collègues, il évoque la question avec le cardinal Lefebvre, archevêque de Bourges, Mgr Guerry, Mgr Ancel, auxiliaire de Lyon, et Mgr Veuillot, coadjuteur de Paris: ils décident de consulter le cardinal français Jullien, ancien doyen de la Rote et membre de la sous-commission du règlement, qui se dérobe[2]. Mgr Garrone se tourne alors vers les cardinaux Tisserant, président du conseil de présidence de l'assemblée, Léger, archevêque de Montréal, et Liénart, fermés ou hésitants, et tente en vain de sensibiliser le secrétaire d'État Cicognani par l'intermédiaire de Mgr Veuillot, familier de la curie[3]. Le 12 au soir, avec l'accord du cardinal Lefebvre et alors que l'épiscopat français a choisi ses candidats pour le scrutin prévu le lendemain, il prépare un projet d'intervention avec l'aide de Mgr Ancel, d'un ami de ce dernier, Mgr Larraín, évêque de Talca (Chili), et du chanoine Martimort, professeur à l'Institut catholique de Toulouse[4]. Dans la nuit, il remet le texte à l'archevêque de Bourges qui le transmet au cardinal Liénart, au matin du 13, en arrivant à Saint-Pierre. L'évêque de Lille, membre du conseil de présidence, semble se dérober avant de franchir le pas au moment où le processus électoral débute. Il prend alors la parole contre l'avis du cardinal Tisserant et demande le report des élections pour

[1]   Philippe Levillain, *La Mécanique politique de Vatican II. La majorité et l'unanimité dans un concile*, Paris, Beauchesne, 1975, p. 173-230.

[2]   Archives des Petites Sœurs des maternités catholiques, Bourgoin-Jallieu [APSMC], journal de Mgr Guerry, 10 octobre 1962.

[3]   Étienne Fouilloux, *Eugène, cardinal Tisserant 1884-1972. Une biographie*, Paris, DDB, 2011, p. 626-627. Le cardinal Tisserant alerte Mgr Felici, secrétaire général du concile, mais recule devant son refus de tout report du scrutin.

[4]   Olivier de Berranger, *Un homme pour l'Évangile. Alfred Ancel 1898-1984*, Paris, Le Centurion, 1988, p. 213-214.

que les conférences épiscopales puissent se concerter sur les listes de candidats[1]. La majorité des Pères applaudit et le conseil de présidence cède : « Le concile refuse de se couler dans des cadres préfabriqués », se réjouit Mgr Blanchet, recteur de l'Institut catholique de Paris[2].

Le scrutin, retardé au 16 octobre, porte Mgr Garrone à la commission doctrinale. Son nom avait été retenu le 12 par les évêques français, qui lui avaient accordé 81 voix contre 14 à leur représentant dans la commission doctrinale préparatoire, l'archevêque de Besançon Dubois, sévèrement sanctionné[3] : « Ce que nous avons marqué, en ne votant pas pour lui, c'est que la théologie des schémas est précisément celle dont nous ne voulons plus », commente Mgr Ferrand, archevêque de Tours[4]. Placé ensuite en quatrième position sur la liste européenne constituée par les épiscopats les plus favorables à l'*aggiornamento*, Mgr Garrone recueille 1 738 voix, second derrière Mgr Schröffer, évêque d'Eichstätt, qui obtient 1 761 suffrages[5]. Il reste le seul Français de la commission doctrinale jusqu'à l'élection de son ami Ancel lors de l'élargissement des commissions en novembre 1963. Il occupe ainsi une position stratégique qui lui confère des responsabilités particulières au sein de l'épiscopat français, à la mesure de sa personnalité et de ses qualités.

« Quel esprit clair et complet, lumineux et pacifiant, synthèse de la charité et de l'intelligence[6] ! » Le jugement qu'exprime en 1964 Mgr Hermil, auxiliaire d'Autun, est partagé par la majorité des acteurs français du concile. « Mgr Garrone, qui est le grand meneur, le fait dans un admirable esprit d'humilité, de foi, de charité épiscopale », écrit Mgr Guerry[7]. « Il montre [...] un courage tranquille et il fait autorité en raison de sa compétence, mais aussi de son équilibre et de sa maîtrise de lui-même », explique Mgr Blanchet[8]. Il est

---

[1]   *Vatican II par le cardinal Liénart*, Lille, Facultés catholiques, 1976, p. 63-75.

[2]   « Journal conciliaire de Mgr Émile Blanchet. Première session », in *Transversalités*, n° 121, janvier-mars 2012, p. 26-27. Sur la matinée du 13, lire en dernier lieu Federico Ruozzi, « La "voce" del concilio. Il fuorionda del 13 ottobre 1962 nelle fonti audio del Vaticano II », in *Cristianesimo nella storia*, 34 (1), 2013, p. 161-199.

[3]   Archives historiques de l'archevêché de Paris [AHAP], fonds conciliaire Veuillot, 1 D 16, 23 (67)

[4]   AD de Tours, journal de Mgr Ferrand, 15 septembre 1962.

[5]   *Acta synodalia...*, vol. I, pars I, 1970, p. 82.

[6]   Jean Hermil, *Journal du concile Vatican II 1963, 1964, 1965*, Guilherand-Granges, Impressions modernes, 2012, p. 61-62 (11 octobre 1964).

[7]   APSMC, journal de Mgr Guerry, 19 octobre 1962.

[8]   Archives de l'Institut catholique de Paris [AICP], fonds Blanchet, journal de Mgr Blanchet, 16 octobre 1963.

«remarquable de finesse, d'aisance, de concision», précise Mgr Le Cordier, auxiliaire de Paris[1]. Le père Congar, qui a pourtant des griefs contre lui, n'est pas moins élogieux pour un «homme indépendant, qui sait voir l'essentiel parmi les détails et s'y tenir». Il est doué, ajoute-t-il, «d'une grande faculté de travail et d'un calme étranger à tout énervement» et capable de «prendre "philosophiquement" les choses et d'éliminer l'inquiétude à mesure que, pense-t-il, les problèmes sont réglés et le travail fait»: «Ce sur quoi il s'est fait une conviction est pour lui acquis, réglé, assuré. Il passe alors à autre chose[2].» Les critiques sont rares, un peu plus présentes cependant à la fin du concile, alors que les difficultés augmentent en France comme à Rome: «Nos archevêques en pointe [...] font trop de choses pour les faire bien», estime l'évêque de Nice Mouisset, tandis que le recteur du Collège belge Prignon souligne les dissensions inédites autour du schéma XIII[3].

Il n'empêche que Mgr Garrone conserve une large audience parmi ses collègues qu'il contribue à sensibiliser aux enjeux des sessions successives et aide à s'organiser en vue d'un travail collectif, malgré des lacunes durables. Il les invite dès la mi-octobre 1962 à «se faire une âme de pauvres» pour entrer en contact avec les évêques d'autres pays «parmi les plus éloignés géographiquement ou psychologiquement[4]». Fin octobre, il est chargé, avec trois collègues, de préparer les réunions hebdomadaires de l'épiscopat à Saint-Louis des Français et des évêques forment le vœu qu'il les anime à la place du cardinal Feltin, archevêque de Paris, auquel le cardinal Liénart, président de l'Assemblée des cardinaux et archevêques, a cédé sa place en raison de ses fonctions au sein du conseil de présidence du concile[5]. À la fin de la première session, c'est lui qui trace le programme de travail de l'intersession en proposant des rencontres dans les régions apostoliques pour élaborer, avec l'aide d'experts, des remarques destinées au secrétariat du concile[6]. Au cours de la seconde session, il est

[1]   AICP, fonds conciliaire Le Cordier, journal de Mgr Le Cordier, 30 novembre 1963.

[2]   Yves Congar, *Mon journal du concile*, t. 2, Paris, Cerf, 2002, p. 327-328 et 519 (13 février 1965 et 5 mars 1966).

[3]   AD de Nice, journal de Mgr Mouisset, 27 septembre 1964; Albert Prignon, *Journal conciliaire de la 4ᵉ session*, éd. Leo Declerck et André Haquin, Louvain, Faculté de théologie de Louvain-la-Neuve, 2003, p. 127-128 (5 octobre 1965).

[4]   AICP, fonds conciliaire Le Cordier, journal de Mgr Le Cordier, 19 octobre 1962; AD de Reims, journal de Mgr Béjot, 19 octobre 1962; AD d'Arras, journal de Mgr Parenty, 19 octobre 1962.

[5]   AHAP, fonds conciliaire Veuillot, 1 D 16, 24 (276 et 280): «Vœux des évêques résidant à la Retraite d'Angers»; note du 30 octobre 1962.

[6]   *Ibid.* (290), circulaire, 11 décembre 1962.

chargé de réunir les secrétaires des régions apostoliques pour déterminer les interventions dans l'*aula* et reste un interlocuteur précieux pour ses collègues[1]. Mais il ne participe pas au Comité de réunion de l'épiscopat français, qui organise désormais le travail sous la direction de Mgr Marty, archevêque de Reims, puis de Mgr Gouyon, archevêque de Rennes, et se consacre en priorité à la commission doctrinale et à la structuration de l'épiscopat national.

C'est en effet à Mgr Garrone que les évêques français confient en octobre 1963 la mission d'opérer le passage de l'Assemblée des cardinaux et archevêques à la Conférence épiscopale, préparé par l'expérience conciliaire et rendu nécessaire par les textes en discussion sur l'Église et le ministère épiscopal[2]. Il mène à bien le chantier sans délai et, dès mai 1964, le conseil permanent est créé, tandis que l'élaboration institutionnelle se poursuit jusqu'en 1966. Élu vice-président, il est en fait le responsable de la nouvelle instance, sous l'autorité nominale du cardinal Feltin, et se retrouve en première ligne dans une conjoncture tendue par les appréciations divergentes portées sur le concile, le début de la réforme liturgique, la contestation des mouvements d'action catholique et l'agitation intégriste qui fait figure de menace prioritaire à partir du printemps 1964[3]. Avec constance, il explique le projet des Pères qui «ne va pas sans effort et sans sacrifice, sans une volonté de changer et de briser, s'il le faut, les structures [...] incompatibles avec [son] but» pour être présent à un monde en mutation[4]. Il note le malaise d'une «masse de chrétiens de bonne volonté», troublés par les médias ou trompés par les agitateurs, et admet que «le concile était un risque, une aventure[5]». Il parle même de «désarroi mental» et s'interroge sur la possibilité pour les évêques de procurer «régulièrement des points de repère fermes» aux fidèles en répondant à la question «Qu'est-ce que je dois croire[6]?». Sa tâche est rendue malaisée par les différences de tempérament au sein de l'épiscopat: des évêques regrettent «la manière de faire trop brutale, au moins dans les apparences», du conseil permanent lors de la crise

[1]   AICP, fonds conciliaire Le Cordier, journal de Mgr Le Cordier, 29 septembre 1963.

[2]   Christian Sorrel, «À l'heure du concile…», p. 332-338.

[3]   CNAEF, 9 CE 1, rapport du secrétariat général de l'épiscopat français à Mgr Dell'Acqua, substitut de la secrétairerie d'État, 17 mai 1965.

[4]   *Mandement pour le carême de l'an de grâce 1963 et lettre pastorale de S. Exc. Monseigneur l'archevêque de Toulouse au clergé et aux fidèles de son diocèse sur l'esprit du concile*, 1963, p. 10.

[5]   DC, n° 1441, 7 février 1965, col. 265-267 (vœux au clergé de Toulouse).

[6]   AICP, fonds conciliaire Haubtmann, Ha 13, notes sur la réunion du conseil permanent de l'épiscopat, 24 octobre 1965.

de la JEC et du blâme adressé au journal *Témoignage chrétien* pour ses positions sur le dialogue avec les marxistes[1]. Mgr Garrone doit gérer dans le même temps les attaques de son ancien condisciple Mgr Lefebvre, supérieur des Spiritains et leader de la minorité conciliaire, et tenir compte de l'étonnement de la secrétairerie d'État devant le manque de réactions des évêques confrontés à l'activisme de la presse intégriste[2]. Il n'en reste pas moins fidèle au combat en faveur de l'*aggiornamento* qui a constamment guidé son engagement conciliaire.

COMBATS POUR L'*AGGIORNAMENTO*

Mgr Garrone, travailleur infatigable, est actif dès les premières semaines de Vatican II dont il a contribué à rendre possible l'acte libérateur du 13 octobre 1962. Il s'intéresse tout d'abord au «Message au monde», une initiative française qui a cheminé depuis les propositions du père Chenu, relayé par le père Congar, en septembre[3]. Il y travaille avec le cardinal Lefebvre, Mgr Ancel et Mgr Guerry, tandis que le cardinal Liénart et Mgr Veuillot sont chargés de consulter le secrétaire d'État et, par lui, le pape. Soucieux de créer «un choc psychologique dès le début» en montrant «combien le concile veut être proche du monde contemporain», ils refusent en revanche de dépendre du projet de religieux «d'une réelle valeur certes, mais très discutés à Rome», d'autant que celui-ci se situe «dans une ligne très humaine» et n'est pas relié à un «travail doctrinal». Le 14 octobre, Mgr Garrone est pressenti pour rédiger un texte se substituant au canevas tracé par un expert, Mgr Glorieux, qui empruntait trop au document dominicain. Mais il se contente de suggérer des adjonctions au texte écrit par Mgr Guerry sur un plan de Mgr Ancel, notamment la référence aux «valeurs d'humanité», et d'améliorer la

---

[1]   AD de Vannes, procès-verbal de la réunion des évêques de la région apostolique de l'Ouest, 1er-2 juin 1965. Il faudrait mieux connaître les relations entre Mgr Garrone et Mgr Veuillot, les deux leaders du conseil permanent.

[2]   Archives de la congrégation du Saint-Esprit, Chevilly-Larue, SF 83.6, journal de Mgr Bernard, archevêque de Brazzaville, 22 et 25 septembre 1965 ; AD de Toulouse, fonds Garrone, 1 A 8, lettre de Mgr Gouet, directeur du secrétariat de l'épiscopat français, à Mgr Garrone, 31 mai 1965.

[3]   André Duval, «Le Message au monde», in Étienne Fouilloux (dir.), *Vatican II commence… Approches francophones*, Leuven, Faculteit der Godgeleerdheid, 1993, p. 105-111 ; Marie-Dominique Chenu, *Notes quotidiennes au concile*, éd. Alberto Melloni, Paris, Cerf, 1995, 153 p.

traduction latine du père Larnicol avec l'aide du chanoine Marti-mort[1]. Le 20 octobre, le concile adopte largement le Message qui ne fait toutefois pas l'unanimité parmi les évêques français et a un impact modeste[2].

Quelques jours plus tard, le 10 novembre, Mgr Garrone prend la parole pour la première fois dans l'*aula*, lors du débat sur le schéma liturgique[3]. Fort de son expérience de traduction des psaumes[4], il souligne «l'anxiété» de l'Église et les problèmes de conscience des prêtres devant les difficultés suscitées par la récitation du bréviaire et recommande, sans être «avide de choses nouvelles», des aména-gements, relevant en partie de l'autorité des conférences épiscopales, dans le temps imparti et la langue utilisée afin de revaloriser la place de la prière dans la vie sacerdotale[5]. Mgr Blanchet estime son «inter-vention très bonne, mais peut-être trop nuancée, trop balancée, trop encombrée de confidences personnelles [...] et dite d'une voix un peu pâle[6]». Elle reste en tout cas en deçà des propositions auda-cieuses du cardinal Léger, archevêque de Montréal, qui provoquent malaise et division chez les Français[7], et ne représente qu'une incur-sion ponctuelle dans le dossier liturgique, si l'on excepte une remarque écrite sur la rénovation de la pratique pénitentielle avant la célébra-tion dominicale[8].

L'archevêque de Toulouse est engagé en priorité dans le combat contre les schémas doctrinaux, notamment celui sur les sources de la Révélation, qui doit être discuté en premier et qui pose la question du rapport entre Écriture et Tradition. Il y voit, dans la ligne de sa

[1]   APSMC, journal de Mgr Guerry, 10-15 octobre 1962.

[2]   Le texte «plaît» à Mgr Pourchet, évêque de Saint-Flour, sans être «l'idéal», tandis que Mgr Ferrand regrette le ton, inadapté au public visé et trop empreint de «romanité» sur la question sociale: «Pourquoi ne pas parler du pape et des évêques et ne faire allusion qu'aux messages et efforts pontificaux?», AD de Saint-Flour, journal de Mgr Pourchet, 20 octobre 1962 et AD de Tours, journal de Mgr Ferrand, 21 octobre 1962.

[3]   Au total, il intervient dix fois à titre personnel (deux en 1962 et 1965, trois en 1963 et 1964), tout comme les cardinaux Liénart et Richaud, archevêque de Bordeaux, et seuls deux évêques français le devancent, Mgr Ancel et Mgr Elchinger. Voir Alain Michel, «L'épiscopat français au deuxième concile du Vatican», in *Le Deuxième Concile...*, p. 281-296 (données statistiques partiellement erronées).

[4]   *Livre d'heures, français, composé par les moines de l'abbaye d'En Calcat. Traduction des psaumes et des textes bibliques par Mgr Garrone*, Dourgne, Éditions d'En-Calcat, 1954, XXXVIII-1402 p.

[5]   *Acta synodalia...*, vol. I, pars II, 1970, p. 453-455.

[6]   «Journal conciliaire de Mgr Émile Blanchet...», p. 61.

[7]   *Carnets conciliaires de Mgr Auguste Jauffrès, ancien évêque de Tarentaise*, Aubenas-sur-Ardèche, Maison Sainte-Marthe, 1992, p. 29-31.

[8]   *Acta synodalia...*, vol. I, pars II, 1970, p. 712-713.

lettre de septembre au secrétaire d'État, un «manuel élémentaire, catalogue d'erreurs, simple juxtaposition sans unité», où les problèmes sont «abordés par des biais mesquins et secondaires» et où les «opinions libres» sont identifiées «soit avec des erreurs condamnées, soit avec des vérités tenues pour acquises[1]». Il rejoint ainsi les critiques des experts réformistes en vue, dont il semble cependant se méfier, en raison peut-être des suspicions passées à leur égard, plus sûrement encore pour affirmer la responsabilité éminente des évêques. «Il est gentil, aimable, mais paraît ne vouloir leur devoir rien et montrer qu'il n'a pas besoin d'eux», note le père Congar. Il «ne m'a pas fait signe», regrette le père de Lubac[2]. Mgr Garrone n'en participe pas moins à leurs côtés aux rencontres franco-allemandes initiées le 19 octobre par Mgr Volk, évêque de Mayence, et Mgr Elchinger, coadjuteur de Strasbourg[3]. Il écarte la proposition germanique de rejet pur et simple des schémas préparatoires au profit d'une réécriture en profondeur, comme le font aussi le théologien belge Gérard Philips et Mgr Guerry, convaincu qu'il faut «éviter de mettre le pape dans une situation très délicate [et] rayer d'un trait de plume tout le travail d'une commission, et de quelle commission, celle du Saint-Office[4]». Il se rallie pourtant à l'idée de demander aux théologiens un schéma alternatif. Mais il vit mal la diffusion vers le 10 novembre du projet Rahner, que l'épiscopat allemand place sous l'autorité des présidents des conférences épiscopales, sollicités en fait *a posteriori*, au moins le cardinal Liénart, peu soucieux par ailleurs de consulter la «tête théologique» de l'épiscopat français avant de donner son aval[5]. Il pense même «qu'il serait heureux qu'on se désolidarise publiquement du texte Rahner et de la façon de procéder» et le dit lors d'une réunion agitée de l'épiscopat français qui oblige le cardinal Lefebvre à «recommander la sérénité[6]».

---

[1]   «Journal conciliaire de Mgr Émile Blanchet...», p. 62 (réunion des évêques français, 10 novembre 1962).

[2]   Yves Congar, *Mon journal...*, t. 1, p. 193 (7 novembre 1962); Henri de Lubac, *Carnets du concile*, t. 1, Paris, Cerf, 2007, p. 190 (29 octobre 1962).

[3]   Riccardo Burigana, *La Bibbia nel concilio. La redazione della costituzione «Dei verbum» del Vaticano II*, Bologna, Il Mulino, 1998, p. 108-128.

[4]   APSMC, journal de Mgr Guerry, 19 octobre 1962; Marie-Dominique Chenu, *Notes...*, p. 74.

[5]   Riccardo Burigana, *La Bibbia...*, p. 130; *Carnets conciliaires de l'évêque de Namur A.-M. Charue*, éd. Leo Declerck, Claude Soetens, Louvain-la-Neuve, Faculté de théologie, 2000, p. 47-48; Yves Congar, *Mon journal...*, t. 1, p. 197 et 202 (9 et 11 novembre 1962). Selon Congar, Mgr Garrone «n'aime pas beaucoup Rahner et pense, en tout cas, qu'il est trop problématique et trop personnel pour rédiger un texte conciliaire».

[6]   AD d'Arras, journal de Mgr Parenty, 14 novembre 1962.

La situation se tend à l'approche du débat dans l'*aula*. Le 13 novembre, la réunion de la commission doctrinale se déroule dans une «atmosphère effroyable» selon l'archevêque de Toulouse, qui relaie le cardinal Léger et s'oppose au président, le cardinal Ottaviani, et au secrétaire, le jésuite Tromp, hommes clés du Saint-Office, en récusant des schémas étrangers à l'objectif pastoral du concile et en rejetant la *relatio* introductive[1]. Le débat commence le lendemain et les Français sont offensifs. Le 16 novembre, Mgr Guerry refuse d'opposer doctrine et pastorale, qui doivent au contraire s'éclairer réciproquement[2]. Le 19 novembre, Mgr Garrone plaide le réalisme pastoral en saluant la brillante intervention de Mgr De Smedt, évêque de Bruges, qui avait parlé avant lui[3] : «La sollicitude même de tous les peuples exclut toute concession à propos de la vérité, qui seule peut sauver les âmes ; mais la sollicitude même de la vérité nous interdit de faire abstraction des hommes auxquels est adressée la parole de vérité.» Il demande en conséquence d'ajouter un *proemium* explicatif et de confier la réécriture du schéma à une commission mixte issue de la commission doctrinale et du secrétariat pour l'unité des chrétiens, créé en 1960 par Jean XXIII et placé au rang de commission conciliaire en octobre 1962[4]. Telle est la solution finalement retenue par le pape le 21 novembre, après un vote ambigu, obtenu sur une question mal posée, qui conduisait à poursuivre le débat, alors que la majorité des Pères souhaitait le contraire.

L'archevêque de Toulouse est aussitôt désigné comme membre de la commission mixte et chargé, lors de la réunion du 25 novembre, de rédiger, en lien avec le cardinal Lefebvre, un *proemium* pour le nouveau *De fontibus revelationis*, intitulé désormais *De divina revelatione*[5]. Il en donne une première version deux jours plus tard puis,

[1]   Yves Congar, *Mon journal...*, t. 1, p. 207-208 (14 novembre 1962). Mgr Garrone «est sorti angoissé de cette réunion» aux allures de «tribunal du Saint-Office», selon Mgr Parenty (journal).

[2]   APSMC, journal de Mgr Guerry, 10-15 octobre 1962 ; Gabriel-Marie Garrone, *Le Secret d'une vie engagée. Mgr Émile Guerry d'après ses carnets intimes*, Paris, Le Centurion, 1971, p. 188-189.

[3]   Le père Congar le trouve «pathétique, homélitique, sentimental, vague», *Mon journal...*, t. 1, p. 239. Le sulpicien Marcel Breysse, vicaire général de Viviers, le juge «terne, quoique bien écouté», mais pense que «la modération de ton» fait passer les propositions audacieuses, AD de Viviers, journal.

[4]   *Acta synodalia...*, vol. I, pars III, 1971, p. 189-192. Le cardinal Bea encourage la proposition de Mgr Garrone, Stjepan Schmidt, *Agostino Bea, il cardinale dell'unità*, Roma, Città Nuove Editrice, 1987, p. 457-458.

[5]   Riccardo Burigana, *La Bibbia...*, p. 176-182 ; *Carnets conciliaires de l'évêque de Namur...*, p. 69-79.

tenant compte des critiques, une seconde le 4 décembre, approuvée
par la majorité des membres de la commission[1] : elle prend appui sur
la première lettre de saint Jean (1, 2-4) pour présenter l'histoire de la
Révélation jusqu'à son accomplissement ultime en Christ par l'Esprit.
Mais le chantier est loin d'être clos et, alors que la première session
s'achève, Mgr Garrone reste pessimiste et alerte le cardinal Liénart,
membre de la commission de coordination, destinée à assurer la
continuité durant l'intersession[2] :

> La commission *De Fide* garde la responsabilité de tous les schémas de la Foi
> qui n'ont pas été expressément confiés à une commission mixte, comme c'est
> le cas pour le *De fontibus* [...]. Il est impossible, Éminence, que cette com-
> mission puisse par elle-même reprendre ces schémas selon le vœu de l'assem-
> blée. Et même, pour le *De Ecclesia*, qu'elle puisse entrer dans la ligne qui a
> été demandée avec tant d'insistance et de tant de façons, et qui est au cœur
> même du concile. C'est d'autant plus impossible qu'elle va fonctionner pendant
> tout l'intervalle avec des éléments romains, car on ne nous a pas parlé avant
> notre départ de quelque collaboration que ce soit. Nous aboutirons donc à des
> schémas contre lesquels on se battra plus encore que contre le *De fontibus*,
> sans compter la grande déception que cela produira et l'inconvénient d'une
> opposition qu'on pourrait éviter.

Le cardinal Liénart, chargé de suivre plus précisément les travaux de
la commission théologique, s'efforce de le rassurer en lui confiant la
volonté du pape d'obtenir la révision de tous les schémas «dans le
sens réclamé par la grande majorité des Pères», sans cacher «les
difficultés énormes de l'entreprise» : «Le cardinal secrétaire d'État
est venu lui-même me le dire à la procure de Saint-Sulpice, la veille
de mon départ [...]. Je suis autorisé à travailler avec vous comme
membre de la commission de théologie et avec Mgr Villot comme
membre du secrétariat et je devrai tenir le cardinal secrétaire d'État
au courant par des rapports qui lui permettraient d'intervenir au
besoin pour m'appuyer[3].» Il demande en conséquence à Mgr Garrone
de lui suggérer un plan de remaniement du programme conciliaire.
L'archevêque de Toulouse s'exécute aussitôt dans la ligne de ses propositions de 1959 et des interventions des cardinaux Suenens et
Montini dans *l'aula* les 4 et 5 décembre : «Ce schéma [*De Ecclesia*]

[1]   Il ne semble pas que Mgr Garrone ait emprunté son projet au père Daniélou comme
l'affirme Marie-Josèphe Rondeau, «*De Revelatione et Verbo Dei*. Schéma pour le chapitre I de la constitution conciliaire sur la Révélation», in *Bulletin des amis du cardinal
Daniélou*, 11, 1985, p. 1-12.

[2]   AD de Lille, fonds conciliaire Liénart, 3 A 23 (334), lettre de Mgr Garrone au cardinal Liénart, 11 décembre 1964.

[3]   *Ibid.* (335), lettre du cardinal Liénart à Mgr Garrone, 13 décembre 1962.

doit devenir le centre rayonnant de tout le travail conciliaire. Quels que soient les éléments retenus, il faut trouver pour les présenter le mouvement théologique, et non d'abord juridique, qui correspond au but recherché : exprimer l'Église dans sa vérité, intelligible et séduisante pour les hommes d'aujourd'hui. » Il propose en conséquence que « chacun des schémas actuellement existants » devienne un « chapitre d'un schéma général » dont il esquisse le plan en deux versions successives fin décembre 1962 et début janvier 1963[1].

Sans jouer un rôle décisif, Mgr Garrone contribue ainsi, par l'intermédiaire du cardinal Liénart, à la « seconde préparation » du concile, tout en prévoyant l'affrontement entre le parti curial et les réformateurs lors des rencontres de la commission mixte fixées fin février et début mars 1963. Le cardinal Ottaviani, « déchaîné », et le cardinal Ruffini, archevêque de Palerme, tentent effectivement d'imposer leur conception extensive de la Tradition en arguant du vœu pontifical pour censurer le *proemium* validé le 4 décembre et imposer à Mgr Garrone de le modifier en lien avec le père Tromp et le cardinal Bea, responsable du secrétariat pour l'unité des chrétiens[2]. Le 2 mars, l'archevêque se confie au cardinal Liénart[3] :

> Nous y avons retrouvé le même climat qui m'avait tant remué lors de la première réunion de la commission *De Fide* : une véritable mise en demeure, au nom de la « foi », une véritable absence de considération pour la liberté des évêques, bref des procédés inacceptables contre lesquels l'ensemble des évêques a fermement fait front [...] : hier soir, S. E. le cardinal Lefebvre a exprimé avec émotion et courage notre sentiment à tous. C'est une lourde déception pour tous ceux qui voudraient garder l'âme paisible et le jugement froid à l'égard de ces organismes [...]. La bonne volonté de tous est si grande que l'on reste navré de tout cela [...]. Mais nous ne lâcherons pas, même si cela doit être dur.

Le climat est à peine moins délétère dans les séances parallèles de la commission doctrinale, qui crée cependant une commission de sept membres, dont Mgr Garrone et quatre autres prélats de sensibilité réformiste, pour réviser le *De Ecclesia*, malmené comme le *De fonti-*

---

[1]   *Ibid.*, 3 A 22 (307-310), lettres de Mgr Garrone au cardinal Liénart et annexes, 27 décembre 1962 et 7 janvier 1963. La proposition finale s'ordonne en cinq parties : *proemium generale* ; la Révélation confiée à l'Église et sa transmission ; le Christ et l'Église (le peuple de Dieu, Corps du Christ ; la médiation apostolique, l'épiscopat) ; le dépôt de la foi ; la vie chrétienne.

[2]   Riccardo Burigana, *La Bibbia...*, p. 214-217 ; *Carnets conciliaires de l'évêque de Namur...*, p. 87-97.

[3]   AD de Lille, fonds conciliaire Liénart, 3 A 21 (105), lettre de Mgr Garrone au cardinal Liénart, 2 mars 1963.

bus durant la discussion préliminaire de décembre 1962 dans l'*aula*. L'archevêque de Toulouse, obligé d'accepter la présence parmi les experts du père Congar, dont l'absence surprend les Belges, s'y révèle une fois encore actif pour faire adopter comme base de travail le projet Philips[1], «plus neutre, moins engagé», et suggérer des inflexions sur la théologie de la Croix, la référence à la Jérusalem céleste ou la relation entre les évêques et les prêtres. Il rejoint aussi, sur proposition de l'évêque de Namur, Mgr Charue, la sous-commission créée pour réfléchir aux rapports entre le pape et le concile[2].

En dépit de ces avancées modestes, Mgr Garrone reste sévère sur le fonctionnement des commissions et s'inquiète plus largement de «la marche du travail conciliaire». Dès son retour de Rome, il se propose d'alerter le cardinal Cicognani, qui «paraît assez accueillant», et demande conseil à Mgr Charue, qui communique son courrier au cardinal Suenens, et au cardinal Liénart, qui l'encourage à agir en lui promettant son appui lors de la réunion de juin de la commission de coordination[3]. Fort de cet engagement, il adresse le 17 avril 1963 une longue lettre au secrétaire d'État: «La démarche que je me permets est audacieuse, peut-être téméraire. Mais ma conscience me l'impose. Je n'en aurais pas le courage si je n'éprouvais la certitude que tout doit être fait pour servir l'impulsion donnée par le souverain pontife et si je ne partageais, Éminence, la grande confiance de chacun de nous en votre personne[4].» Il attire d'abord son attention sur «les conséquences d'un délai exagéré»: «dépenses démesurées», absence prolongée des évêques «retenus loin de leurs diocèses», «discontinuité dans le travail», diminution «du nombre des présences», «remise à des organismes non conciliaires des décisions prises ou à prendre», «désintéressement progressif du peuple chrétien». Il propose en conséquence de limiter le nombre des inter-

---

[1]   Pour Mgr Philips, «les Français n'ont au fond pas de proposition propre», *Carnets conciliaires de Mgr Gérard Philips, secrétaire adjoint de la commission doctrinale*, éd. Karim Schelkens, Leuven, Peeters, 2006, p. 92.

[2]   *Carnets conciliaires de l'évêque de Namur...*, p. 87-117; Yves Congar, *Mon journal...*, t. 1, p. 328-335.

[3]   AD de Lille, fonds conciliaire Liénart, 3 A 23 (434-438), lettre de Mgr Garrone à Mgr Liénart, 11 avril 1963 (avec annotation du cardinal sur le sens de sa réponse); lettre du cardinal Suenens au cardinal Liénart, 10 avril 1963 (avec copie des lettres de Mgr Garrone à Mgr Charue, 6 avril 1963, et de Mgr Charue au cardinal Suenens, 8 avril 1963).

[4]   *Archivio segreto vaticano*, fonds du concile Vatican II, busta 329, fasc. «Segretaria generale. Aprile 1963», lettre de Mgr Garrone au cardinal Cicognani, 17 avril 1963. L'archevêque de Toulouse communique sa lettre à Mgr Schröffer, autorisé à la transmettre au cardinal Döpfner, archevêque de Munich, Erzbischöfliches Archiv München, Julius Kardinal Döpfner, Konzilsakten Nr 579 und 3412. Je remercie pour leur disponibilité Piero Doria, Philippe J. Roy et Peter Pfister.

ventions dans les congrégations générales (maximum fixé d'avance, priorité donnée aux représentants des conférences épiscopales, une seule prise de parole des cardinaux pour chaque schéma) et de réduire leur durée (sept minutes, suffisantes «pour qui a quelque chose à dire»). Il demande aussi de rendre le travail des commissions plus efficace (règlement strict, suivi des tâches, secrétaires «qualifiés et appointés», matériel) et, en premier lieu, celui de la commission doctrinale. «Ici, Eminence, il me faut beaucoup de courage pour parler [...], mais l'enjeu est trop grave», confesse Mgr Garrone:

a) Je pense qu'il faudrait à cette commission *un second vice-président*: le cardinal président [Ottaviani] est très occupé, le vice-président [Browne] est timide. La commission aurait besoin d'un deuxième vice-président énergique et ayant autorité, sachant s'imposer au nom de la commission à certains moments où l'autorité du président se fait discrétionnaire.

b) Cette commission devrait, plus qu'aucune autre, être soumise à un *règlement rigoureux*, comme il a été dit plus haut. Il est très douloureux de dire, mais il faut le dire — et c'est la moindre de nos épreuves dans cette commission —, que l'on use des évêques, relativement à leur emploi du temps, avec une désinvolture inacceptable, les convoquant, semble-t-il, seulement quand la congrégation peut ajouter à son programme une «heure supplémentaire». On peut se demander si nous ne sommes pas victimes d'une véritable «opération de retardement» dans le travail du concile. C'est la dure expérience faite au cours du mois de mars par les évêques, dont je suis sûr d'exprimer la pensée.

c) Enfin, pour aller jusqu'au bout, le *changement de secrétaire* ou *l'intervention d'un second secrétaire* à égalité de pouvoirs est pour cette commission une question de vie ou de mort. Le secrétaire actuel [Tromp] est âgé; il a ses habitudes, ses options de pensée; il supporte visiblement mal le régime et l'orientation du concile. On ne peut pas dire — ce jugement n'est pas une condamnation — que les Pères du concile aient en lui l'instrument qu'ils sont en droit d'attendre. Pratiquement, si la commission a pu remplir sa tâche pendant les dures semaines du mois de mars, elle l'a dû au savoir-faire et au dévouement de Mgr Philips, qui a fait pratiquement office de secrétaire et s'est imposé par son autorité discrète.

L'archevêque de Toulouse doit se contenter d'un accusé de réception de Mgr Felici, secrétaire général du concile, auquel le substitut Dell'Acqua a envoyé la lettre, et supporter à nouveau les tensions de la commission doctrinale en mai 1963, ce qui l'incite à se tourner une fois encore vers le cardinal Liénart dans la perspective du conclave qui verra l'élection du successeur de Jean XXIII[1]:

[1] AD de Lille, fonds conciliaire Liénart, 3 A 23 (442), lettre de Mgr Garrone au cardinal Liénart, 7 juin 1963.

L'émotion si extraordinaire et si universelle suscitée dans le monde par la disparition du souverain pontife est évidemment liée à tout ce que le concile lui-même a soulevé d'espérance. Si, à travers cette élection, on ne «sauve» pas ce concile lui-même et on ne prévient pas les manœuvres contre lui, certainement on paralysera une volonté providentielle qui crée à l'Église présentement les plus impérieux devoirs. Vous me pardonnerez, Éminence, de vous dire ces choses dont je ne suis pas le juge, mais je pense que votre bienveillance me le permet, et c'est ma conscience qui me pousse.

De fait, le choix de Paul VI et la convocation de la seconde session rendront possibles des améliorations partielles dans le sens que Mgr Garrone avait préconisé[1]. À la veille de celle-ci, les 26 et 27 septembre 1963, il participe à Florence à une rencontre officieuse sur les schémas doctrinaux avec des représentants de l'épiscopat italien, dans le prolongement des échanges amorcés, non sans méfiance, en novembre 1962[2]. Elle débouche sur une proposition d'insertion du *De divina revelatione* dans le *De Ecclesia* pour réduire le nombre de schémas et surmonter les controverses sur les deux sources de la Révélation[3]. Mgr Garrone s'en fait l'écho dans l'*aula* dès le 1er octobre au cours du débat inaugural de la session en proposant d'ajouter au *De Ecclesia* un paragraphe sur la Tradition, dont une approche séparée de celle de l'Église nourrit les difficultés de compréhension. Il suggère aussi d'intégrer le schéma sur la Vierge, qui ne doit pas faire l'objet d'élaborations théologiques inédites, mais trouver sa place dans le texte consacré à l'objet central du concile, d'insister sur le Règne de Dieu et la dimension missionnaire de l'Église en lien avec sa dimension eschatologique et de mettre en relief le thème de la collégialité[4]. Avec nombre d'évêques français, l'archevêque de Toulouse, qui demande au père Congar des matériaux sur la Tradition[5], reste fidèle à cette position, rejetée par les Allemands qu'il rencontre dans le groupe de «stratégie conciliaire» de NN. SS. Volk et Elchinger et par la commission de coordination, favorable à un schéma

[1]   *Carnets conciliaires de l'évêque de Namur...*, p. 118-122. En novembre 1963, les commissions sont élargies et dotées d'un second vice-président et d'un secrétaire adjoint (Mgr Charue et Mgr Philips pour la Doctrinale).

[2]   APSMC, journal de Mgr Guerry, 22 novembre 1962; AHAP, fonds conciliaire Veuillot, 1 D 16, 24 (369), «Réunion des Italiens».

[3]   Bibliothèque de l'Université catholique de Lyon, fonds conciliaire Ancel, «*Votum circa schema "De divina revelatione"*», 27 septembre 1963; Riccardo Burigana, *La Bibbia...*, p. 238-240.

[4]   *Acta synodalia...*, vol. II, pars I, 1971, p. 374-375; *DC*, n° 1411, 3 novembre 1963, col. 1438 et n° 1412, 10 novembre 1963, col. 1576.

[5]   «Mes deux livres sur la Tradition ont beaucoup impressionné Mgr Garrone», remarque le père Congar, *Mon journal...*, t. 1, p. 437-438.

séparé sur la Parole de Dieu. Il n'est donc pas étonnant qu'il ne participe pas à la sous-commission chargée en mars 1964 de réviser le texte, malgré le souhait de Mgr Charue, et ne joue ensuite qu'un rôle marginal dans la mise au point de la constitution *Dei Verbum* qui garde cependant trace du *proemium* initial dans son premier chapitre[1].

Mgr Garrone occupe en revanche une place plus décisive dans la réélaboration du *De Ecclesia*. Il agit comme membre de la « commission des sept », dont le rôle est important pour sortir le texte de l'impasse après la première session, et de plusieurs sous-commissions, du printemps 1963 au printemps 1964. Il s'occupe notamment de la préparation du chapitre II *De Populo Dei*, du tri des amendements après le débat d'octobre 1963, de l'écriture du nouveau chapitre VII sur le caractère eschatologique de l'Église, de la révision du chapitre III sur la collégialité, de la demande des religieux de faire l'objet d'un chapitre spécifique et de la définition de la Vierge comme médiatrice[2]. Et à l'automne 1964, c'est lui qui est chargé de présenter aux Pères le chapitre II en justifiant le traitement du Peuple de Dieu avant la hiérarchie, tâche dont il s'acquitte avec succès dans une *relatio* que le père de Lubac juge « simple, objective, claire[3] ».

L'archevêque de Toulouse, que d'aucuns jugent moins « actif » et moins « tacticien » en commission que ses collègues belges et allemands[4], impose ainsi peu à peu son autorité et plusieurs de ses interventions ont un réel écho. Il « est très bien écouté, bien qu'il soit presque midi », le 5 novembre 1963 lorsqu'il s'exprime sur le schéma *De episcopis* pour critiquer son approche théorique, demander l'insertion dans le développement de l'appendice prévu sur les relations entre les évêques et les congrégations romaines et promouvoir une action collective des évêques entre eux et avec le Saint-Siège, une « nécessité vitale » dans un monde complexe, toujours plus socialisé[5].

---

[1] Riccardo Burigana, *La Bibbia…*, p. 245 ; *Carnets conciliaires de l'évêque de Namur…*, p. 167-168. Mgr Garrone n'en reste pas moins attentif au sort du schéma en dissuadant ses collègues de prendre la parole pour ne pas « tout remettre en cause », AICP, fonds Blanchet, journal de Mgr Blanchet, 16 octobre 1964.

[2] Il refuse la prétention des religieux à obtenir un chapitre séparé sur leur vocation et combat l'attribution à Marie du titre de médiatrice, *Carnets conciliaires de l'évêque de Namur…*, p. 188-198.

[3] *Acta synodalia…*, vol. III, pars I, 1973, p. 500-504 ; Henri de Lubac, *Carnets…*, t. 2, p. 121-122 (17 septembre 1964).

[4] Yves Congar, *Carnets…*, t. 2, p. 191 (10 octobre 1964).

[5] *Acta synodalia…*, vol. II, pars IV, 1972, p. 465-466 ; *DC*, n° 1414, 15 décembre 1963, col. 1674 ; Yves Congar, *Carnets…*, t. 1, p. 519 (5 novembre 1963).

Quelques jours plus tard, à propos du *De oecumenismo*, il se refuse à réduire l'œcuménisme à un sentimentalisme soucieux de ne pas blesser les «frères séparés» et le relie au mystère de la foi, source d'unité, et de la charité, qui purifie la foi, dans un «très beau texte donné de façon très intérieure et très religieuse, mais d'un ton un peu pleurard», au jugement du père Congar[1]. Il prépare ainsi l'*aula* à ses deux interventions les plus remarquées, qui prennent place au cours de la troisième session.

La première, le 25 septembre 1964, porte sur la liberté religieuse, une source de divergences à l'intérieur de la majorité et un enjeu décisif pour la minorité, que Mgr Garrone tente de désamorcer en abordant de front la signification de l'évolution historique de la doctrine: «Nous ne nions pas l'apparence de la contradiction, mais nous en repoussons légitimement la réalité[2].» Contre les tenants de l'intangibilité des productions magistérielles du XIXe siècle opposées à la tolérance et à la liberté religieuses, notamment le *Syllabus*, il incite à replacer ces documents dans leur contexte et à évaluer les transformations qui ont eu lieu depuis leur rédaction dans la conception de l'État, la notion du bien commun, appréhendée à l'échelle internationale, et la société, marquée par le pluralisme. Il est donc normal que l'Église prenne acte de ce changement de perspective, qui ne débouche pas sur une discontinuité de son enseignement, mais sur un approfondissement doctrinal: «Avec le progrès dans la connaissance de l'Évangile, les idées de justice et de dignité de la personne humaine qui s'y trouvent sont plus clairement perçues. Au siècle dernier, l'Église ressentait surtout la nécessité de condamner les aspects objectivement les plus dangereux du libéralisme; aujourd'hui, [elle] considère plus attentivement et de façon concrète les droits de la personne humaine.» Les principes (droit de la vérité, obligation de la rechercher) sont saufs. Les situations, elles, ont bougé. Il n'y a donc pas contradiction entre le projet de déclaration sur la liberté religieuse et les textes antérieurs, «mais évolution et application diverse des principes immuables à la réalité changeante de l'histoire[3]». Mgr Garrone

---

[1] *Acta synodalia...*, vol. II, pars V, 1973, p. 561-562; Yves Congar, *Carnets...*, t. 1, p. 547 (19 novembre 1963).

[2] *Acta synodalia...*, vol. III, pars II, 1974, p. 533-535. La position de Mgr Garrone annonce celle des défenseurs de l'herméneutique de la réforme dans le débat qui se poursuit autour de l'interprétation du concile. Voir Henri Donneaud, «Le débat sur l'herméneutique du concile», in Jean-François Galinier-Pallerola *et al.* (dir.), *Vatican II, 50 ans après. Interprétation, réception, mise en œuvre et développements doctrinaux 1962-2012*, Perpignan, Artège, 2012, p. 31-59.

[3] *DC*, n° 1434, 18 octobre 1964, col. 1325-1326 (résumé).

va cependant plus loin en admettant une contradiction dans la mise en œuvre des principes, tout en demandant de tenir compte «du contexte social de chaque époque» et du «progrès dans la perception des notions morales»: «L'Église, étant composée d'hommes jusqu'à son sommet, reconnaît s'être trompée quelquefois par fragilité humaine et n'hésite pas à en faire pénitence.» Ce dernier aspect n'est toutefois retenu que partiellement dans le schéma, tandis que la *quaestio historica* suscite bien des hésitations parmi les Pères qui tendent aussi à édulcorer leurs conclusions[1].

La seconde intervention marquante de 1964 ne porte pas sur la doctrine, mais sur la réforme de la curie, clé de l'application du concile. Le 17 novembre, en effet, en approuvant le schéma *De institutione sacerdotali*, il attire l'attention des Pères sur l'adaptation nécessaire de la Congrégation des séminaires et universités, symbole de la sclérose de l'appareil administratif romain sous la direction du vieux cardinal Pizzardo[2]:

> La première proposition confie aux conférences épiscopales le soin de l'organisation de la formation des séminaristes. Il doit en résulter des conséquences importantes pour la Congrégation des séminaires. La tâche de cet organisme va être augmentée et transformée. Elle va devenir notamment le lieu de rencontre des diverses institutions locales, autonomes, mais non indépendantes, et qui doivent collaborer entre elles plus étroitement que dans le passé. Il faudrait donc ajouter à cette première proposition un vœu pour la rénovation de la Congrégation des séminaires. Celle-ci devrait être capable de percevoir les besoins nouveaux; il faudrait pour cela qu'elle sorte du domaine intemporel et plutôt négatif et qu'elle soit reliée à la Congrégation chargée des prêtres. Elle devrait être également capable de suivre le progrès des sciences, de percevoir les liens entre les diverses disciplines et la hiérarchie des problèmes. Des experts de toutes les régions du monde, connaissant les situations diverses et vraiment spécialistes des sciences sacrées et sociales, devraient assister cet organisme.

Le pape Paul VI a-t-il encouragé cette intervention, comme des évêques le disent[3]? Il est délicat de l'affirmer, mais son écho est certain, d'autant que Mgr Garrone semble accéder à cette occasion à une maîtrise inédite: «La voix est calme, beaucoup plus ferme qu'à

---

[1] Giuseppe Alberigo (dir.), *Histoire du concile Vatican II*, t. 4, Paris-Louvain, Cerf-Peeters, 2003, p. 161-163; Silvia Scatena, *La fatica della libertà. L'elaborazione della dichiarazione «Dignitatis Humanae» sulla libertà religiosa del Vaticano II*, Bologna, Il Mulino, 2003, p. 191-193 et 222-223.

[2] *Acta synodalia…*, vol. III, pars VIII, 1976, p. 171-173; *DC*, n° 1439, 3 janvier 1965, col. 57-58 (résumé).

[3] Henri de Lubac, *Carnets…*, t. 2, p. 325.

la première session, et tout tombe au point précis, et de plus en plus dru», note Mgr Le Cordier[1]. Elle témoigne en tout cas de son assurance, tout autant que de l'intérêt qu'il porte à la question du clergé, qui revêt une urgence spéciale en France. Il souhaiterait en effet améliorer le schéma *De ministerio et vita presbyterorum*, dont il regrette l'articulation insuffisante sur le *De Ecclesia*, qui peut seul fonder son autorité en tant que constitution dogmatique et qui opère un «renversement de la perspective traditionnelle» en situant le sacerdoce du prêtre par rapport au sacerdoce de l'évêque: «[Le prêtre] est ainsi tiré théologiquement de cette solitude dans laquelle jusqu'ici nos habitudes d'esprit le plaçaient. Je suis convaincu pour mon compte que l'arracher à cette solitude théologique, c'est poser la première pierre de la reconstruction de son être», écrit-il à la fin de la troisième session[2]. Il revient sur ce thème l'année suivante et envisage de l'évoquer dans l'*aula*. Mais il y renonce pour ne pas heurter le rapporteur du schéma, Mgr Marty, qui privilégie la mission à la source de l'être sacerdotal, et se contente de transmettre une remarque écrite[3]. Il est vrai aussi qu'il est alors mobilisé en priorité par la mise au point du schéma XIII, confiée par le pape Paul VI lui-même.

AU SERVICE DU SCHÉMA XIII

Le projet de schéma sur «l'Église dans le monde de ce temps», absent du programme initial du concile, tire son origine du «Message au monde» d'octobre 1962, des propositions du groupe informel «Jésus, l'Église et les pauvres» sur les questions «qui angoissent le monde d'aujourd'hui» et de la suggestion de réflexion anthropologique du cardinal Liénart[4]. Il prend forme en janvier 1963 et connaît un par-

---

[1] AICP, fonds conciliaire Le Cordier, journal de Mgr Le Cordier, 17 novembre 1964.

[2] *Acta synodalia… Appendix*, p. 659-661. Il s'agit d'une lettre adressée le 28 décembre 1964 au rapporteur du schéma, Mgr Marty, qui l'a sans doute envoyée au secrétariat du concile comme *animadversio*; fac-similé in Georges Gilson, «L'avenir des prêtres», in *Chemins de liberté. Mélanges en l'honneur de Guy Lafon*, Clamart, Édition de la Nouvelle Alliance, 2011, p. 222-223. Mgr Garrone aurait préféré que la question du sacerdoce soit traitée par le *De Ecclesia* seul et que le *De ministerio* s'oriente vers des «directions précises d'action»; il élargit la remarque à tous les schémas «mineurs», en passe de devenir de «nouveaux schémas dogmatiques qui risquent de ne pas avoir une portée pratique suffisante».

[3] AD de Viviers, journal de Marcel Breysse, 17 octobre 1965 (d'après Mgr Brunon, auxiliaire de Toulouse); *Acta synodalia…*, vol. IV, pars V, 1978, p. 338-339.

[4] Giovanni Turbanti, *Un concilio…*, 829 p.

cours chaotique, lié à l'état d'impréparation du dossier, à la complexité des thèmes abordés et à la nouveauté de leur traitement dans le cadre d'un concile. Mgr Garrone participe au travail préparatoire à partir de mai 1963 comme membre de la commission mixte formée par la commission doctrinale et la commission pour l'apostolat des laïcs et travaille sur le *proemium* et le premier chapitre, avec l'aide du père Congar. Mais la commission de coordination écarte la version proposée et confie la rédaction d'un nouveau projet à une équipe belge autour du cardinal Suenens, sans informer la commission mixte. Mgr Garrone, dont les relations avec l'archevêque de Malines sont distantes[1], est irrité par cette démarche et contribue au rejet du « schéma de Malines » lors de la réunion de la commission mixte en novembre 1963. Il lui reproche de ne pas être assez concret pour répondre aux attentes du monde, tenues pour prioritaires, alors que les rédacteurs avaient eu le souci de pas engager l'Église dans des solutions pratiques à des problèmes évolutifs, une interrogation récurrente jusqu'au terme de la quatrième session[2]. Mais il ne participe pas à la sous-commission centrale qui est aussitôt chargée de réécrire le texte et qui amorce le passage de relais aux Français, même s'il faut se garder de simplifier le processus d'élaboration de la future constitution *Gaudium et spes*.

Mgr Garrone suit néanmoins le dossier et réagit au nouveau projet, malmené par ceux qui le trouvent humaniste plus que théologique, lors de la réunion de la commission mixte de mars 1964 en posant une fois encore la question du style adéquat, commandé par les destinataires, des chrétiens indifférents aux problèmes du monde et des non-chrétiens étrangers à la dimension spirituelle de la vie. Il est alors adjoint à la sous-commission sur la personne et consulté par la sous-commission de la vie économique et sociale où Mgr Ancel travaille avec le chanoine Haubtmann, ancien aumônier national de l'Action catholique ouvrière, professeur à l'Institut catholique de Paris et directeur du Bureau d'information religieuse de l'épiscopat français. En juin 1964, il insiste devant la commission mixte pour que

---

[1] Il se sépare de lui sur la conception de l'action catholique et regrette que l'allocution d'hommage à Jean XXIII lui ait été confiée lors de la seconde session. Voir Claude Soetens, « La "squadra belga" all'interno della maggioranza conciliare », in Maria Teresa Fattori et Alberto Melloni (dir.), *L'evento e le decisioni. Studi sulle dinamiche del Concilio Vaticano II*, Bologna, Il Mulino, 1997, p. 161.

[2] Giovanni Turbanti, *Un concilio...*, p. 299-300. Mgr Garrone écrit quelques mois plus tard : « [Le] projet belge [...] se présentait comme un schéma dogmatique sur la valeur des réalités terrestres, mais avait paru trop loin des "réalités" auxquelles le schéma XVII doit absolument faire face pour remplir son rôle », AD de Lille, fonds conciliaire Liénart, 3 A 25 (760), lettre de Mgr Garrone au cardinal Liénart, 13 juillet 1964.

le paragraphe consacré à la valeur des réalités terrestres et des activités humaines souligne mieux le devoir des chrétiens d'agir dans le
monde[1]. Mais le mois suivant, il écarte la proposition du cardinal
Liénart, convaincu que le projet «aurait besoin d'être complètement
repensé et refondu», de créer un groupe de travail pour «essayer de
produire un nouveau texte qui pourrait être proposé au concile au
nom des évêques de France collectivement[2]» et défend une démarche
réaliste[3]:

> Il faut éviter la catastrophe que serait le rejet. C'est à cela que tend une cer-
> taine action souterraine, assez intense présentement, et qui plaiderait pour
> qu'on se contente d'un quelconque message au monde [...]. Je suis prêt pour
> mon compte à collaborer à une révision ou à un perfectionnement certaine-
> ment opportun, mais j'hésiterais, Éminence, après l'expérience du travail déjà
> accompli, à considérer comme prudent un bouleversement radical, lequel
> équivaudrait présentement à un rejet. Nous sommes là sur un terrain où le
> concile doit parler, mais où certains font réellement obstacle.

Conformément à cette orientation, il élabore au cours de l'été 1964
une introduction générale pour définir l'attitude dialogique de
l'Église, qui entend prendre au sérieux les «signes des temps» et les
évaluer «en toute loyauté» à la lumière de la foi (continuité entre le
monde présent et le monde à venir, présence du péché): «Ce monde
des hommes, c'est nous-mêmes, nous en sommes; le fait d'être
d'Église, loin de nous en séparer, nous mêle plus strictement, nous
crée des devoirs essentiels de collaboration[4].» En septembre, peu
avant la troisième session, il prend la présidence de la nouvelle sous-
commission théologique, créée sous l'autorité du président de la sous-
commission centrale, Mgr Guano, évêque de Livourne, pour réviser
le texte avec la sous-commission des signes des temps. C'est donc sans
surprise qu'il intègre le 16 novembre, avec sept autres collègues, la
sous-commission centrale. Quelques jours plus tôt, le 23 octobre, il
avait pris la parole sur le schéma dans l'*aula* pour rappeler les défis
posés à l'Église par la nouveauté du monde (transformations sociales,
croissance démographique, forces de destruction, athéisme militant
et pratique) et l'inviter à agir par la réflexion théologique, la collaboration avec les hommes de science et l'engagement des fidèles[5].

[1]   Giovanni Turbanti, *Un concilio...*, p. 345-363.

[2]   AD de Lille, fonds conciliaire Liénart, 3 A 25 (758), lettre du cardinal Liénart à
Mgr Garrone, 8 juillet 1964.

[3]   *Ibid.* (760), lettre de Mgr Garrone au cardinal Liénart, 13 juillet 1964.

[4]   AICP, fonds conciliaire Haubtmann, Ha 31 (1240).

[5]   *Acta synodalia...*, vol. III, pars V, 1975, p. 636-638.

Mgr Garrone s'impose ainsi comme l'un des principaux protagonistes du schéma XIII. En décembre 1964 et janvier 1965, il suit la révision des trois premiers chapitres avec Mgr Gonzales Moralejo, auxiliaire de Valence, Mgr Poma, évêque de Mantoue, et Mgr Wojtyla, archevêque de Cracovie, et reste en lien avec Mgr Haubtmann, nouveau rédacteur principal du document[1]. Il aide ce dernier à se situer dans l'univers conciliaire qu'il maîtrise encore mal, l'encourage à travailler à Paris comme il le souhaitait et non à Rome et le met en relation avec des théologiens de divers pays. Fin janvier et début février 1965, il participe à la session de travail d'Ariccia où le projet Haubtmann suscite nombre de critiques, notamment celles de Mgr Wojtyla dont les requêtes sont jugées recevables par l'archevêque. La sous-commission théologique se divise alors en quatre groupes, dont un porte sur l'athéisme : Mgr Garrone le dirige avec le souci de ne pas «polariser» sur cet aspect[2]. Mais la rencontre romaine de la sous-commission centrale qui suit ces débats ne permet pas de réduire l'insatisfaction diffuse. L'instance renouvelle toutefois sa confiance à Mgr Haubtmann, toujours soutenu par Mgr Garrone, en dépit des réserves de théologiens comme le père Congar qui ne le trouve pas à la hauteur des enjeux et juge son texte «un peu léger» avec ses «généralités» et ses «slogans» portant la marque de l'action catholique française[3]. Une nouvelle révision est engagée pour préparer le document qui sera discuté au cours de la dernière session et suscite le mécontentement des théologiens et des évêques allemands, inquiets du déficit d'ancrage théologique et de la tonalité optimiste face au monde.

C'est dans ce contexte que Mgr Garrone, qui avait commencé à élaborer en août 1965 la *relatio* de la première partie[4], est appelé le 5 septembre à remplacer Mgr Guano, malade, pour présenter le schéma aux Pères et prendre de fait la présidence de la sous-commission centrale par une décision personnelle de Paul VI, soucieux de conclure une démarche scrutée par l'opinion publique[5]. Il

---

[1]   Gabriel-Marie Garrone, «À Dieu», in *Nouvelles de l'Institut catholique de Paris*, n° 3, 1971, p. 12-18 ; Philippe Bordeyne, «Mgr Pierre Haubtmann (1912-1971) : un théologien de la communication de la foi», in *Transversalités*, n° 116, 2010, p. 127-149.

[2]   Giovanni Turbanti, *Un concilio...*, p. 502-520.

[3]   Yves Congar, *Carnets...*, t. 2, p. 324-328.

[4]   AICP, fonds conciliaire Haubtmann, Ha 45, lettre de Mgr Garrone au chanoine Haubtmann, 9 août 1965 : «Vous verrez que j'ai essayé de toucher avec prudence les problèmes délicats sous-jacents.»

[5]   Giovanni Turbanti, *Un concilio...*, p. 627-630. Le pape écarte la solution institutionnelle du recours au vice-président, Mgr Ancel, et conforte de fait la position du chanoine Haubtmann, défendu par Mgr Garrone, sans que l'on puisse analyser précisément les raisons de son choix.

essaie aussitôt de rassurer les Allemands en participant le 17 septembre au groupe de « stratégie conciliaire » et élabore dans l'urgence la *relatio generalis* qui lui vaut les applaudissements de l'assemblée le 21[1]. Il souligne l'ampleur du travail accompli dans la voie d'une anthropologie chrétienne et présente l'économie du document en insistant à la fois sur la continuité et l'accueil des modifications voulues par les Pères afin de désarmer la méfiance avant de se situer, en conclusion, dans l'optique de l'encyclique *Ecclesiam suam* du 6 août 1964[2]. Il prépare ensuite le futur travail de révision en structurant, sous l'autorité de la commission mixte, dix sous-commissions, dont la sous-commission centrale et la sous-commission sur l'activité de l'homme dans l'univers – thème controversé – dont il se réserve la direction. Il contribue aussi au débat par deux interventions à titre personnel. Le 28 septembre, il propose d'approfondir le schéma à partir de la théologie de la création, trop méconnue dans son implication de dépendance « essentielle et permanente de toutes choses par rapport à Dieu », et de la « continuité entre le monde présent et le monde à venir », fondée sur la charité[3]. Le 6 octobre, il suggère de mieux marquer le lien entre la justice et la paix que trop de personnes tendent à réduire à l'absence ou à la peur de la guerre[4].

Au final, Mgr Garrone doit écouter de multiples critiques. Les évêques français eux-mêmes expriment en privé des désaccords sur la longueur du texte, sa forme ou sa théologie et regrettent « l'obstination » de l'archevêque et du rédacteur principal, qui « tiennent à ce texte comme à la prunelle de leurs yeux », d'après le recteur du Collège belge rapportant des propos de Mgr Etchegaray, directeur du secrétariat pastoral de l'épiscopat, et du chanoine Martimort[5]. La *squadra belga* le persuade d'ailleurs de renoncer à poser les questions d'orientation qu'il avait préparées et qu'elle juge ambiguës ou imprudentes[6]. Il se contente dès lors, dans sa *relatio* conclusive du 8 octobre, de défendre le projet contre les accusations portant sur sa philosophie, son naturalisme ou son optimisme et

[1] Yves Congar, *Carnets…*, t. 2, p. 393 ; *Carnets conciliaires de l'évêque de Namur…*, p. 262.

[2] *Acta synodalia…*, vol. IV, pars I, 1976, p. 553-558.

[3] *Acta synodalia…*, vol. IV, pars II, 1977, p. 634-635 ; *DC*, n° 1458, 7 novembre 1965, col. 1897 et n° 1459, 21 novembre 1965, col. 2004-2006.

[4] *Acta synodalia…*, vol. IV, pars III, 1977, p. 607-608 ; Henri Fesquet, *Le Journal du concile Vatican II 1962-1965*, 2ᵉ éd., Paris, Salvator, 2012, p. 949.

[5] Albert Prignon, *Journal conciliaire…*, p. 127-128 (5 octobre 1965).

[6] *Ibid.*, p. 133-136 (6 octobre 1965).

s'engage à clarifier les équivoques et à préciser les aspects relatifs au mystère chrétien[1].

Commence alors une phase de révision à marche forcée, compte tenu de la proximité de la fin du concile. Mgr Garrone suit de près la démarche en lien avec la commission mixte, les sous-commissions et le comité de rédaction, constitué surtout par Mgr Haubtmann et le père Tucci, avec des collaborateurs ponctuels comme les pères Hirschmann et Daniélou, au grand dam de leurs confrères Congar et de Lubac, tenus à l'écart[2]. Mais il bénéficie aussi de l'aide appréciable des Belges et d'abord de Mgr Philips, que Mgr Prignon et Mgr Charue désignent comme l'homme clé de la mise au point du schéma, même s'il doit se retirer fin octobre, épuisé par la «cadence accélérée[3]». L'essentiel est alors acquis pour le nouveau débat prévu *in aula* mi-novembre. Mgr Garrone demande cependant à la sous-commission centrale le droit pour le comité de rédaction de revoir le texte, dont les retouches successives ont affaibli la cohérence. Elle accepte sous réserve de valider les modifications importantes et de ne pas laisser «Mgr Haubtmann refaire les textes à sa façon». Le 3 novembre, le cardinal Ottaviani annonce que le pape confie à l'archevêque de Toulouse la responsabilité complète du schéma. Celui-ci demande aussitôt à NN. SS. Ancel, Charue et Schröffer de former un groupe pour l'aider dans sa mission[4]. Le 7, il est reçu par Paul VI qui approuve ce choix, attire son attention sur des points délicats (athéisme et communisme, bien commun universel, guerre et paix, contrôle des naissances) et l'invite à le rencontrer quand il le veut et à rester en contact avec lui par l'intermédiaire de son ancien théologien personnel, auxiliaire à Milan, Mgr Colombo[5]. Les réunions des commissions se poursuivent jusqu'au 11 et le comité de rédaction, «sous la direction constante de Mgr Garrone, travaille [...] presque sans répit, à un rythme exténuant, la dernière nuit jusqu'à cinq heures du matin[6]».

---

[1] *Acta synodalia...*, vol. IV, pars III, 1977, p. 735-738.

[2] Yves Congar, *Carnets...*, t. 2, p. 464-468.

[3] Albert Prignon, *Journal conciliaire...*, p. 136 ; *Carnets conciliaires de l'évêque de Namur...*, p. 278.

[4] *Carnets conciliaires de l'évêque de Namur...*, p. 280-285.

[5] C'est la voie qu'utilise normalement Mgr Garrone, comme il le confie à Mgr Blanchet, AICP, fonds Blanchet, journal de Mgr Blanchet, 14 novembre 1965. Des évêques français racontent cependant qu'il «a ses petites entrées et va habituellement le soir chez le Saint-Père pour le tenir au courant», AICP, fonds conciliaire Le Cordier, journal de Mgr Le Cordier, 26 novembre 1965.

[6] Témoignage du père Tucci, cité par Giovanni Turbanti, *Un concilio...*, p. 722.

Les deux parties du schéma, sensiblement transformé pour assurer un large consensus, sont distribuées aux Pères les 12 et 13 novembre. Mais l'absence de condamnation explicite du communisme, demandée par la pétition, ignorée en apparence, du *Coetus internationalis Patrum*, catalyseur de la minorité, provoque le dépôt d'une plainte auprès du tribunal du concile[1]. Le 15, la commission mixte réplique en insérant un commentaire sur la signification pastorale du paragraphe sur l'athéisme dans la *relatio generalis* de Mgr Garrone, aussitôt pris à partie par les journaux conservateurs italiens, comme *Il Tempo*[2]. Mais la majorité des Pères accueille favorablement le texte, tout en déposant de nombreux *modi*. Devant l'urgence, Mgr Garrone reçoit l'aide de Mgr Heuschen, auxiliaire de Liège, et du Collège belge, qui supplée le Séminaire français, pour les trier et les distribuer aux sous-commissions concernées au fur et à mesure de la discussion[3]. Du 22 au 27, la commission mixte siège chaque jour pour achever la révision, non sans tensions autour du communisme et du contrôle des naissances. Sur le premier, le pape confirme le refus de toute condamnation explicite, mais un compromis est esquissé par la rédaction d'une note évoquant les censures antérieures, jointe à la reconnaissance, dans la *relatio generalis*, des erreurs commises par la commission à propos des amendements du *Coetus*[4]. Sur le second, Paul VI tente d'imposer des *modi* restrictifs qui déclenchent une vive inquiétude, alors que la commission pontificale chargée d'étudier le problème n'a pas rendu son avis[5]. Les Belges pressent Mgr Garrone de demander audience au pape. Il s'y résout difficilement, sous l'influence de Mgr Charue, mais «parle clair et assez ferme» devant lui le 26 novembre, en présence des cardinaux Tisserant et Cicognani et de NN. SS. Dell'Acqua et Felici[6].

[1]   Philippe J. Roy, «Le *Coetus internationalis Patrum*, un groupe d'opposants au sein du concile Vatican II», thèse, Université Lyon 3 – Université Laval, t. 5, 2011, p. 1248-1276.

[2]   *Acta synodalia…*, vol. IV, pars VI, 1978, p. 560-563; *Carnets conciliaires de l'évêque de Namur…*, p. 286-287 (15 et 16 novembre 1965).

[3]   Pour Mgr Garrone, «tout aboutissait au Séminaire français. Ce centre de rédaction fonctionnait en permanence. La masse des interventions des Pères y affluaient […]. Elles étaient reprises, étudiées, incorporées par des ateliers de bonne volonté attelés à la besogne de jour et de nuit», Gabriel-Marie Garrone, «À Dieu», p. 16. Mais pour Mgr Prignon, «il semble décidément que Garrone, Haubtmann et Ancel soient incapables d'organiser sérieusement une méthode de travail», Albert Prignon, *Journal conciliaire…*, p. 196.

[4]   Giovanni Turbanti, *Un concilio…*, p. 742-759.

[5]   Jan Grootaers, «Le crayon rouge de Paul VI. Les interventions du pape dans le travail des commissions conciliaires», in Mathijs Lamberigts *et al.* (éd.), *Les Commissions conciliaires à Vatican II*, Leuven, Faculteit der Godgeleerdheid, 1996, p. 317-351.

[6]   Albert Prignon, *Journal conciliaire…*, p. 223-234. Prignon, renseigné par Martimort, ajoute: «ferme à la manière de Garrone.»

Le 2 décembre, l'archevêque de Toulouse peut enfin lire *in aula* sa dernière *relatio*, préparée au Collège belge avec Mgr Heuschen et le chanoine Heylen[1]. Dans la nuit, alerté par Mgr Haubtmann, il avait dû réagir à la manœuvre de Mgr Felici, qui n'est pas insensible aux thèses du *Coetus*, pour ajouter la mention du «communisme athée» sur les épreuves de la Polyglotte vaticane[2]. Il n'est pas encore au bout de ses peines, puisque le secrétaire d'État lui demande, le 3, de prendre en compte des substitutions de mots suggérées au pape sur les fins du mariage: il est prêt à accepter, mais Mgr Prignon l'en dissuade et il rédige une fin de non-recevoir avec Mgr Heuschen[3]. Le problème majeur est toutefois lié à la distribution, le même jour, d'un texte signé par dix Pères, dont le cardinal Spellman, archevêque de New York, invitant l'assemblée à refuser le chapitre sur la paix, voire tout le schéma, en raison du passage sur l'arme nucléaire, lu comme une condamnation des États-Unis. Le nombre de votes négatifs sur ce chapitre incite Mgr Garrone et Mgr Schröffer, président de la sous-commission concernée, à préparer une réponse avec l'aval de Paul VI. Elle prend la forme d'une lettre aux présidents des conférences épiscopales pour rétablir l'interprétation correcte du texte qui ne nie pas la valeur momentanée de la dissuasion, mais exclut la course aux armements comme «voie sûre pour le ferme maintien de la paix[4]». La route est ouverte dès lors au vote définitif du schéma le 6 décembre puis à sa promulgation le 7, veille de la clôture du concile. Avec calme et efficacité, au prix d'un labeur harassant, Mgr Garrone conduit ainsi à bon port le plus long document conciliaire, l'un des plus attendus, l'un des plus discutés aussi. Il maintient le cap, aidé et parfois orienté par l'équipe du Collège belge, et assure avec Mgr Haubtmann sa cohérence, en dépit de l'origine disparate des deux parties, de l'ampleur des remaniements et des manœuvres sur les questions les plus sensibles, y compris de la part du pape, soucieux d'aboutir et de créer l'unanimité, dont il ne perd cependant jamais la confiance[5].

[1]   *Acta synodalia…*, vol. IV, pars VII, 1978, p. 464-469.

[2]   Yves Congar, *Carnets…*, t. 2, p. 499; Giovanni Turbanti, *Un concilio…*, p. 761.

[3]   Albert Prignon, *Journal conciliaire…*, p. 254-255; Josef-Maria Heuschen, «*Gaudium et spes*. Les *modi* pontificaux», in Mathijs Lamberigts *et al.* (éd.), *Les Commissions…*, p. 353-358.

[4]   *DC*, n° 1465, 20 février 1966, col. 361-365; Giovanni Turbanti, *Un concilio…*, p. 769-778.

[5]   Mgr Garrone est encore consulté début 1966 lors de la préparation de l'édition officielle de la constitution, qui suscite des hésitations. Voir Silvia Scatena, «La filologia delle decisioni conciliari: dal voto in congregazione generale alla *Editio typica*», in Joseph Doré, Alberto Melloni (ed.), *Volti di fine concilio. Studi di storia e teologia sulla conclusione del Vaticano II*, Bologna, Il Mulino, 2000, p. 53-97.

Il n'est donc pas étonnant que Paul VI l'appelle à Rome dès janvier 1966 pour être pro-préfet de la Congrégation des séminaires et universités, bientôt transformée en Congrégation pour l'éducation catholique : le lien est évident avec l'intervention du 17 novembre 1964. Premier évêque résidentiel non italien nommé à la tête d'un dicastère romain, créé cardinal en juin 1967, il devient préfet en titre en janvier 1968 après deux ans d'une cohabitation pesante avec le cardinal Pizzardo, qui n'est pas sans rappeler son rôle aux côtés du cardinal Saliège[1]. Il garde ce poste jusqu'en 1980 et mène à terme la révision des normes de formation du clergé dans le contexte de crise des Églises occidentales, de chute des vocations et de contestation de l'identité sacerdotale[2]. Dans le même temps, il s'efforce d'expliquer et de justifier Vatican II, sans nier ses imperfections, ni les abus dont il est l'occasion ou le prétexte, comme il le suggère en prenant la défense du *Paysan de la Garonne* de Jacques Maritain face aux réserves du père Congar[3]. Dès la fin du concile, il en esquisse l'histoire et les lignes directrices et procure des éditions françaises commentées des constitutions *Lumen gentium* et *Gaudium et spes*, définies comme les clés de voûte de l'édifice[4] :

> *Gaudium et spes* n'a pas la densité doctrinale de la constitution sur l'Église. [Elle] explore pour ainsi dire la réalité du monde en trop d'aspects contingents pour avoir constamment la rigueur définitive de la constitution dogmatique *Lumen gentium*. Mais cette constitution même n'aurait pas sa pleine justification dans le contexte conciliaire et n'obtiendrait pas pleinement tous ses effets si elle ne trouvait dans *Gaudium et spes* cette issue vers la réalité des hommes qui était le vœu et la volonté initiale du pape et du concile [...]. Tout se passe comme si le renouvellement, le rajeunissement de la théologie de l'Église avaient précisément préparé les conditions favorables à un dialogue de cette Église avec le monde.

Dans les années suivantes, le nouveau cardinal s'interroge sur la crise de l'Église, en faisant la part des déstabilisations liées au concile et des inquiétudes légitimes, alors que la «liberté est devenue bien

---

[1]   Le 13 mai 1966, il écrit au cardinal Liénart : «Un certain nombre de jalons solides sont placés dans la direction où il nous faut avancer pour être fidèles au concile et redresser un peu l'axe d'un organisme qui a été conçu dans un autre esprit. Je ne désespère pas, malgré les difficultés, de faire avancer les choses», AD de Lille, 3 A 29 (1015).

[2]   Frantisek Rypar, «Il cammino postconciliare dei seminari», in *Seminarium*, 1977, p. 308-437.

[3]   Jacques Maritain, *Le Feu nouveau. Le paysan de la Garonne*, préface et dossier critique de Michel Fourcade, Genève, Ad Solem, 2007, p. 436-438.

[4]   *L'Église. Constitution «Lumen gentium»*, Tours, Mame, 1966, 303 p. ; *Gaudium et spes*, Paris, Éditions Fleurus, 1967, 525 p. ; *Le Concile. Orientations*, Paris, Les Éditions ouvrières, 1966, 198 p.

souvent licence», mais en invitant sans cesse les catholiques à «se remettre dans le courant authentique du concile», à «s'appuyer fortement sur le corps des vérités essentielles de la foi» et à prier, «trois lois d'urgence» formulées en 1972[1]. Marqué par la dissidence de Mgr Lefebvre et mêlé par ses fonctions à sa condamnation[2], il insiste ensuite, à l'approche du vingtième anniversaire, sur la «grâce du concile». Il met en avant son «extraordinaire unité», qui était imprévisible dans les tâtonnements initiaux et les soubresauts des sessions successives, mais qui s'impose à lui rétrospectivement: «L'Église devait se redire ce qu'elle était pour pouvoir engager avec le monde un dialogue qui est la condition de son salut. L'unité de ces années de travail avait là sa source», explique-t-il en 1986 lors du colloque organisé par l'École française de Rome[3].

Du *votum* de 1959 à la promulgation de la constitution pastorale *Gaudium et spes* en 1965, le parcours conciliaire de Mgr Garrone, dont la personnalité et le rôle s'affirment de session en session, se caractérise par une réelle cohérence au service de l'*aggiornamento* demandé par le pape Jean XXIII. Dès le début, il centre sa réflexion sur l'Église, dans une double approche *ad intra* et *ad extra* qui devient la ligne directrice du concile au terme de la première session, incertaine et inquiète, sur la suggestion des cardinaux Suenens et Montini. Présent dès les premières batailles décisives, porté par une préoccupation pastorale qui s'enracine dans ses expériences françaises et n'entre pas en contradiction avec la fermeté doctrinale héritée de sa formation romaine[4], il reste jusqu'au terme de sa vie fidèle au projet de Vatican II dont il proclame l'unité profonde à la lumière des soubresauts de la période post-conciliaire.

---

[1]   *L'Église 1965-1972*, Paris, Le Centurion, 1972, 269 p.

[2]   Bernard Tissier de Mallerais, *Marcel Lefebvre. Une vie*, Paris, Clovis, 2002, p. 495-509.

[3]   «Témoignage», in *Le Deuxième Concile...*, p. 3-8. Voir aussi «Retrouver l'élan initial...» et *50 ans de vie d'Église*, Paris, Desclée, 1983, 116 p.

[4]   «Les deux hommes qui ont dominé les travaux, du côté français, sont deux hommes attachés à la doctrine: MM. Garrone et Ancel», note Mgr Guerry après la première session, APSMC, journal, 3 janvier 1963.

ANNEXES

Annexe 1 – Repères biographiques

1901 (12 octobre) – Naissance à Aix-les-Bains.

1911-1918 – Études secondaires au collège Notre-Dame de la Villette.

1918 (octobre) – Étudiant au Séminaire français de Rome.

1925 (11 avril) – Ordination sacerdotale dans la basilique Saint-Jean de Latran.

1925 – docteur en théologie de l'Université pontificale grégorienne.

1925-1926 – Enseignant au collège Notre-Dame de la Villette. Préparation de la licence ès lettres à l'Université de Grenoble.

1926 (octobre) – Professeur au grand séminaire de Chambéry.

1930 – Diplôme d'études supérieures de philosophie à l'Université de Grenoble.

1939 (septembre) – Capitaine au 97ᵉ régiment d'infanterie alpine.

1940 (juin)-1945 (mai) – Prisonnier de guerre en Allemagne puis en Autriche (Oflag XVII A).

1945 – Supérieur du grand séminaire de Chambéry et directeur de l'enseignement libre.

1947 (24 avril) – Archevêque titulaire de Lemnus et coadjuteur de Mgr Saliège, archevêque de Toulouse.

1947 (24 juin) – Sacre épiscopal dans la cathédrale de Chambéry.

1954 (août) – Rédaction du nouveau directoire de la Mission de France.

1954 (automne) – Prise en charge de l'administration du diocèse de Toulouse.

1956 (5 novembre) – Archevêque de Toulouse.

1958 (printemps) – Président de la commission épiscopale du clergé et des séminaires et de la commission épiscopale des milieux indépendants.

1959-1960 – Responsable de la préparation de la quatrième assemblée plénière de l'épiscopat français.

1960 (31 août) – Membre de la commission conciliaire préparatoire pour l'apostolat des laïcs.

1961 (automne) – Président de la commission épiscopale du clergé et des séminaires et de la région apostolique du Midi.

1962 (20 octobre) – Membre élu de la commission théologique conciliaire.

1964 (18-19 mai) – Vice-président du conseil permanent de la Conférence épiscopale française.

1966 (26 janvier) – Pro-préfet de la Congrégation des séminaires et des universités.

1966 (5 mars) – Archevêque titulaire de Turres in Numidia.

1967 (26 juin) – Cardinal-prêtre de Sainte-Sabine.

1968 (17 janvier)-1980 (15 janvier) – Préfet de la Congrégation pour l'éducation catholique.

1982 (20 mai)-1988 (19 avril) – Président du comité de présidence du Conseil pontifical de la culture.

1985 (novembre) – Exposé introductif devant le synode extraordinaire des évêques convoqué à Rome pour le vingtième anniversaire de Vatican II.

1994 (15 janvier) – Décès à Rome.

1994 (18 janvier) – Messe de funérailles dans la basilique Saint-Pierre de Rome.

1994 (28 mars) – Inhumation dans la chapelle du Séminaire français de Rome.

Annexe 2 – Interventions orales (1962-1965)

Date	Schéma	Références
10 novembre 1962	De sacra liturgia	AS, I-II, 453-455
19 novembre 1962	De fontibus revelationis	AS, I-III, 189-192
1ᵉʳ octobre 1963	De Ecclesia	AS, II-I, 374-375
5 novembre 1963	De episcopis	AS II-IV, 465-466
19 novembre 1963	De oecumenismo	AS, II-V, 561-562
25 septembre 1964	De libertate religiosa	AS, III-II, 533-535
23 octobre 1964	De Ecclesia in mundo huius temporis	AS, III-V, 636-638
17 novembre 1964	De institutione sacerdotali	AS, III-VIII, 171-173
28 septembre 1965	De Ecclesia in mundo huius temporis	AS, IV-II, 634-635
6 octobre 1965	De Ecclesia in mundo huius temporis	AS, IV-III, 607-608

Annexe 3 – Remarques écrites (1962-1965)

Date	Schéma	Références
Novembre 1962	De sacra liturgia	AS, I-II, 712-713
Novembre 1962	De Ecclesia	AS, I-IV, 498-499
Novembre 1962	De fontibus revelationis	AS, Appendix, 528-529
Octobre 1963	De Ecclesia	AS, II-III, 465-467
Octobre 1963	De Ecclesia	AS, II-IV, 190-191
Novembre 1964	De activitate missionali Ecclesiae	AS, III-VI, 540-541
Décembre 1964	De ministerio et vita presbyterorum	AS, Appendix, 659-661
Septembre 1965	De libertate religiosa	AS, IV-II, 164-165
Novembre 1965	De ministerio et vita presbyterorum	AS, IV-V, 338-339

Annexe 4 – Rapports présentés dans l'aula conciliaire

Date	Schéma	Références
17 septembre 1964	*De Ecclesia* (chap. 2 *De populo Dei*)	*AS*, III-I, 500-504
21 septembre 1965	*De Ecclesia in mundo...* (rapport général)	*AS*, IV-I, 553-558
8 octobre 1965	*De Ecclesia in mundo...* (conclusion du débat)	*AS*, IV-III, 735-738
15 novembre 1965	*De Ecclesia in mundo...* (rapport général après révision)	*AS*, IV-VI, 560-563
2 décembre 1965	*De Ecclesia in mundo...* (rapport général après révision)	*AS*, IV-VII, 464-469

YVES CONGAR ET LA GENÈSE
DE LA CONSTITUTION *LUMEN GENTIUM*

par Éric Mahieu

Congar précurseur du concile

Yves Congar[1], né en 1904, entré chez les dominicains de la province de France en 1925, s'oriente dès 1928 vers l'ecclésiologie. Se préparant, en 1930, à son ordination sacerdotale, il médite le chapitre 17 de l'Évangile selon saint Jean et ressent un appel à œuvrer pour l'unité de tous ceux qui croient en Jésus-Christ. Plus tard, il écrira : « J'ai dit que j'avais alors *reconnu* une vocation œcuménique qui était, du même mouvement, vocation ecclésiologique, mais le germe en avait été déposé en moi depuis plusieurs années, sans doute même depuis mon enfance[2]. »

À partir de 1932, il enseigne l'ecclésiologie tout en prenant part aux recherches œcuméniques à travers de nombreuses rencontres. Ces premiers engagements théologiques se trouvent stimulés par

---

[1] Pour une biographie développée, voir Étienne Fouilloux, « Frère Yves, cardinal Congar, dominicain. Itinéraire d'un théologien », in *Revue des sciences philosophiques et théologiques*, 1995, p. 379-404 ; Jean-Pierre Jossua, *Le Père Congar : la théologie au service du peuple de Dieu*, Paris, Cerf, 1967. Étienne Fouilloux a édité et présenté de précieux fragments de journaux ou de mémoires écrits avant le concile : *Journal d'un théologien (1946-1956)*, Paris, Cerf, 2000. Sur la participation de Congar au concile, on se référera ici à de nombreuses reprises à son journal : *Mon Journal du concile*, présenté et annoté par Éric Mahieu, Paris, Cerf, 2002. Le père Congar est revenu sur son engagement œcuménique dans « Appels et cheminements, 1929-1963 », préface à Yves M.-J. Congar, *Chrétiens en dialogue. Contributions catholiques à l'œcuménisme*, coll. « Unam Sanctam » 50, Paris, Cerf, 1964, p. IX-LXIV, reprise et complétée dix ans plus tard dans *Une passion : l'unité. Réflexions et souvenirs 1929-1973*, coll. « Foi Vivante » 156, Paris, Cerf, 1974 ; il est revenu plus tard sur son itinéraire dans *Une vie pour la vérité. Jean Puyo interroge le père Congar*, Paris, Le Centurion, 1975.

[2] « Appels et cheminements... », p. XI.

l'enquête sur les causes de l'incroyance menée par ses confrères de *La Vie intellectuelle* et à laquelle il donne une conclusion théologique en juillet 1935. Revenant sur cette enquête, il écrira :

> Pour autant [...] que nous avons une responsabilité dans l'incroyance, il m'apparaissait que celle-ci venait de ce que l'Église montrait aux hommes un visage qui trahissait, plus qu'il ne l'exprimait, sa nature vraie, conforme à l'Évangile et à sa propre tradition profonde. La vraie réponse, la conclusion positive, consistait à renouveler notre présentation et pour cela, d'abord, notre propre vision de l'Église en allant au-delà des présentations et de la vision juridique alors et depuis longtemps prédominantes[1].

C'est dans cet esprit qu'il lance, en 1937, aux Éditions du Cerf, la collection ecclésiologique «Unam sanctam» : «La collection se proposait de restaurer et de remettre dans le commerce des idées un certain nombre de thèmes et de valeurs ecclésiologiques profondément traditionnels, mais qui avaient été, depuis la formation d'un traité spécial de l'Église, plus ou moins oubliés ou recouverts par d'autres thèmes de moindre profondeur et de moindre valeur de Tradition[2].» Il publie comme premier volume de cette collection son premier grand ouvrage théologique, *Chrétiens désunis. Principes d'un «œcuménisme» catholique*[3]. De manière novatrice, il n'envisage plus la réunion des Églises comme un simple retour au bercail des chrétiens non catholiques, mais comme la possibilité d'un développement qualitatif de catholicité, les autres Églises ayant su, parfois mieux que la sienne, préserver ou développer certaines valeurs. Cette position hardie occasionnera déjà quelques suspicions à l'égard du jeune théologien.

Prisonnier de guerre de 1940 à 1945, le père Congar reprend, après la Libération, son enseignement. Le catholicisme français connaît alors une vitalité intense, marquée par des recherches bibliques, patristiques et liturgiques et par des initiatives communautaires et apostoliques variées. Le père Congar publie en 1950 *Vraie et fausse réforme dans l'Église*[4], qui fournit des bases ecclésiologiques à ce bouillonnement réformiste, puis en 1953 *Jalons pour une théologie du laïcat*[5], qui revalorise la mission des laïcs dans l'Église catholique. Ses trois premiers grands ouvrages auront une large influence et prépareront ainsi le concile Vatican II.

---

[1]   *Ibid.*, p. XXXIII.
[2]   *Ibid.*, p. XXXIII-XXXIV.
[3]   Coll. «Unam Sanctam» 1.
[4]   Coll. «Unam Sanctam» 20.
[5]   Coll. «Unam Sanctam» 23.

Mais entre-temps, les suspicions romaines ont commencé à peser sur l'activité du théologien et vont freiner, voire geler, ses projets d'édition ou de réédition. Comme il l'écrira plus tard : « Pour ce qui est de moi, je n'ai connu, de ce côté, à partir du début de 1947 jusqu'à la fin de 1956, qu'une suite ininterrompue de dénonciations, d'avertissements, de mesures restrictives ou discriminatoires, d'interventions méfiantes[1]. » En 1954, Congar est frappé par les mesures prises par son ordre qui l'écartent de l'enseignement et restreignent ses possibilités de publication par une censure très stricte. Se faisant plus discret dans ses engagements œcuméniques, il va se consacrer désormais essentiellement à l'histoire de l'ecclésiologie, convaincu que la compréhension des évolutions historiques permet de dépasser certains blocages et de retrouver certains équilibres.

À la fin de 1956, Congar est accueilli au couvent de Strasbourg dont l'évêque, Mgr Weber, lui est favorable. Il n'est certes pas réintégré dans l'enseignement, mais la fin du pontificat de Pie XII et surtout l'ouverture de celui de Jean XXIII permettent un certain adoucissement de la censure. Il poursuit une vaste étude historique et théologique sur la Tradition[2], question alors au premier plan des travaux théologiques du Conseil œcuménique des Églises. Dans ces années qui précèdent l'ouverture du concile, ses publications reprennent un rythme plus soutenu. Bien que de taille modeste et répondant à des sollicitations ponctuelles, elles sont cependant le témoin d'une nette évolution de ses convictions ecclésiologiques depuis les *Jalons* de 1953. Elles intègrent plus harmonieusement les apports que Congar a pu tirer de sa fréquentation des ecclésiologies orthodoxes et protestantes. En voici les points saillants :

a) Il est essentiel de situer l'Église dans le dessein de Dieu et l'histoire du salut, surtout dans la situation actuelle où elle côtoie une pluralité de religions et de visions du monde. Pour mieux synthétiser la mission de l'Église, Congar met en valeur la notion de « sacrement du salut ». Plus précisément, on peut dire de l'Église qu'elle est le sacrement eschatologique du salut, puisqu'elle manifeste au monde ce qu'il est appelé à devenir dans le dessein de Dieu. Cette dimension eschatologique est, reconnaît-il, un des grands enrichissements des années qui ont suivi la Seconde Guerre mondiale et doit beaucoup aux travaux des exégètes et théologiens protestants.

[1]   « Appels et cheminements... », p. XLVI.
[2]   *La Tradition et les traditions*, Paris, Fayard, 1960 et 1963.

b) L'Église est tout entière un unique sujet de transmission de la foi, de mission et de témoignage, même si elle l'est de manière organique à la manière d'un corps où les fonctions sont diversifiées.

c) La notion de Peuple de Dieu, remise en valeur à partir des années 1940, permet de décrire l'aspect pleinement historique de l'Église et, notamment, sa continuité avec le Peuple de l'ancienne Alliance et les faiblesses de ses membres. Si on la prend comme point de départ d'une ecclésiologie, elle appelle cependant celle de Corps du Christ qui marque bien le saut qualitatif franchi dans la nouvelle Alliance. Pour le traité sur l'Église que Congar envisage toujours d'écrire, il a d'ailleurs prévu comme titre : *L'Église Peuple de Dieu et mystiquement Corps du Christ*.

d) L'image du Corps mystique, que Pie XII considérait comme la meilleure pour définir l'Église, ne doit pas être interprétée, de façon réductrice, selon un modèle organique ou biologique et dans un sens d'identité et d'adéquation pure et simple entre le Christ et son corps. La théologie paulinienne met au premier plan l'influence que le Christ glorieux exerce en permanence sur ceux qui croient en lui et appelle à reconnaître, comme les protestants le soulignent, l'écart et la tension entre le Christ glorieux et son corps qui est l'Église encore en chemin, envisagée dans son historicité et avec ses faiblesses ; ceci met en relief l'intérêt de la notion paulinienne complémentaire d'Église épouse du Christ.

e) Dans les élaborations ecclésiologiques, la primauté doit être donnée à l'être chrétien, à l'existence chrétienne sous l'influence du Christ glorieux, sur les structures qui sont secondes, au service cette existence chrétienne. La considération de l'aspect hiérarchique de l'Église a pris une place de plus en plus prépondérante et excessive dans le catholicisme des derniers siècles en réaction à certaines menaces graves. L'ecclésiologie des Pères était avant tout une anthropologie chrétienne, une description de la vie chrétienne, et Congar souhaite qu'on y revienne, tout en tenant compte des acquis du second millénaire sur la structure ecclésiale.

f) Grâce aux orthodoxes, Congar s'oriente nettement vers une ecclésiologie de communion, qui intègre tout le positif de la *Sobornost'*, expression russe qu'il traduit par collégialité, mais qui signifie également communion : communion au Dieu

Trinité, communion entre chrétiens à travers la vie des communautés chrétiennes et entre Églises locales dans l'échange des dons et des services; communion au sein de laquelle les ministères sont situés organiquement comme des services et non simplement comme des pouvoirs. Le ministère pétrinien lui-même doit être repensé au sein de cette ecclésiologie de communion qu'il avait le projet de développer au seuil des années 1950, projet contrarié par ses démêlés avec les autorités romaines.

Sans être systématisés dans le traité *De Ecclesia* que Congar garde en projet depuis ses premiers pas d'ecclésiologue, ces points saillants témoignent d'une maturation de sa réflexion ecclésiologique et préfigurent quelques-uns des grands apports ecclésiologiques de Vatican II. Ils sont à l'arrière-plan des desiderata que formule Congar dès l'annonce du concile, puis dans sa participation à la commission théologique préparatoire et au tout début du concile jusqu'à son entrée dans la rédaction du *De Ecclesia* en mars 1963.

L'ACTION DE CONGAR À PARTIR DE L'ANNONCE DU CONCILE

Le 28 octobre 1958, Angelo Giuseppe Roncalli est élu pape et prend le nom de Jean XXIII. À son ami Christophe-Jean Dumont, o.p., directeur du Centre Istina, Congar écrit le 12 janvier 1959: «Jean XXIII? Il faudrait une si totale conversion de Rome! Conversion à ne pas prétendre tout régenter: ce qui, sous Pie XII, a pris des dimensions inégalées jusque-là et a abouti à un paternalisme et à un crétinisme sans fond[1].» Mais voilà que le nouveau pape annonce, le 25 janvier, la convocation d'un concile œcuménique! Trois jours plus tard, Congar écrit à Bernard Dupuy[2], o.p.: «Évidemment, il y a du nouveau. C'est très sérieux. On ne peut guère espérer que le concile soit un concile d'union, c'est-à-dire qui décrète l'union, mais on peut espérer qu'il en avance très sérieusement la cause[3].»

Quelques jours plus tard, le 7 février, Congar accueille en son couvent de Strasbourg quelques-uns de ses amis de la Conférence

---

[1] Archives du Centre Istina.

[2] Bernard-Dominique Dupuy, alors professeur d'ecclésiologie aux facultés du Saulchoir.

[3] Archives du Centre Istina.

catholique pour les questions œcuméniques dont J. Willebrands, son fondateur, Olivier Rousseau, o.s.b., de l'abbaye de Chevetogne, et C.-J. Dumont, et on décide de préparer une «Note à l'intention des évêques sur les voies d'un rapprochement réussi entre les Églises». Celle-ci, mise au point par Dumont et datée du 15 juin 1959, sera diffusée largement auprès de l'épiscopat catholique. Elle propose de partir de la notion de communion pour traduire nos liens avec les autres Églises.

Mais l'annonce du concile n'a pas uniquement, selon Congar, un intérêt pour les avancées œcuméniques; elle permet également, et les deux choses sont toujours liées chez lui, d'espérer un renouveau au plan ecclésiologique. Un an plus tard, au moment où il commence à rédiger un journal du concile, Congar écrira en effet:

> Nous sommes un certain nombre à avoir vu tout de suite dans le concile une possibilité pour la cause, non seulement, de l'unionisme, mais de l'ecclésiologie. Nous y avons perçu une occasion, qu'il fallait exploiter au maximum, d'accélérer la récupération des valeurs Épiscopat et *Ecclesia*, en ecclésiologie, et de faire un progrès substantiel au point de vue œcuménique[1].

Notons ici les deux valeurs principales qu'il souhaite que l'on récupère en ecclésiologie: épiscopat et *ecclesia*. Si le thème de l'épiscopat apparaît vite à tous comme incontournable dans l'agenda du futur concile, le fait d'ajouter ici à ce thème celui de l'*ecclesia* est propre au vocabulaire et aux préoccupations de Congar: le mot *ecclesia* signifie pour lui la communauté chrétienne, qui était première dans l'ecclésiologie des Pères et à laquelle il faut redonner toute sa place aujourd'hui. Nous voilà proches de l'ecclésiologie de communion que promeut alors Congar.

Quelques jours seulement après l'annonce du futur concile, Congar publie le 15 février 1959 dans les *Informations catholiques internationales* un article[2] sans nom d'auteur et qui se veut *a priori* essentiellement informatif, mais dans lequel il révèle déjà ses souhaits quant à l'œcuménisme et à la rénovation interne de l'Église catholique.

Il relève tout d'abord l'importance du collège apostolique aux origines de l'Église: «Jésus a choisi et institué les Douze pour être les colonnes du Nouvel Israël, du Temple spirituel[3].» Plus largement,

---

[1]   *Mon Journal...*, t. I, p. 4.

[2]   «Les conciles dans la vie de l'Église», p. 17-26, repris in *Sainte Église*, Paris, Cerf, 1963, p. 303-325.

[3]   *Ibid.*, p. 303.

Congar note que dans les Actes des apôtres, «sans cesse un régime collégial s'articule avec une structure hiérarchique[1]». Ce principe collégial s'élargit d'ailleurs à toute la communauté ecclésiale au-delà des Douze, car l'Église est «proprement une communauté, une communion[2]». En quelques phrases, Congar esquisse ce qui pourrait être un des fruits du concile : la fin de ce qu'il considère comme une dérive monarchiste de l'Église ayant atteint son sommet sous le règne de Pie XII et la transition vers une ecclésiologie de communion, liée à une approche collégiale de l'épiscopat. Congar rappelle que Vatican I ne put achever son œuvre ecclésiologique, ayant dû se limiter à la seule doctrine du primat romain, et ajoute qu'il semble bien que Jean XXIII souhaite compléter Vatican I par une doctrine de la fonction épiscopale. Pour Congar, cette complémentarité entre l'épiscopat et le primat romain est opportune dans un monde à la fois plus unifié et en proie à diverses formes de nationalismes. Mais cette situation internationale ne fait qu'appeler tout simplement un retour à la tradition la plus profonde de l'Église «qui n'est pas seulement papale, mais conciliaire[3]». Congar explique ensuite[4] pourquoi Vatican I n'a pas rendu les conciles inutiles : ceux-ci permettent d'affiner la réponse de l'Église aux besoins ou aux problèmes du temps et traduisent, comme il l'a déjà dit plus haut, une valeur profonde de la nature de l'Église, qui est «essentiellement communion[5]».

Assez rapidement, Congar se lance avec son confrère B.-D. Dupuy dans la préparation d'un volume collectif sur l'épiscopat auquel il songeait depuis un moment : ce sera *L'Épiscopat et l'Église universelle*[6], qui paraîtra à la veille de l'ouverture du concile. Sans être lui-même un spécialiste de l'épiscopat et de la collégialité épiscopale, Congar obtient la contribution de quelques-uns des théologiens qui vont jouer un rôle de premier plan au concile sur cette question, notamment Joseph Lécuyer, c.ss.p., et Karl Rahner. Durant le concile, Congar n'hésitera pas à consulter B.-D. Dupuy sur ces questions qu'il connaît bien et sur lesquelles il conseille l'épiscopat français. Congar écrira durant le concile que celui-ci a avancé là où on avait travaillé. Le retour de la question de l'épiscopat est alors assez récent dans les préoccupations des théologiens, mais ce volume permet

---

[1]   *Ibid.*
[2]   *Ibid.*, p. 304.
[3]   *Ibid.*, p. 310.
[4]   *Ibid.*, p. 312-315.
[5]   *Ibid.*, p. 315.
[6]   Coll. «Unam Sanctam» 39.

cependant d'offrir un dossier bien étoffé à la veille de l'ouverture du concile. Congar écrit lui-même deux contributions majeures pour ce volume : la première[1], qui aura un impact important sur les Pères, envisage la hiérarchie comme étant dans sa nature même un service et non simplement un pouvoir qui devrait être exercé dans un esprit de service. La seconde[2] invite à revaloriser la tradition antique et orientale qui voit l'Église comme une communion d'Églises locales, alors que l'Occident a développé le modèle d'une Église universelle.

Au mois d'août de la même année, Congar est consulté par l'évêque de Strasbourg, Mgr Weber, qui prépare sa réponse à la consultation antépréparatoire en vue du concile. Dans le texte[3] qu'il lui envoie, Congar émet le souhait que les questions doctrinales abordées au concile soient uniquement celles qui sont soulevées par les deux objectifs proposés par le pape : la rénovation pastorale et l'unité des chrétiens.

Concernant la rénovation pastorale de l'Église, Congar souhaite qu'elle lui permette de mieux remplir sa mission dans le monde. Dans un rapport pour Mgr Elchinger, évêque coadjuteur de Strasbourg[4], Congar reprendra ce point en le formalisant sous une forme quasi axiomatique : « La mission comme coextensive à l'Église, comme essentielle à la condition de l'Église telle qu'elle existe entre la Pentecôte et la Parousie[5]. » C'est dans le cadre de cette Église en état de mission que Congar aborde le rôle des laïcs, et non à propos de questions de vie ou d'organisation internes à l'Église. Certes, il mentionne des structures à mettre en place pour que le laïcat soit associé à la mission de l'Église, mais plus fondamental encore lui semble être l'esprit qui doit vivifier ces structures : « Cet esprit ne peut venir que d'une ecclésiologie de l'*ecclesia*, c'est-à-dire de la communauté chrétienne, complétant ou corrigeant la pure ecclésiologie des médiations hiérarchiques qui a prévalu depuis le Moyen Âge[6]. »

Concernant l'unité des chrétiens, Congar propose alors une démarche selon lui inédite dans l'Église catholique : « s'efforcer de comprendre les questions qui étaient posées à l'Église dans la rupture entre l'Orient et l'Occident, puis dans la grande déchirure du XVIe siècle. Dans la mesure où cela est possible, s'ouvrir à ces ques-

---

[1]   « La hiérarchie comme service selon le Nouveau Testament et les documents de la Tradition. »

[2]   « De la communion des Églises à une ecclésiologie de l'Église universelle. »

[3]   *Ibid.*

[4]   *Ibid.*

[5]   Rapport à Mgr Elchinger.

[6]   *Ibid.*

tions et accepter les "mises en question" qu'elles comportent[1]. » Au fond, Congar propose au concile de faire ce qu'il fait lui-même dans son travail d'ecclésiologue : très tôt, il s'est ouvert aux questions et aux apports des autres Églises pour rénover son ecclésiologie. Les erreurs ont été condamnées en leur temps, il le fallait, mais on n'a guère pris le temps d'écouter les questions posées. Congar pense ainsi qu'il faudra non pas changer le dogme ou la doctrine, mais mieux les expliquer. Il indique deux pistes importantes pour lui :

– Dans le dialogue avec les orthodoxes, il propose de reprendre la définition de l'infaillibilité papale définie à Vatican I «dans le sens d'une ecclésiologie de l'*ecclesia*, c'est-à-dire d'une ecclésiologie de l'Église comme communion[2] ».

– Avec les protestants, il propose de creuser la notion de Tradition.

Congar revient, dans sa conclusion, sur ce qui est indispensable à l'Église catholique si elle veut rejoindre les autres chrétiens et le monde actuel. Se référant à sa conclusion à l'enquête sur l'incroyance de 1935, il en maintient la validité en s'appuyant sur ses trente ans d'expérience sacerdotale et œcuménique, mais aussi sur sa connaissance de l'histoire de l'ecclésiologie : «Le fond de la question est ecclésiologique. Il faut remonter, à travers des siècles où l'Église a pris, dans la société et à ses yeux, des formes juridiques d'autorité et de prestige, des attitudes "paternalistes", il faut, disons-nous, remonter au sens ecclésial des Pères et du Nouveau Testament[3]. » Congar détaille les développements historiques qui ont donné à l'Église un visage repoussant : a) les moyens visibles et humains de grâce qui ont pris le pas sur l'actualité de l'action divine ; b) les personnes les plus élevées isolées de l'*ecclesia* ; c) le juridisme ; d) le rôle politique de l'Église en chrétienté.

CONGAR CONSULTEUR DE LA COMMISSION THÉOLOGIQUE PRÉPARATOIRE

Les premiers mois

Nommé consulteur de la commission théologique préparatoire en juillet 1960, Congar hésite : cette commission est présidée par le cardinal Ottaviani, responsable du Saint-Office, et le secrétaire en est

---

[1]　*Ibid.*

[2]　*Ibid.*

[3]　*Ibid.*

le père Sebastian Tromp, s.j., théologien très influent sous le pontificat de Pie XII; ces deux hommes lui rappellent les suspicions
romaines dont il a été l'objet dans les années 1950 et dont il se remet
à peine. Ne sera-t-il pas l'otage de cette commission, tenu en effet au
secret conciliaire? Cependant, Congar décide de jouer le jeu, adop-
tant ainsi dès le départ l'attitude de collaboration loyale qu'il gardera
tout au long du travail conciliaire, quelle qu'en soit l'orientation
d'ensemble.

Congar reçoit fin juillet la circulaire adressée par Ottaviani et
Tromp à tous les consulteurs de sa commission, les invitant à préciser
sur quelles questions ils aimeraient être consultés et à envoyer dès
maintenant leurs propositions. Il répond à Ottaviani le 15 août
suivant[1]. Quant aux questions sur lesquelles il serait le plus utile, il
indique principalement deux domaines:

a) L'Écriture et la Tradition. Il signale qu'il est en train de terminer le deuxième volume de son étude sur la Tradition.

b) Le *De Ecclesia*. Depuis 1928 ou 1929, on lui a, en effet, proposé d'écrire un traité théologique *De Ecclesia*. Les événements
l'ont empêché de mener ce projet à bonne fin. De plus, il
travaille, spécialement depuis 1954[2], à une étude des doctrines
ecclésiologiques. Congar mentionne en particulier la question
du laïcat.

Congar annonce également dans cette lettre qu'il enverra plus tard
son avis sur les questions confiées à la commission théologique. Il
rédige, en effet, en septembre un rapport[3] assez substantiel qu'il
envoie non seulement à Ottaviani et à Tromp, mais à tous les
membres et consulteurs, ce qu'il est, semble-t-il, le seul à faire. Il s'y
montre critique quant au programme des questions soumises à la
commission théologique préparatoire, regrettant qu'on n'y tienne
aucun compte des deux objectifs fixés par le pape au concile: la rénovation de l'Église et l'ouverture œcuménique.

Nous nous limiterons ici aux propos de Congar concernant le seul
De Ecclesia. Dans le cahier des charges confié à la commission, il est
question de compléter Vatican I, et ce en particulier sur trois points:

---

[1]   Archives Congar.

[2]   Ces recherches historiques, en cours au moment du concile, aboutiront notamment
à *L'Église de saint Augustin à l'époque moderne*, Paris, Cerf, 1970; l'édition allemande de
cet ouvrage fait partie du *Handbuch der Dogmengeschichte* et sera publiée la même année
aux Éditions Herder, Freiburg im Brisgau.

[3]   Archives Congar.

le Corps mystique, l'épiscopat et le laïcat. Congar va aborder ces trois points, mais il souhaite avant tout qu'on le fasse dans un cadre plus large, estimant que le *De Ecclesia* devrait tenir compte de la recherche menée notamment durant les trente dernières années et permettre ainsi une déclaration plus intégrale de la doctrine sur l'Église. Pour ce faire, il souhaite que des exégètes soient associés au travail conciliaire.

Congar pose alors la question du concept le meilleur à employer pour parler de l'Église. Certes, Congar s'était réjoui en son temps de voir la notion de Corps mystique réhabilitée dans l'encyclique *Mystici corporis* de Pie XII qui la considérait même comme la plus apte à définir l'Église. C'est une notion moins juridique que celle de *societas visibilis inaequalis* qui avait dominé les manuels de théologie dogmatique. Mais l'encyclique avait suscité des insatisfactions lorsqu'elle identifiait Corps mystique et Église catholique et qu'elle considérait que seuls les catholiques étaient de vrais membres du Corps mystique, les autres chrétiens étant seulement « ordonnés » au Corps mystique. Congar est d'avis de privilégier cette notion de Corps mystique, mais en prenant en compte toute la théologie paulinienne sur ce thème et en assumant également les valeurs exprimées par les notions de société, de Peuple de Dieu et de communion. Congar propose d'ailleurs que des études soient entreprises sur les notions d'Église communion et de communion d'Églises.

Il souhaite également que le concile réponde à une attente générale en abordant la question du rapport de l'Église avec le monde, avec l'histoire humaine et avec son terme dans le Royaume de Dieu accompli. Ceci permettra de situer la mission d'évangélisation de l'Église, de la voir non comme un cadre tout fait mais dans son dynamisme historique et de préciser le sens à donner à l'effort humain et au progrès dans l'achèvement du Royaume de Dieu (ce qu'a eu le mérite de tenter Teilhard de Chardin). Pour ce faire, Congar propose une autre notion qui sera importante dans son travail conciliaire : « L'Église est le Corps du Christ ; on pourrait aussi bien la définir comme le sacrement [...] du salut eschatologique[1]. » Cette expression permet d'expliciter l'Église dans sa mission et son rapport à l'histoire et au Royaume. L'Église indique et anticipe ce à quoi le monde est destiné.

Enfin, concernant la question de l'épiscopat, Congar estime qu'il y aurait des questions à approfondir en vue du concile au sujet du rapport entre le pape et les évêques :

---

[1]   *Ibid.*

- Il faudrait mieux préciser les rapports entre Pierre et les autres apôtres, puis, à partir de là, la différence entre l'évêque de Rome comme successeur de Pierre et les autres évêques comme successeurs des apôtres.

- Il faudrait reprendre la question de l'origine de la juridiction des évêques. Certes, Pie XII a affirmé plusieurs fois qu'elle dérive du pape, mais il y a là un obstacle insurmontable à tout rapprochement avec les orthodoxes. Congar invite à traiter la question à partir d'une relecture de l'histoire, selon sa méthode habituelle, et à tenir compte notamment du fait indiscutable qu'à certaines époques, les évêques ne recevaient pas leur juridiction du pape lui-même.

Premiers contacts décevants à Rome en novembre 1960

Tenant à être présent à Rome pour l'ouverture des travaux des commissions préparatoires, Congar y apprend qu'il est assigné à la sous-commission sur l'Église. Si l'ouverture des travaux est purement formelle, elle permet cependant quelques premiers contacts, mais les entretiens personnels qu'il a avec Ottaviani et Tromp s'avèrent décevants : d'une part, ceux-ci refusent tout dialogue avec les autres commissions, ainsi qu'avec le Secrétariat pour l'unité des chrétiens ; d'autre part, Tromp refuse d'aborder les questions particulières au sein d'un ensemble organique plus large comme le souhaite Congar.

Le travail solitaire du consulteur

Dans un premier temps, le travail de Congar se limite à la rédaction, qu'on lui a demandée, d'un texte de propositions (*votum*) pour le chapitre sur les laïcs. Il envoie ce texte à la commission en décembre. Il écrit un peu plus tard à Rome son regret de ne pas avoir été invité à la première session plénière de la commission qui vient d'avoir lieu en février 1961. On lui répond alors que, selon le règlement, les consulteurs ne sont invités à une session que lorsque leurs *vota* doivent y être discutés. Mais cela lui vaut de recevoir une documentation sur cette session et de se voir demander deux autres *vota* qu'il rédige alors : l'un sur la question des membres de l'Église et l'autre sur l'épiscopat et l'Église universelle.

Quant à la question des membres, Congar estime que les expressions «Église» et «Corps mystique» n'envisagent pas la réalité ecclésiale sous le même angle et souhaite des études plus approfondies de la notion de Corps mystique. Pour sortir de la position trop tranchée de Pie XII, il propose soit de parler de «membres imparfaits» pour les chrétiens d'autres Églises, soit de considérer les autres chrétiens non pas individuellement, mais comme membres de diverses «communions» chrétiennes: si l'Église catholique est le sacrement parfait du salut, ses membres n'en vivent pas pleinement, et les autres «communions» chrétiennes ont gardé plus ou moins d'éléments de l'unique sacrement ecclésial.

Dans son *votum* sur les évêques, Congar aborde la question de la collégialité épiscopale. Il la fonde sur le fait que les évêques ne succèdent pas à un apôtre précis, sauf le successeur de Pierre: le collège des évêques succède au collège des apôtres. Par la consécration épiscopale, on devient donc en premier lieu évêque de l'Église catholique, puis, dans un second temps, on reçoit la charge de telle ou telle portion de l'Église. En fait, pour Congar, le fondement le plus solide en faveur de la collégialité épiscopale réside non dans des questions d'organisation pratique, mais dans le fait que l'Église existe en plénitude en chaque Église particulière, au moins quant à ses principes les plus profonds, c'est-à-dire la foi, les sacrements, la communion des saints. L'Église particulière n'est rien d'autre que l'Église de Dieu en tant qu'elle chemine à tel ou tel endroit. Cela rejoint la nature profonde de l'Église comme communion. Congar termine en souhaitant que le concile ne dirime pas la question de l'origine de la juridiction épiscopale. D'une part, les faits historiques s'y opposent; d'autre part, il considère que l'autorité pastorale est reçue dans la consécration elle-même, le pape, selon la discipline actuelle, ne faisant que délimiter le rayon d'action plus précis de chaque évêque.

Congar reçoit une première série de schémas de la commission théologique en août 1961. Mis à part le chapitre du *De Ecclesia* sur les laïcs, il constate qu'on n'y trouve aucune préoccupation œcuménique, aucun renouvellement théologique et, plus radicalement, aucune ouverture à la Parole de Dieu, mais au contraire une simple reprise des déclarations et des positions du magistère pontifical le plus récent. En effet, si son *votum* sur les laïcs rejoint les propositions du théologien de Louvain Gérard Philips, chargé de rédiger ce chapitre, ses deux autres *vota* ont peu de poids face à l'intransigeance du père Tromp qui veut en rester au magistère de Pie XII, tant sur le Corps mystique que sur le pouvoir de juridiction des évêques.

Voyant cette absence d'ouverture œcuménique, Congar, qui a déjà pris les devants en écrivant une lettre angoissée au pape en juillet 1961, songe un moment à faire une critique d'ensemble des schémas dans le même style que ses remarques envoyées à la commission en septembre 1960. Mais il se contente finalement de suivre la procédure prévue et d'envoyer des remarques précises sur les textes déjà reçus.

La participation de Congar aux sessions de la commission à partir de septembre 1961

Les consulteurs de la commission sont invités aux deux dernières sessions plénières de septembre 1961 et mars 1962 et Congar va donc y participer. Il est même invité à une session de la sous-commission *De Ecclesia* en novembre 1961 et son confrère Gagnebet, o.p., qui préside cette sous-commission, s'y montre accueillant. Congar reconnaîtra qu'avec le temps, les échanges sont de plus en plus ouverts. Il repère dès cette période le talent de Gérard Philips qui sait, en habile négociateur (il est sénateur du royaume de Belgique), faire accepter d'heureuses modifications. Malgré tout, constate-t-il, on n'aboutit qu'à des améliorations de détail; psychologiquement, Tromp domine encore la commission.

Les rares tentatives de Congar en faveur d'une approche de l'Église comme communion d'Églises se heurtent à un blocage: mentionnons d'une part un texte proposé en novembre 1961 à la sous-commission *De Ecclesia* pour reconnaître une réelle ecclésialité aux Églises séparées de Rome; et, d'autre part, son soutien actif à Mgr Hermaniuk, un évêque ruthène, rare représentant des Églises orientales dans la commission, qui propose, en mars 1962, de considérer le magistère du pape comme étant toujours exercé en qualité de chef du collège épiscopal, même lorsqu'il agit seul.

Cependant, Congar apprend que la commission centrale préparatoire, chargée d'examiner les schémas de toutes les commissions, émet des critiques qui recoupent les siennes. Il pressent que cette commission, qui comprend des évêques des grandes métropoles internationales, anticipe en quelque sorte sur ce que sera l'expression du collège épiscopal au concile, et cela le rend optimiste à l'approche de la première session.

En mai 1962, cette commission centrale doit tenir son avant-dernière session. Congar écrit en avril à plusieurs de ses membres à propos de quelques points qui laissent fortement à désirer: ce sont Mgr Hurley (Durban), le cardinal Montini, Maximos IV, patriarche des melkites, et les deux cardinaux français de la commission, Liénart et Richaud. En ce qui concerne les questions ecclésiologiques, il signale trois points importants de blocage: la question des membres de l'Église (on en reste à la position de Pie XII), la question de l'origine de la juridiction épiscopale que l'on semble trancher également dans le sens de Pie XII, et la question de la collégialité épiscopale (Congar souhaite qu'on en parle plus expressément et que l'on dise quelque chose des conciles œcuméniques).

LES DÉBUTS DE CONGAR COMME EXPERT DU CONCILE

Première session

Congar ignore encore, durant l'été, s'il sera appelé à Rome comme expert officiel. Il propose cependant à Mgr Weber de l'accompagner comme expert privé, ce qu'il accepte. Ce n'est que le 28 septembre, à quelques jours seulement de l'ouverture du concile, qu'il est nommé *peritus*. Il se réjouit du report des élections aux commissions qu'il considère comme le premier acte conciliaire. Ce qu'il avait pressenti se produit: l'assemblée prend conscience d'elle-même et le concile ne pourra pas être téléguidé d'en haut.

Alors que se déroule la discussion sur le schéma liturgique, on se prépare déjà, dans les milieux ouverts au renouveau théologique, à la discussion des schémas doctrinaux. Congar voit alors reconnue sa compétence ecclésiologique tant par les Pères qui font appel à lui pour préparer telle ou telle intervention que par les nombreux groupes d'évêques qui le sollicitent pour des conférences. Il se retrouve ainsi dès le début dans le «groupe de stratégie conciliaire», réuni par Elchinger. Le cardinal Liénart a demandé à ce dernier d'être l'agent de liaison entre les épiscopats allemand et français, mais le groupe est plus large et comprend des évêques et théologiens allemands, belges, hollandais et français. Ce sont, pour beaucoup, des membres ou futurs membres ou experts de la commission doctrinale du concile et beaucoup d'entre eux auront un certain poids dans la majorité conciliaire. On y trouve des évêques comme Volk, Garrone et Ancel, mais également des théologiens comme Ratzinger, Rahner, Küng et Schillebeeckx. C'est l'un des principaux cercles dans lesquels se discute la question d'un amendement ou d'une refonte complète des schémas préparatoires.

Congar est plutôt partisan d'un amendement; c'est pourquoi il est facilement conquis par le projet, confié à Philips par le cardinal Suenens, d'un *De Ecclesia* qui reprendrait les éléments du schéma de départ en les ordonnant, en les unifiant et en les améliorant au besoin. Congar adhère à cette stratégie qu'on a qualifiée de «possibiliste» face à ceux qui prônent le rejet pur et simple des schémas préparatoires. Mais le schéma *De Ecclesia* que les Pères conciliaires attendent avec impatience ne leur est distribué que le 23 novembre, alors que la session touche à sa fin. Le 28 novembre, Congar se voit chargé par les évêques français d'organiser en leur sein des ateliers de travail. Le débat lui-même, de courte durée, manifeste l'insatisfaction de l'assemblée et la nécessité d'une profonde révision du schéma. On s'achemine en fait vers la préparation de l'intersession avec les interventions des cardinaux Montini et Suenens proposant chacun un véritable programme d'action conciliaire centré sur le thème de l'Église.

Durant toute cette session, Congar est bien conscient qu'il faut du temps pour que le concile réalise son rodage et parvienne à un esprit commun. Il a bien souvent l'impression de perdre son temps et envisage même de ne plus revenir lors de la session suivante afin de se consacrer à son travail de recherche. Cette impression de vide et d'inutilité lui vient probablement du fait qu'il n'est appelé à collaborer dans aucune commission. Il n'est pas convié à l'unique réunion de la commission doctrinale durant cette session. Et lorsqu'une commission mixte est chargée de réélaborer le schéma sur la Révélation, il regrette de n'y être appelé par aucun de ses membres, assuré qu'il pourrait apporter ses compétences sur la question de la Tradition. Cependant, nous allons le voir, il sera bientôt pleinement intégré aux travaux de reprise des schémas préparatoires.

Début de la première intersession

À la fin de la première session, la mise en question des schémas préparatoires favorise une grande ébullition des projets alternatifs pour le *De Ecclesia*. Congar y participe ; il invite les évêques à se concentrer sur ce dossier et ne manque pas d'exprimer avec grande liberté ses desiderata de diverses manières, tant auprès de l'épiscopat français que des promoteurs du schéma Philips.

Il plaide pour un *De Ecclesia* dont la composition aurait elle-même un sens. Il faudrait tout d'abord manifester la mission de l'Église dès que l'on traite de sa nature, bien marquer la primauté de l'existence chrétienne sur les structures, ainsi que l'action immédiate et permanente du Christ glorieux dans la vie des fidèles, comme le souligne le schéma sur la liturgie déjà approuvé, et l'historicité de l'Église. La doctrine de la collégialité épiscopale devrait être davantage développée à partir des vues de J. Lécuyer qui a rédigé le chapitre III du schéma préparatoire. Il faudrait enfin insérer le schéma marial dans le schéma sur l'Église, soit après un chapitre sur le mystère de l'Église, soit en conclusion, Marie étant présentée comme «icône eschatologique de l'Église», selon l'expression de Louis Bouyer.

Congar se trouve maintenant pleinement intégré dans le groupe des théologiens de l'épiscopat français que Daniélou est chargé de coordonner. Ce dernier lance la série des «Études et documents», notes réservées initialement aux évêques français, mais dont le rayonnement franchira vite les frontières. Il sollicitera souvent Congar pour des contributions à cette série durant le concile. Il est également invité à diverses réunions d'évêques français qui vont prendre l'habitude de se retrouver en régions apostoliques entre les sessions pour travailler avec des théologiens et préparer ensemble leurs réactions aux schémas reçus.

Congar, qui croit surtout aux chances du schéma Philips, est sollicité début janvier par Thils, chargé par Suenens de l'amender encore en vue de la commission de coordination et qui lui demande ses suggestions. Congar lui envoie rapidement ses propositions et, quelques jours plus tard, n'hésite pas à se rendre à Louvain sur l'invitation de Thils; avec ce dernier et Mgr De Smedt, il y participe à un ultime remaniement du schéma Philips qui comprend maintenant un paragraphe sur l'Église sacrement du salut, dû probablement à l'influence de Congar, et un chapitre final *De Maria*. C'est ce projet que Suenens présentera fin janvier à Rome à la commission de coordination.

Congar se rend également, ainsi que Philips, à Mayence où il est question du schéma alternatif allemand sur l'Église. Mais ce schéma ressemble, d'après lui, davantage à un traité de théologie qu'à un document conciliaire et la préférence de Congar pour le schéma Philips se confirme; elle sera partagée par Daniélou, ainsi que par Garrone, qui est alors le seul évêque français de la commission doctrinale.

CONGAR ET LA RÉDACTION DE *LUMEN GENTIUM*

Première révision du schéma Philips durant l'intersession

La commission doctrinale se réunit en février 1963 à Rome pour entamer la révision des schémas en fonction des décisions de la commission de coordination et des remarques des Pères. Garrone a demandé à Daniélou de l'y accompagner. C'est alors que le schéma Philips est rapidement choisi comme base de travail par la sous-commission d'évêques chargée du schéma sur l'Église dont fait partie Garrone. On réclame alors de divers côtés la présence de Congar qui va remplacer Daniélou auprès de la sous-commission. Congar se rend immédiatement à Rome et se retrouve dans la sous-commission des experts où il retrouve notamment Philips, Thils et Rahner.

Congar se sent vite intégré dans le petit groupe des experts et évêques belges qui va se montrer très efficace durant le concile; il adhère à sa stratégie: préparation des débats de la commission au Collège belge où la plupart résident, interventions concertées en commission et amélioration du schéma par petites touches. Dès le 5 mars, il déménage au Collège belge. Il y collabore notamment à la nouvelle rédaction du texte sur le Corps mystique dans une vision plus ample que celle de l'encyclique *Mystici corporis*. Le 13 mars, la commission doctrinale achève la mise au point des deux premiers chapitres, celui sur le mystère de l'Église et celui qui concerne l'épiscopat. Congar se réjouit de la collaboration constructive entre majorité et minorité au sein de la commission et des amitiés nouées avec ses confrères belges.

Au printemps 1963, les premiers chapitres du *De Ecclesia* sont prêts et Congar, sollicité de divers côtés, donne son avis. Il reconnaît que ce sont des textes de compromis, un peu trop pâles, mais que le schéma est maintenant bâti de manière synthétique, qu'il comporte de nombreuses améliorations et que d'autres pourront encore venir. Cependant, il note que le schéma reste trop flou sur une question fondamentale: la consécration épiscopale fait-elle entrer dans le collège? L'enjeu plus général est, d'après lui, le suivant: va-t-on passer d'une ecclésiologie juridique à une ecclésiologie sacramentelle, fondée sur les sacrements, notamment du baptême et de l'ordre? Il faut donc attendre la deuxième session.

Entre-temps Suenens, conseillé par Prignon, recteur du Collège belge, a proposé en juillet 1963 à la commission de coordination qu'un chapitre II sur le Peuple de Dieu suive le premier chapitre sur le mystère de l'Église et précède celui sur la hiérarchie. Congar n'y est directement pour rien, mais Prignon lui écrira plus tard qu'il a été un de ses inspirateurs. Congar participe en septembre à une rencontre informelle à Malines durant laquelle un projet de chapitre II rédigé par Thils et Cerfaux est examiné et amendé.

Deuxième session

Durant les premières semaines de la deuxième session, Congar appuie fortement le projet de nouveau chapitre II sur le Peuple de Dieu pour deux raisons : d'une part, il donne la primauté à l'existence chrétienne sur les structures qui sont à son service ; d'autre part, il permet de mettre en valeur la dimension historique de l'Église et sa place dans l'histoire du salut et dans l'accomplissement eschatologique de toute l'histoire humaine. S'il se réjouit de cette avancée, Congar fait cependant campagne pour que cette dimension historique structure plus clairement le nouveau chapitre et pour que l'historicité de l'Église, dont les membres restent sujets au péché, y soit développée.

Cette deuxième session est marquée par le grand débat *in aula* sur la collégialité épiscopale. Congar n'est pas un spécialiste de cette question, mais il intervient dans ce débat de diverses manières :

- En y montrant le lien de la collégialité avec une anthropologie de communion et, plus profondément encore, avec la communion des personnes dans la Trinité (il rédige en ce sens une note pour la commission doctrinale) ;
- En proposant l'ajout d'un paragraphe sur l'Église particulière et sur l'Église universelle vue comme communion des Églises particulières. Un tel ajout favoriserait le rapprochement avec les orthodoxes. Ces derniers ont développé une ecclésiologie eucharistique qui est très juste et profonde, mais qui demande à être complétée. Congar rédige un texte en ce sens en vue d'une intervention d'un membre de l'épiscopat français, mais elle ne semble pas avoir trouvé de porte-parole ;
- En préparant une intervention demandant une meilleure explication du dogme de l'infaillibilité pontificale à destination des orthodoxes ; l'archevêque de Rouen, Mgr Martin, qui est en France responsable du comité pour l'unité des chrétiens, en reprend la substance dans une intervention écrite.

Ses amis du Collège belge qui sont en liaison permanente avec le cardinal Suenens lui donnent écho des conflits qui secouent les organes de direction du concile quant à l'éventualité d'un vote d'orientation demandé aux Pères conciliaires. Celui-ci a finalement lieu le 30 octobre et permet à l'assemblée de se prononcer clairement en faveur de la collégialité épiscopale et de la restauration du diaconat permanent. Le matin même de ce vote, Congar est cependant surpris de voir que bien des évêques n'en ont pas encore saisi l'enjeu doctrinal. Par ce vote, le concile reconnaît qu'on entre dans le collège des évêques par la consécration (si on est en communion avec le pape) et que ce collège a pleine autorité sur l'Église tout entière. Mais il faudra encore un an pour que cela soit inséré dans le schéma et voté par le concile, à cause des résistances tant au sein de la commission doctrinale que parmi les Pères les plus conservateurs qui feront le siège du pape.

Mais Congar souhaite comme d'autres que le concile n'oublie pas les prêtres. Le 14 octobre, il donne une conférence aux évêques français; il y évoque la crise qui frappe le clergé du fait que les prêtres se sentent enfermés dans un ministère étroitement cultuel dans un monde qui leur échappe. Il propose alors qu'on développe le passage sur leur ministère dans le chapitre sur la hiérarchie: on pourrait le décrire en reprenant les trois charges ou *tria munera* des évêques (prophétique, pastoral, liturgique) et en envisageant un presbyterium diversifié dans ses missions et qui soit à la fois *cum* et *sub*, avec et sous la conduite de l'évêque. Suite à cette conférence, il est invité à un atelier d'évêques français sur les prêtres et collabore à la rédaction d'un texte d'amendement rédigé avec Dupuy et Le Guillou. Patronné par Renard, évêque de Versailles, ce texte recueillera plus de cent cinquante signatures de Pères conciliaires.

Comme celle de la collégialité, la question de l'intégration du schéma marial dans le *De Ecclesia*, tranchée de justesse dans le sens positif, provoque un débat passionné. Congar souhaite que la Vierge Marie soit regardée non comme au-dessus de l'Église ou extérieure à elle, mais comme un membre éminent et pleinement accompli de l'Église (Marie «icône eschatologique de l'Église»), ce qui permettra de proposer une mariologie équilibrée. Il plaide donc en faveur de l'intégration, comme il l'avait fait dès les premiers mois de l'année.

Suite aux débats, la commission doctrinale entame l'amendement du schéma *De Ecclesia*. Assez logiquement, Congar se retrouve dans la sous-commission chargée de mettre au point le nouveau chapitre II sur le Peuple de Dieu sous la houlette de Mgr Garrone. Il y est chargé de la rédaction des futurs nos 9, 13, 16 et 17 qui sont presque entièrement nouveaux et vont dans le sens de ses propres souhaits:

– Au n° 9, une description du Peuple de Dieu qui tient compte de l'histoire du salut et esquisse une anthropologie chrétienne. Congar y introduit le thème de l'Église comme «peuple messianique», promu par son ami Chenu, et qui lui restera cher.

– Au n° 13, une approche de la catholicité de l'Église, vue de manière dynamique et selon une vision de l'Église comme communion des Églises particulières.

– Aux n°s 16 et 17, une analyse de la situation des diverses catégories de non-chrétiens vis-à-vis du Peuple de Dieu et du salut, analyse qui débouche sur une théologie de la mission.

Le chapitre I sur le mystère de l'Église est bientôt présenté après son amendement à la commission doctrinale. Congar participe, en novembre, à l'examen du texte en commission. Mentionnant les objections des protestants quant aux présentations trop glorieuses de l'Église terrestre, il plaide pour une ecclésiologie plus réaliste sur deux points: il faut reconnaître l'écart entre l'Église et le Royaume de Dieu dont elle est le germe, ainsi que celui entre la vocation de l'Église à la pauvreté évangélique et sa vie concrète[1].

La fin de cette deuxième session est marquée par des élections complémentaires aux commissions, qui vont permettre une meilleure représentation de la majorité conciliaire. Mgr Philips est élu le 2 décembre 1963 secrétaire-adjoint de la commission doctrinale. C'est une reconnaissance officielle pour celui qui a mis en chantier dès le mois d'octobre la révision du nouveau *De Ecclesia* et qui occupe *de facto* le rôle du père Tromp, assez affaibli. Le 8 décembre, Congar, qui vient d'être pleinement réhabilité au cours de l'année comme théologien, tant par le nouveau pape que par l'ordre dominicain, donne une causerie[2] sur le concile au Saulchoir à ses confrères à l'occasion d'une fête en son honneur. Il y constate ce qu'il appelle une mue ecclésiologique: on est passé, en quelques semaines, d'une vision juridique à une vision sacramentelle de l'Église, revenant sur ce point à l'approche des Pères de l'Église et du premier millénaire.

Deuxième intersession

En mars 1964, la commission doctrinale aboutit, dans un climat apaisé et constructif, à un consensus sur les chapitres du schéma déjà amendes et, en particulier, sur la doctrine de la collégialité épiscopale. Mais les opposants à cette doctrine ne désarment pas. En mai 1964, Paul VI fait parvenir à la commission un certain nombre de suggestions qui pourraient satisfaire cette opposition et permettre un vote

---

[1]   Cf. *Mon Journal...*, t. I, p. 543.
[2]   Archives Congar.

quasi unanime. Congar est de retour à Rome en juin. Avec ses amis belges, il met au point l'attitude à adopter : concessions sur certains points, mais refus des suggestions qui mineraient sur le fond le principe de la collégialité.

Au cours de ce séjour, le père Duprey, p.b., qui suit les relations avec les orthodoxes au Secrétariat pour l'unité, alerte Congar sur un passage du futur n° 8 qui affirme que l'Église confiée par le Christ à Pierre et aux apôtres subsiste («*subsistit in*») dans l'Église catholique, bien que des éléments de vérité et de sanctification existent hors d'elle. Cette affirmation qui semble nier l'ecclésialité des Églises orthodoxes pourrait détruire les efforts de rapprochement avec elles. Congar le met en relation avec ses amis belges.

Ce séjour est également l'occasion de sa première entrevue en tête-à-tête avec Paul VI. Comme celui-ci le félicite pour son travail, Congar s'enhardit à lui dire que son ouverture œcuménique appelle «une ecclésiologie qui n'est pas encore élaborée : ecclésiologie de communion, où l'Église apparaisse comme communion d'Églises[1]», mais le pape semble ne pas saisir ce qu'il veut lui dire.

Durant l'été 1964, Congar retrouve ses amis dominicains B.-D. Dupuy et H. Féret et élabore avec eux quelques amendements de détail (des *modi*) pour le *De Ecclesia*. Un certain nombre vise à écarter les obstacles à un rapprochement avec les orthodoxes. Mentionnons quelques-uns d'entre eux :

- À propos du futur n° 8 («*subsistit in*»), donnant écho aux craintes du père Duprey, un *modus*, considérant que l'expression risque de faire difficulté au niveau œcuménique, propose trois formules au choix dont l'une affirme que la société gouvernée par les successeurs des apôtres et par le Pontife romain «*subsistit integro modo in communione catholica*» ;

- Un *modus* pour le n° 18 propose de remettre dans le texte le terme de «coryphée» (chef d'orchestre) pour qualifier la mission du pape ;

- Trois *modi* concernant l'infaillibilité du pape permettent de mieux la situer au sein d'une ecclésiologie de communion.

Troisième session

Au début de la session, Congar, Denis et Lécuyer préparent pour l'épiscopat français plusieurs *modi* concernant le n° 28 sur les prêtres.

---

[1]   *Mon Journal...*, t. II, p. 115.

Ces *modi*, ainsi que ceux préparés par Congar avec Féret et Dupuy, sont pour la plupart acceptés par les évêques français : ils sont présentés par un seul des leurs, le cardinal Lefebvre, afin de contribuer à la majorité des deux tiers nécessaire à l'adoption du schéma *in aula*.

Heureux de voir la commission doctrinale prendre en compte les *modi* qu'il a rédigés au sujet des prêtres, Congar est par contre déçu du peu d'intérêt que porte Philips aux *modi* qu'il propose en vue du rapprochement avec les orthodoxes. Il apprendra peu à peu que Philips, cherchant à assurer un vote unanime du schéma, a dû se concentrer sur le front des anti-collégiaux les plus radicaux et négocier les concessions nécessaires à leur ralliement, notamment la *Nota explicativa praevia* relative au chapitre III du schéma. Congar invite cependant les Pères à approuver la version finale du schéma, contrairement à certains experts de la majorité plus intransigeants.

Entre-temps, Congar, qui fait partie depuis le printemps de la sous-commission de rédaction du nouveau chapitre VII sur le caractère eschatologique de l'Église, met au point une nouvelle rédaction du n° 48 dans laquelle il introduit à propos de l'Église l'expression de « sacrement universel du salut » et qui souligne le renouvellement eschatologique déjà entamé dans l'Église. S'il regrette la proclamation de Marie mère de l'Église par Paul VI, il se réjouit du chapitre VIII marial conclusif qui, avec le chapitre VII, marque bien l'orientation eschatologique de l'Église et propose une doctrine équilibrée sur la Vierge Marie.

DES SOUHAITS DE CONGAR AUX ACQUIS DU CONCILE

La contribution de Congar ne s'achève pas avec la promulgation des documents conciliaires. Très tôt, il se met à orchestrer la publication de commentaires de tous les documents conciliaires, en faisant appel aux acteurs du concile. Ces premiers commentaires resteront donc très précieux pour l'herméneutique. Congar, on l'a vu, avait créé la collection « Unam sanctam » en 1937 pour remettre dans le commerce des idées les valeurs plus ou moins délaissées par le catholicisme au cours de siècles et, bien souvent, mieux honorées par les frères séparés. Il décide que les commentaires des textes du concile concluront la collection qui voit, en quelque sorte, sa mission accomplie grâce au concile. On voit donc ici comment Congar interprète lui-même le concile : non tant comme une rupture que comme la récupération des valeurs plus ou moins estompées ou mises de côté. Nous

avons longuement développé les attentes exprimées par Congar dès
l'annonce du concile et jusqu'à son entrée dans la rédaction du
schéma *De Ecclesia*. Ces attentes reprennent au fond les valeurs que
Congar souhaite voir réintégrer dans l'ecclésiologie conciliaire.
Regardons maintenant dans quelle mesure *Lumen gentium* y répond :

- Tout d'abord l'Église est clairement située dans l'ensemble du
  dessein de Dieu et dans sa mission pour le monde. C'est un des
  grands mérites du chapitre II, même si Congar aurait aimé
  qu'il soit davantage construit selon l'histoire du salut et que la
  dimension historique de l'Église elle-même, marquée par la
  sainteté comme par les faiblesses de ses membres, soit davantage développée. La dimension eschatologique de l'histoire est
  nettement remise en lumière tant à la fin de ce chapitre II que
  dans le n° 48 du chapitre VII, textes à la rédaction desquels
  Congar a travaillé. L'expression de «sacrement du salut» pour
  caractériser l'Église au sein de l'histoire est promue par Congar
  qui a contribué à la faire entrer dans le n° 48 de *Lumen
  gentium*, puis dans *Ad gentes* n° 1 et *Gaudium et spes* n° 45,
  qui se réfèrent tous deux à ce n° 48.

- Comme Congar le signale au long de l'année 1963, on passe
  en quelques mois d'une ecclésiologie juridique à une ecclésiologie sacramentelle, fondée sur les sacrements : ceux de l'initia-
  tion tout d'abord, puis ceux qui structurent la vie ecclésiale,
  notamment l'épiscopat et le diaconat remis en valeur par le
  concile. Le ministère des prêtres lui-même est repensé à partir
  de celui des évêques dont les prêtres sont les collaborateurs.

- Cela va de pair, notamment grâce au chapitre II de *Lumen
  gentium* et à sa situation avant le chapitre abordant les structures hiérarchiques, avec la primauté donnée à l'existence chrétienne sur ces mêmes structures. Ce même chapitre II esquisse
  une anthropologie chrétienne, comme le fait, de manière plus
  développée, *Gaudium et spes*. Le Corps mystique du Christ
  apparaît plus clairement comme l'ensemble de ceux qui
  s'ouvrent à l'action et à l'influence du Christ glorieux et tendent
  vers celui qui est la tête. L'écart entre le Christ et son corps est
  signifié par l'image de l'Église épouse.

- Enfin, l'approche de l'Église comme une communion est un des
  apports majeurs du concile, comme le reconnaîtra le synode
  romain de 1985. Elle est proposée par Congar dès l'annonce
  du concile, et à maintes reprises par la suite, notamment dans
  sa rédaction du n° 13 de *Lumen gentium* puis lors de son

entrevue avec Paul VI. On peut dire d'ailleurs que le développement de la notion de Peuple de Dieu et l'approche plus large
de la notion de Corps mystique vont dans le sens d'une ecclésiologie de communion. D'autre part, la collégialité épiscopale
qui a été simplement affirmée gagnera, selon Congar, à être
approfondie à partir de l'Église vue comme une communion
d'Églises. Plus largement, toute l'ecclésiologie pourra, d'après
lui, être réécrite à partir de cette notion de communion[1].

Certes, Congar est bien conscient du fait que le concile est bien
souvent resté à mi-chemin entre une simple amélioration de ce qu'il
appelle le « système » et une reprise plus profonde à partir de la
Parole de Dieu. Souvent, il détecte de simples germes qui ne
demandent qu'à se développer dans un va-et-vient encore à venir
entre le travail des théologiens et la pratique de l'Église. Pour lui, ce
renouveau ecclésiologique initié par Vatican II ira de pair avec l'ouverture œcuménique. À la fin du concile, il estime que dans l'Église
catholique, on a enfin commencé à écouter les questions des autres
communions chrétiennes. Cette démarche de dialogue, dans laquelle
il avait été lui-même un précurseur, est maintenant reconnue comme
faisant pleinement partie de la mission de l'Église catholique.

---

[1]   « En guise de conclusion », in *L'Église de Vatican II*, t. III, « Unam Sanctam » 51c,
p. 1372.

HENRI DE LUBAC ET LE CONCILE VATICAN II : ESPOIRS ET INQUIÉTUDES D'UN THÉOLOGIEN

par Loïc Figoureux

Même s'il n'était guère connu du grand public[1], le jésuite Henri de Lubac (1896-1991) était, sans conteste, déjà un grand nom de la théologie du XXᵉ siècle quand, en 1959, Jean XXIII annonça sa volonté de réunir un concile œcuménique. Il avait, en effet, largement contribué au bouillonnement théologique de l'entre-deux-guerres et de l'immédiat après-guerre. Ses travaux étaient marqués par la volonté d'œuvrer au ressourcement de la théologie : c'est à l'ensemble de la Tradition catholique, et notamment aux Pères de l'Église[2] – sans exclusive évidemment –, que devait puiser la théologie pour offrir un visage renouvelé et sortir du modèle intransigeant, trop enfermé dans les références à un Magistère récent. Lubac souhaitait également promouvoir une apologétique elle aussi renouvelée, qui ne laisserait

---

[1] Un sondage publié dans les *Informations catholiques internationales* (15 octobre 1961, p. 17) est à ce titre éloquent. L'IFOP soumit à un panel les noms de dix personnalités ecclésiastiques, toutes vivantes, à l'exception du père de Foucauld. Les sondés devaient indiquer s'ils connaissaient ces personnalités, et, si tel était le cas, pourquoi cette personnalité était connue. Henri de Lubac ne figure pas dans la liste, mais Yves Congar en fait partie. Peut-être alors est-il possible d'estimer quelle était l'« aura » dans le grand public d'un théologien. Si l'abbé Pierre occupait déjà les premières places de ces classements, puisque 91 % des sondés déclaraient le connaître, Congar fermait la marche, puisqu'il n'était connu que de 2 % d'entre eux. Rappelons aussi que *Surnaturel*, qui avait joué un grand rôle dans la controverse d'après-guerre à laquelle fut mêlé Henri de Lubac, n'avait été tiré en 1946 qu'à 700 exemplaires. Même chez les catholiques, le père de Lubac n'était que le douzième auteur de livres religieux le plus lu pour les années 1962-1964 (Étienne Fouilloux, *Une Église en quête de liberté*, Paris, DDB, 1998, p. 214).

[2] Rappelons qu'il est l'un des cofondateurs de *Sources chrétiennes*, dont le premier volume parut en 1942 (Étienne Fouilloux, *La Collection «Sources chrétiennes». Éditer les Pères de l'Église au XXᵉ siècle*, Paris, Cerf, 1995).

pas penser que la théologie développe un discours fait d'abstractions, presque sans prise sur le réel, coupé de la vie des hommes du temps. Il ne s'agissait pas là de mettre en œuvre quelque tactique pastorale, mais de faire droit à une exigence : la théologie ne peut rester vivante qu'en auscultant les générations qui se succèdent[1]. C'est une conviction fondamentale chez Lubac, il existe «une certaine harmonie pré-établie entre la Révélation du Christ, prise dans sa plénitude, et l'attente secrète déposée par Dieu au fond de l'homme de tous les temps[2]». Ausculter les générations qui se succèdent, c'est ainsi se donner les moyens de montrer aux hommes en quoi le Christ vient répondre à leurs aspirations.

Cependant, si le père de Lubac fut, pour le moins, étonné d'être convié à participer au concile, c'est qu'il fut mêlé, surtout après-guerre, à une vaste controverse qui fut le drame de sa vie, le hantant jusqu'à la fin. En effet, il apparaissait à l'époque, certes à son corps défendant, comme l'un des chefs de file d'un courant, la «nouvelle théologie», que l'encyclique *Humani generis* de Pie XII, en 1950, avait paru condamner sur plusieurs points[3]. Or, le père de Lubac avait subi des conséquences très directes de cette affaire, et il avait été contraint en 1950, dès avant l'encyclique, de quitter son enseignement de théologie fondamentale aux facultés catholiques de Lyon et de quitter la résidence jésuite de Fourvière. Bien plus, les publications théologiques lui étaient rendues particulièrement difficiles, ce qui explique son intérêt pour le bouddhisme durant ces années qu'il a vécues douloureusement.

---

[1]   Dès sa leçon inaugurale de 1929 aux Facultés catholiques, cette conviction était affirmée : «Mais autant il serait coupable – et vain – de vouloir "adapter" le dogme, de l'accommoder aux caprices de la mode intellectuelle, autant il est nécessaire, non seulement d'étudier la nature humaine en général pour y discerner l'appel de la grâce, mais encore d'ausculter sans cesse les générations qui se succèdent, d'écouter leurs aspirations pour y répondre, d'entendre leurs pensées pour les assimiler. À ce prix seulement, la théologie reste intègre, et vivante» (cité par Jean-Pierre Wagner, *Henri de Lubac*, Paris, Cerf, 2001, p. 191).

[2]   Henri de Lubac, *Carnets du concile*, Paris, Cerf, 2007, II, p. 141-142, 25 septembre 1964.

[3]   L'encyclique ne nomme pas les théologiens incriminés. Les commentaires montrent toutefois que les points en débat concernent tout d'abord le rapport entre la nature et le surnaturel, Lubac étant accusé de compromettre la gratuité du surnaturel par son insistance sur le désir en tout homme de voir Dieu. En outre, il se voit soupçonné d'un possible relativisme dogmatique, qui naîtrait à la fois d'une insistance sur l'insuffisance des formules humaines et d'une dépréciation du thomisme, considéré par toute une théologie néoscolastique comme le meilleur rempart de l'Église contre les erreurs du temps. Lubac se voit enfin accusé par certains de ses opposants d'hypocrisie : il se soumettrait au Magistère en apparence, mais s'en affranchirait en réalité.

Pourtant, en 1960, le père de Lubac apprit par la presse, grâce au journal *La Croix*, qu'il allait devenir consulteur de la commission théologique préparatoire, aux côtés d'hommes qui n'étaient pas pour rien dans les condamnations qu'il avait subies. Il était donc appelé à préparer, avec beaucoup d'autres, des textes qui seraient soumis aux Pères conciliaires.

Le père de Lubac n'ayant pas été, à la différence d'un Yves Congar, un grand acteur de Vatican II[1], nous nous intéresserons ici au regard d'un théologien éminent sur un concile qui semblait, sur plus d'un point, donner raison aux grandes inspirations de sa théologie. Au point que l'un de ses confrères, le père de Soras, pouvait lui écrire à la fin du concile : «En somme, bien des choses sur lesquelles notre génération [...] se sera battue depuis 1930 sont maintenant "officialisées[2]".»

LES CRAINTES D'UNE CATASTROPHE : LE PÈRE DE LUBAC LORS DE LA PHASE PRÉPARATOIRE

La nouvelle de la nomination du père de Lubac comme consulteur de la commission théologique préparatoire pouvait donc apparaître comme un retournement de situation. Pourtant, le père de Lubac n'était pas naïf et savait bien que tous, à Rome, ne le considéraient pas subitement comme parfaitement orthodoxe. Ainsi écrit-il à un confrère, le père Ravier, avant son premier séjour romain : «Nouveau paradoxe : demain matin, je dois me rendre au Saint-Office... pour y siéger! J'y retrouverai les principaux auteurs de la tragédie de Fourvière, et ils n'auront pas plus envers moi les sentiments de père de famille que je n'aurai pour eux les sentiments du fils prodigue et repentant[3].»

Le père de Lubac ne cédait pas là à quelque complexe de persécution. Il pouvait, en effet, constater que les méfiances à son endroit ne s'étaient pas toutes éteintes. Ainsi, le père Ciappi, o.p., consulteur du Saint-Office, membre de la commission théologique préparatoire,

---

[1]   Lubac ne cherche guère à s'insérer dans la mécanique conciliaire. Il rencontre certes une foule de personnes, mais cela ne le conduit pas à un travail collectif sur la durée. Ajoutons que les relations avec les évêques français restaient assez distantes.

[2]   Lettre à Henri de Lubac, 13 décembre 1965, Archives jésuites de France, fonds de Lubac, dossier 7, chemise 7.

[3]   Lettre de Henri de Lubac à André Ravier, 14 novembre 1960, Centre d'archives et d'études du cardinal de Lubac (CAECL), Namur.

avait, lors d'une semaine d'étude sur les conciles (du 13 au 18 novembre 1960), fait l'éloge de Pie XII et de l'encyclique *Humani generis*
qui lui avait permis de condamner plusieurs erreurs «mais surtout le
relativisme dogmatique de certains théologiens, représentants d'une
nouvelle théologie, qui sème des vues fausses et toxiques[1]». Comment
ne pas voir là une allusion à l'affaire de Fourvière et à Henri de Lubac?
Un autre membre de la commission théologique préparatoire se montrait encore plus explicite. En effet, la revue du Latran, *Divinitas*,
publiait un article du recteur, Mgr Piolanti[2]. L'article, consacré au
Magistère et à la théologie, nommait explicitement le père de Lubac,
par trois fois, comme tenant des propositions erronées, car prônant le
relativisme théologique, la théologie ne pouvant parvenir seule à une
formule valable une fois pour toutes, et négligeant le rôle du Magistère[3].

La position du père de Lubac au sein de sa commission ne pouvait
donc être très confortable. Dans la musique orchestrée par le Saint-

---

[1]   «Undici anni dopo, egli si servirà dell'Enciclica Humani generis (12 agosto 1950)
per condannare, sia pure astenendosi dal pronunziare anatèmi, l'idealismo hegeliano,
l'immanentismo, il pragmatismo, l'esistenzialismo ateo, ma specialmente il relativismo
dogmatico di alcuni teologi, esponenti di una nuova teologia, seminatrice di opinioni false
e velenose. Queste opinioni, affidate sovente a fogli dattiloscritti, onde evitare la censura
ecclesiastica, non si limitavano ad attaccare l'uno o l'altro punto secondario della dottrina
cattolica, ma prendevano di mira il valore scientifico della teologia scolastica, il prestigio
normativo del Magisterio della Chiesa e le basi stesse della divina rivelazione», in *Divinitas*, 1961/2, p. 497-498.

[2]   *Divinitas*, 1961/3, p. 531-551. L'article reproduit, en italien cette fois, le *votum* que
Mgr Piolanti avait rédigé pour la faculté de théologie du Latran pour la période antépréparatoire.

[3]   Mgr Piolanti citait *Surnaturel* du père de Lubac, publié en 1946: «Peut-être même
l'âge qui s'achève aura-t-il trop cédé à la tendance de concevoir l'histoire de la théologie
comme une histoire du progrès théologique. Car s'il est vrai que dans le développement du
dogme, il se produit quelque chose de définitif qui autorise à parler de son progrès, on ne
saurait toujours en dire autant dans le cas de la théologie… Bref, si le temps du dogme est
irréversible, le temps de la théologie l'est beaucoup moins.» On retrouve ici un écho du
débat entre des néo-thomistes et leurs contradicteurs. En effet, dans la controverse qui
opposa notamment jésuites et dominicains à la sortie de ce livre, le père de Lubac fut le
principal rédacteur de cette réponse aux fils de saint Dominique: «Nous n'en continuerons
pas moins de penser que le progrès théologique n'est pas chose aussi simple qu'on le sup-
pose; qu'il n'est point aussi absolu. Dans la longue chaîne de la tradition, ce qui suit n'an-
nule pas ce qui précède. Il n'en épuise pas, en se l'assimilant pour sa part, toute la substance
nutritive. On peut affirmer cela sans aucun manque de respect envers saint Thomas» («La
théologie et ses sources. Réponse», in *Recherches de science* religieuse, 33, 1946, p. 385-
401). Or, pour les détracteurs de Henri de Lubac, la théologie scolastique néo-thomiste
n'est pas une forme de théologie parmi d'autres, c'est «l'état vraiment scientifique de la
pensée chrétienne» (M. Labourdette, «La théologie et ses sources», in *Revue thomiste*, 46,
1946, p. 353-371). Lubac vient ainsi s'opposer à ce que le jésuite G. McCool (*From unity to
pluralism, the internal evolution of thomism*, New-York, Fordham University Press, 1989)
appelle le rêve du mouvement néo-thomiste, à savoir la possibilité, pour un seul système
pérenne de théologie, de recueillir tout l'héritage scripturaire et patristique de l'Église.

Office au sein de cette commission[1], Lubac, avec d'autres, se sentait en profonde dissonance. Aussi est-il rapidement catastrophé du tour pris par les débats, et donc des perspectives pour le concile.

Lubac fait plusieurs griefs aux textes en préparation. Tout d'abord, il estime qu'ils se fondent trop souvent sur un Magistère récent, sans se laisser interroger par l'ensemble de la Tradition, le monde contemporain, ni même par l'Écriture. Lubac écrit ainsi dans ses Carnets:

> «*Hoc non fundatur in documentis*»: j'ai entendu cela plus d'une fois. La conclusion qu'on en tire: ce n'est pas une doctrine sûre; c'est une doctrine qu'il convient d'écarter, même si elle a pour elle l'Écriture et la Tradition. Ne comptent que les documents ecclésiastiques, surtout les plus récents. De ces documents, les moindres mots sont reçus comme des absolus. En réponse contre telle idée, ou telle formule, ou telle phrase unilatérale: «*Ipsa verba desumpta sunt ex documentis; sunt in talibus litteris encyclicis, in tali oratione pontificali*». Tout le monde alors n'a plus le droit que de s'incliner[2].

On est bien loin d'un ressourcement patristique et biblique voulu par Henri de Lubac, qui écrivait déjà en 1946, dans *Paradoxes*: «Il n'y a de "paroles d'évangile" que les paroles de l'Évangile. Les paroles des encycliques sont paroles d'encyclique: chose assurément très digne, très importante, mais autre chose[3].» Le grief est d'autant plus grave, pour le jésuite, qu'il estime que c'est ce ressourcement qui doit permettre de réaliser un véritable *aggiornamento*, un véritable renouveau de l'Église, enraciné dans la Tradition, si chère au père de Lubac. Rien de plus étranger au jésuite, en effet, que ce à quoi l'exhorte Olivier de Sayve, conseiller de l'ambassade de France près le Saint-Siège, lorsqu'il l'encourage, lors d'un déjeuner, «à préparer un concile "révolutionnaire"[4]».

Lubac reproche donc aux textes en préparation d'offrir une présentation biaisée du christianisme. De fait, la tournure d'esprit majoritaire de la commission était révélatrice d'une volonté de bâtir un contre-modèle catholique face aux erreurs du temps. La démarche présente toutefois des inconvénients majeurs, et notamment celui de faire prendre aux questions juridiques, aux aspects d'obéissance, de

---

[1] Malgré la préoccupation du père Tromp, s.j., secrétaire de ladite commission, de ne pas laisser penser qu'elle serait une dépendance de la Suprême Congrégation.

[2] *Carnets*, I, 29 septembre 1961, p. 53-54. «Cela n'est pas fondé sur des documents ecclésiastiques. Les termes mêmes proviennent des documents ecclésiastiques, ils figurent dans telle lettre encyclique, dans tel discours pontifical.»

[3] Henri de Lubac, *Paradoxes*, Paris, Le Livre français, 1946. Rééd. *Œuvres complètes*, t. XXXI, Paris, Cerf, 1999, p. 35.

[4] *Carnets*, I, 17 novembre 1960, p. 17.

hiérarchie, une place démesurée. S'il faut serrer les rangs face aux dangers extérieurs, l'obéissance devient de fait primordiale. Mais l'obéissance n'est pas tout. Lubac déplore par exemple, en mars 1962, le sort fait au chapitre *De Deo* du schéma *De deposito fidei*. Ce chapitre sur Dieu ne mentionne que marginalement la révélation de Dieu dans le Christ et donne pour fin de cette révélation le « service » de Dieu. Lubac s'élève contre une telle perspective : Dieu ne s'est pas révélé en Jésus-Christ seulement pour être servi. Il y voit une mentalité obsidionale, obsédée par la hiérarchie, et estime que les rédacteurs pensent ainsi « faciliter la soumission aux chefs de l'Église – qu'ils pensent tenir en main par leurs consultations doctrinales[1] ». Lubac, lui, entend mieux mettre en valeur la dignité de l'homme, image de Dieu, qui n'est pas appelé seulement à servir Dieu, mais aussi à être son fils en Jésus-Christ. Cette volonté de défense aboutit, *in fine*, à étouffer l'essence du christianisme : la Bonne Nouvelle est faite pour être annoncée, et non pas seulement défendue, telle une forteresse assiégée. Déjà, dans un examen de conscience de 1947, Lubac écrivait : « Une doctrine qui ferme les esprits et qui se révèle anti-apostolique, si "sûre" qu'elle se dise, ne peut être, même doctrinalement, une doctrine saine[2]. »

Lubac est ainsi confondu du spectacle donné par sa commission, sur laquelle il n'a presque aucune prise, n'en étant que consulteur et non membre[3]. Il écrivait ainsi de façon révélatrice, durant cette période, qu'il voyait comme deux théologies à l'œuvre :

> On peut dire, à un certain point de vue, qu'il y a deux sortes de théologiens ; les uns disent : relisons l'Écriture, saint Paul, etc. ; scrutons la Tradition ; écoutons les grands théologiens classiques ; n'oublions pas de faire attention aux Grecs ; ne négligeons pas l'histoire ; situons dans ce vaste contexte et comprenons d'après lui les textes ecclésiastiques ; ne manquons pas non plus de nous informer des problèmes, des besoins, des difficultés d'aujourd'hui, etc. – Les autres disent : Relisons tous les textes ecclésiastiques de ces cent dernières années, encycliques, discours, lettres de circonstance, décisions prises contre

---

[1]   *Carnets*, I, 12 mars 1962, p. 87. « Dans cette sorte de théologie, les questions qui touchent au gouvernement de l'Église sont hypertrophiées. Elles intéressent au premier chef ; elles absorbent les forces d'un bataillon de canonistes, dont l'occupation principale semble être de forcer toujours un peu plus les formules juridiques secrétées par leurs prédécesseurs. Certains d'entre eux, considérés comme d'habiles théologiens, semblent n'avoir pas réfléchi un seul instant de leur existence au mystère de la foi ; une telle réflexion serait d'ailleurs incompatible avec leur travail tel qu'ils le comprennent. »

[2]   Archives jésuites de France, A-Pa-127, dossier 7.

[3]   Les consulteurs n'ont pas le droit de vote et ne peuvent s'exprimer qu'à l'invitation d'un membre. La faible participation du père de Lubac aux débats s'explique aussi, et surtout, par sa conviction d'être l'objet de suspicions persistantes.

tel ou tel, *monita* du Saint-Office, etc.; de tout cela, sans en rien laisser perdre ni corriger le moindre mot, faisons une marqueterie, poussons un peu plus loin la pensée, donnons à chaque assertion une valeur plus forte; surtout, ne regardons rien au dehors; ne nous perdons pas dans de nouvelles recherches sur l'Écriture ou la Tradition, ni *a fortiori* sur des pensées récentes, qui nous feraient risquer de relativiser notre absolu. – Seul le théologien de la seconde espèce est considéré comme «sûr» dans un certain milieu[1].

Aussi Lubac se montrait-il très circonspect; le concile pourrait-il sortir de «l'énorme piège que constituaient les schémas de la commission théologique[2]»? Que serait ce concile, en effet, si les Pères conciliaires, appelés à Rome en octobre 1962, approuvaient les schémas de la commission? Il s'inquiétait également pour son confrère Teilhard de Chardin, visé dans le *De ordine morali* et dans le *De deposito*[3]. Il s'inquiétait enfin pour lui-même, car il s'estimait visé par le même texte. Il y retrouvait, en effet, les mêmes accusations de relativisme que celles qui avaient été portées contre lui en 1950[4]. Bien qu'il ne fût pas nommé, il craignait, si le texte était voté, un rapprochement entre le document conciliaire et les accusations de 1950, qui permettrait de conclure à une condamnation par un concile œcuménique. Le jésuite se sentait pris au piège. Au point d'avoir mis en jeu, durant cette phase préparatoire, sa démission, dont il pensait qu'elle gênerait[5].

---

[1]   *Carnets*, I, 29 septembre 1961, p. 53.

[2]   Lettre à Henri Bouillard du 18 décembre 1962, CAECL.

[3]   Lui était reproché dans le premier schéma de minimiser le rôle de la grâce dans le vaste mouvement d'évolution qu'il décrivait. Il retraçait une montée de conscience à travers l'évolution, produisant un effet d'union dont le terme supérieur est le point Oméga, qui est le Christ, déjà existant et opérant dans la masse pensante. Mais cela ne risquait-il pas de laisser croire que c'est par ce mouvement, et par les propres forces de l'homme, que serait obtenu le salut de l'humanité, de façon exagérément optimiste (autre accusation récurrente)? Le *De deposito*, quant à lui, revenait sur la question de la création et accusait Teilhard de remettre en cause le concept de la création *ex nihilo*.

[4]   Notamment dans la lettre du père général, Jean-Baptiste Janssens, à l'assistance de France, en février 1951, ou dans la censure d'un article qu'il souhaitait faire publier sur le père Lebreton. Ce qui lui est reproché est de «diminue[r] la valeur de l'énoncé des dogmes (bien qu'il les dise immuables), et la valeur de l'œuvre de la raison en matière de foi et de théologie. […] Là est opposée explicitement et de façon diffuse aux propositions de foi une autre connaissance de la réalité divine, immédiate et concrète, qu'ont eue les Apôtres, qu'a l'Église, que nous avons aussi d'une certaine façon (car, dit-il, "il n'y a qu'une seule foi", p. 22), et relativement à laquelle nos concepts et les articles de foi eux-mêmes sont partiels, inadéquats, "pauvres". C'est aussi cette connaissance première et concrète qui, l'Église étant pénétrée jour après jour par cette conscience, cause l'évolution du dogme» (censure du 8 octobre 1956 de l'article sur le père Lebreton, CAECL, 72240).

[5]   Y. Congar note ainsi: «S'il n'obtient pas satisfaction [sur la demande d'une explication franche], ou si on lui dit qu'il est en effet visé, il donnerait sa démission au pape. Il pense que la menace de cette démission fera peur aux Romains, que cela gênerait», *Mon Journal du concile*, Paris, Cerf, 2002, I, 28 septembre 1961, p. 78. Le père de Lubac ne fut pas amené à présenter sa démission, puisque le *De deposito* ne fut pas présenté aux Pères.

Une première période conciliaire
enthousiasmante (1962-1963)

Henri de Lubac poursuivit sa carrière romaine, au service du concile, en étant nommé expert (*peritus*) de Vatican II. Le cardinal Ottaviani, président de la commission théologique préparatoire, l'avait, en effet, mentionné dans la liste des consulteurs de la commission qu'il estimait pouvoir devenir experts[1]. Jean XXIII souhaitait également que le père de Lubac devienne expert, si l'on en croit le témoignage du cardinal Tisserant[2]. Le jésuite se trouvait donc plongé dans ce grand tourbillon que fut le concile, pour reprendre un mot qu'il utilise plusieurs fois dans sa correspondance lors de la première session.

C'est d'abord, très logiquement, une certaine inquiétude qui prévaut. Lorsqu'il écrivait à son confrère Henri Bouillard pour lui apprendre sa nomination comme expert du concile, c'est bien la continuité par rapport à la phase préparatoire qui l'emporte : «Je vais me retrouver à peu près en face des mêmes personnages, pour le même genre de débats[3].» Se posait, en effet, la question de savoir si les évêques se révéleraient de véritables acteurs du concile, ou s'ils se contenteraient de ratifier ce qui leur était proposé. Or, le père de Lubac n'avait que peu d'échos de l'état d'esprit dans lequel se trouvaient les évêques à la veille du concile. Encore deux jours après l'ouverture du concile, il écrivait : «Voilà le concile [...] : c'est une grande inconnue. Le pape est plein d'un entrain joyeux, et il donne l'impression de bien savoir où il veut aller. Le Saint-Office a aussi son plan, c'est certain. Comment vont se partager les 2 800 évêques[4] ?» Il est frappant de constater, dans cette lettre, que le père de Lubac n'imagine pas l'émergence d'une véritable conscience conciliaire parmi les évêques, accédant au rang de véritables acteurs du concile, et non réduits à se ranger derrière une position ou une autre. Du reste, c'était l'avis de beaucoup, qui pensaient, en arrivant à

---

[1]   Lettre du cardinal Ottaviani à Mgr Felici du 27 février 1962, *Archivio segreto vaticano*, 660, 4. Le cardinal proposait les noms suivants, dans cet ordre : Tromp, Ciappi, Garofalo, Gagnebet, Piolanti, Schmaus, Cerfaux, Fenton, Philips, Colombo, Balić, Van den Eynde, Trapè, Dhanis, Hürth, Lattanzi, Schauf, Congar, Labourdette, Sigmond, Kloppenburg, Lio, Lubac, Salaverri, Häring, Lécuyer, Bélanger, Kerrigan, Di Fonzo, Castellino, Xiberta.

[2]   «Le cardinal Tisserant me dit que le pape lui a parlé de moi et lui a déclaré sa volonté que je sois expert», *Carnets*, I, 12 octobre 1962, p. 108.

[3]   CAECL, lettre à Henri Bouillard du 5 octobre 1962.

[4]   CAECL, lettre à Bruno de Solages du 13 octobre 1962. Il n'y eut pas 2 800 évêques *in aula*, mais ce n'est évidemment ici qu'un ordre de grandeur.

Rome, qu'une seule session suffirait pour mener à bien l'œuvre conciliaire.

Pourtant, c'est rapidement l'enthousiasme qui l'emporte, au point que Lubac écrit, à la fin de cette session : « En ce moment, un souffle nouveau a commencé à passer sur l'Église, comme pour l'assurer que Jésus-Christ est toujours avec elle et qu'il ne l'abandonnera pas. Ce souffle, tous ceux qui étaient à Rome durant les deux mois de la première session du concile l'ont senti passer. Ils en ont pour ainsi dire touché l'action du doigt. Nos évêques l'ont senti passer sur eux[1]. »

Le père de Lubac s'enthousiasmait bien sûr du rejet des schémas préparatoires (*De fontibus* mais aussi *De Ecclesia*, non par un vote, mais du fait des très nombreuses critiques qui s'étaient exprimées), mais surtout de la conscience conciliaire qui avait émergé. Les Pères avaient compris qu'ils étaient les véritables acteurs du concile, au point de rejeter des schémas préparés par une commission largement dominée par le Saint-Office. Aussi se montra-t-il soucieux que cette avancée soit préservée, tant sa méfiance à l'égard de quelques théologiens romains restait forte. Il craignait en effet, une fois les Pères conciliaires rentrés chez eux, une sorte de mainmise sur le travail des commissions conciliaires par la curie[2], qui ruinerait l'espoir de voir l'Église se ressourcer véritablement, pour présenter au monde un visage plus fidèle au christianisme que celui qui transparaissait dans les documents de la commission théologique.

C'était un point essentiel, car, Lubac y insiste, entre la majorité et la minorité, il n'y avait pas qu'une distinction entre des hommes qui seraient plus soucieux de doctrine et d'autres de pastorale. Il y avait bien une distinction doctrinale. Ainsi, le père de Lubac refusait-il des expressions comme « le terrible cardinal Ottaviani » ou « la rigueur de sa doctrine », car elles laissaient penser que le Saint-Office avait le monopole de la rectitude doctrinale. Lubac écrivait : « On semble croire que l'intégrisme se caractérise par une fermeté plus grande dans la doctrine de la foi, par un refus des concessions humaines

---

[1]   «*Esigenze attuali della nostra fede*», in *Ricerche e dibattiti. Conferenze di cultura cattolica*, Rome, Paolina, 1963, p. 106.

[2]   Yves Congar écrivait alors : «Le P. de Lubac craint aussi qu'entre les deux sessions les gens de Rome ne prétendent remanier les textes, apparemment avec quelques concessions dans le sens du concile ; réellement, dans le sens de la curie. [...] Lubac pense qu'il faudrait qu'un organisme CONCILIAIRE soit créé, qui, entre la première et la deuxième session, s'attache à garder, dans le travail de commission qui sera fait à Rome, l'esprit de la première session, à surveiller les commissions, à renseigner, éventuellement alerter les évêques, sur ce qui se fait, sur la fidélité à leur volonté ou la trahison de celle-ci», *Mon Journal*, I, p. 260-261, 26 novembre 1962.

appauvrissantes, etc. Cela est faux. Il faudrait dire en réalité : "la pauvreté de cette doctrine", sa méconnaissance de la grande tradition. Mettre et multiplier des barrières autour d'un vide : voilà comment l'on pourrait presque définir l'action de certains théologiens du Saint-Office et assimilés[1]. » Le véritable *aggiornamento* refuse de choisir entre un conservatisme sclérosant et un esprit d'adaptation qui ne consisterait qu'à se mettre à la remorque du monde, parce que l'Église estimerait être plus ou moins dépassée. L'*aggiornamento* n'existe pas, en effet, sans esprit traditionnel, sans ancrage dans la lumière du Christ, et l'esprit traditionnel n'existe pas sans aggiornamento, car celui-ci lui évite toute sclérose[2].

Ainsi se montre-t-il tout à fait partisan de la collégialité épiscopale, tant débattue lors de la deuxième session et par la suite. Il y voit en effet l'exemple d'une doctrine tout à fait traditionnelle, obscurcie au fil du temps, mais qui doit permettre un renouveau de l'Église. Affirmer que les évêques, successeurs des apôtres, forment un corps, un collège, et ont eux aussi, avec le pape, une responsabilité à l'égard de l'Église universelle ne peut qu'aller de soi pour le jésuite, qui écrit : « Si l'on ne connaissait l'évolution qui s'est produite en notre siècle et la situation de fait qui en est résulté, il y aurait lieu de s'étonner qu'une vérité catholique aussi certaine fasse l'objet, en cette seconde session du concile, de si longues et si âpres discussions[3]. » Le renouveau esquissé par Paul VI, quand celui-ci proposa, dans son discours à la curie du 21 septembre 1963, l'organisation d'un conseil épiscopal autour du pape, ne pouvait que satisfaire Lubac qui y voyait « une application du principe [de la collégialité], très heureuse et très opportune, quoique contingente[4] ». Il ajoutait :

Surtout dans le cas où le conseil serait composé de représentants élus par l'assemblée des évêques, il y aurait un véritable exercice, autour du pape, de la collégialité épiscopale : non pour restreindre en rien le primat du pape, puisque toute décision appartiendrait toujours à celui-ci, mais au contraire pour permettre à ce primat de s'exercer en meilleure connaissance de cause, – et peut-être aussi (je pense qu'il faut l'ajouter) pour libérer au besoin le pape de l'emprise d'une curie devenue trop puissante et à laquelle diverses circonstances ont fini par donner un rôle qui primitivement n'était pas le sien[5].

[1]   *Carnets*, I, 14 octobre 1962, p. 115.
[2]   «*Esigenze attuali…* », art. cité, p. 93 surtout.
[3]   Note de Henri de Lubac adressée à Mgr Blanchet, recteur de l'Institut catholique de Paris, fonds Blanchet, Institut catholique de Paris, pièce 80, novembre 1963.
[4]   *Ibid.*, p. 4.
[5]   *Ibid.*, p. 5-6.

On le voit, Lubac, pour que l'*aggiornamento* aboutisse, plaçait sa confiance en Paul VI. La décision de ce dernier, annoncée à la fin de la deuxième session, de se rendre en pèlerinage à Jérusalem, le ravit, parce qu'elle était comme le ressourcement de l'Église en acte, la manifestation du nécessaire ancrage dans le Christ:

> Paul VI nous montre, dans sa racine, l'essentiel de cet *aggiornamento* désiré. Il indique ce qui doit le rendre décisif. Si, comme il le disait dans son discours à la curie, l'*aggiornamento* doit être «le perfectionnement de toute chose, interne et externe, dans l'Église», sa réalisation externe serait inefficace ou, pour mieux dire, impossible, si elle ne découlait pas d'une réalisation interne. Avant de s'effectuer dans les institutions ou même dans les mœurs, l'*aggiornamento* doit s'effectuer au-dedans, au cœur même de tout, dans l'attitude de la foi. Dans le christianisme, c'est un geste de foi qui commande tout. Ce geste de foi, Paul VI le réalise par son pèlerinage «de prière, de pénitence et de renouvellement spirituel», en allant adorer Jésus-Christ aux lieux où il est né, a vécu, est mort et ressuscité. Par lui, l'Église proclame qu'elle est l'Église de Jésus-Christ, qu'elle ne veut rien être d'autre. Loin de se faire centre, elle se réfère toute à Jésus-Christ. Elle «s'anéantit» en quelque sorte en baisant les pieds du Christ. Parmi les réformes majeures dont se compose tout programme d'*aggiornamento*, on parle beaucoup aujourd'hui d'une certaine décentralisation. Sans nier l'extrême intérêt de la question pour un regain de vitalité dans tout le corps de l'Église, une chose nous apparaît infiniment plus importante: cette «décentralisation», si l'on peut dire, que l'Église du Christ opère sans doute incessamment d'elle-même sous l'action de l'Esprit du Christ, mais que les hommes qui la composent n'opèrent jamais que très imparfaitement; cette «décentration» spirituelle, en laquelle se manifeste sa plus profonde essence, et que la venue du pape en Terre sainte, dans la posture d'un «très humble adorateur», rendra sensible aux yeux de tous, en même temps qu'elle sera pour tous un appel. La richesse symbolique et la fécondité d'un tel geste ne sont pas près d'être épuisées. [...] Tous ensemble nous pouvons concevoir une grande espérance. Non, l'Église ne cherche pas sa propre gloire, mais la seule gloire de son Seigneur. Dans ce long pèlerinage qui la conduit de la Jérusalem terrestre à la Jérusalem éternelle, elle veut suivre «humblement» ses traces, en se conformant à son exemple comme à sa parole. Si elle appelle tous les hommes, c'est uniquement pour les conduire à lui, en leur communiquant le seul salut qui vient de lui[1].

Ainsi Lubac, lors de cette première période, et même si l'enthousiasme de la nouveauté s'est quelque peu émoussé lors de la deuxième session, a-t-il vécu dans la confiance d'un *aggiornamento* en acte. Certes, il se méfiait de manœuvres qui viendraient saborder l'œuvre conciliaire. Mais ces inquiétudes n'étaient rien à côté de celles qu'il connut lors de la deuxième moitié du concile.

---

[1]   Henri de Lubac, «Paul VI, pèlerin de Jérusalem», in *Christus*, 41, janvier 1964, p. 101-102.

La deuxième moitié du concile :
le temps d'une espérance mâtinée d'inquiétude

Que le père de Lubac ait été particulièrement inquiet à partir de la deuxième moitié du concile est indéniable. Ainsi, son ancien provincial, le père Arminjon, lui écrivait en 1965 : «Que de fois déjà, dans votre existence de théologien, vous avez été blessé au plus profond de vous-même ; pourtant je ne vous ai jamais vu aussi inquiet et angoissé que maintenant[1].» Ces inquiétudes viennent de plusieurs côtés. D'une part, d'une partie de la minorité qui n'a jamais désarmé face à la majorité conciliaire. Le père de Lubac craignait que cette opposition n'aboutît à de trop grands compromis qui priveraient les textes de leur force[2], voire au sabordage du concile. Cette inquiétude était très vive chez lui, et on la mesure bien en lisant sa correspondance à la fin de la troisième session, lors de la «semaine noire» du concile[3].

[1]   Archives jésuites de France, lettre du 3 avril 1965, fonds de Lubac, dossier 34.

[2]   «Ainsi, comme le note avec quelque pointe de critique le père de Lubac qui est près de moi, la toute petite minorité arrivera, en partie au moins, à ses fins. On finira par céder à ses cris comme des parents, pour avoir la paix, finissent par céder à des enfants récalcitrants», Yves Congar, *Mon Journal...*, II, 23 septembre 1964, p. 153.

[3]   Il s'agit de la dernière semaine de la troisième session, en novembre 1964, durant laquelle l'assemblée s'émut de plusieurs rebondissements. D'abord, une note explicative avait été distribuée aux Pères au sujet du chapitre sur la constitution hiérarchique de l'Église. Cette note cherchait notamment à préciser que les pouvoirs du pape n'étaient en rien compromis par la collégialité, puisque la distinction n'était pas à faire entre le pape d'un côté et les évêques de l'autre, comme s'ils formaient un contre-pouvoir, mais entre le pape seul et le pape avec les évêques. Or, le 19 novembre, on annonça aux Pères que le vote d'ensemble sur le schéma sur l'Église comprendrait la note, qui n'avait pas été discutée par l'assemblée. Les Pères devaient donc soit rejeter la constitution, fruit d'un travail gigantesque, soit l'accepter avec une note dont ils n'avaient pas débattu. Certes, beaucoup estimaient qu'elle ne changeait rien sur le fond, mais le procédé était ressenti comme blessant. C'est Paul VI qui était à l'initiative de cette note, soucieux qu'il était de rallier la minorité du concile, mais aussi de préserver les prérogatives de la primauté. L'assemblée fut d'autant plus choquée que, le même jour, alors que le décret sur l'œcuménisme avait déjà été voté chapitre par chapitre, et qu'il ne restait qu'à procéder à un vote d'ensemble, des modifications furent distribuées aux Pères. Elles ne pouvaient être discutées et seraient incluses au texte tel que soumis au vote d'ensemble. Là encore, Paul VI était à l'origine de ces modifications, dans le but de rallier l'unanimité. Et les Pères se trouvaient devant un choix qui n'en était pas vraiment un : voter le texte avec ces modifications qu'ils ne pouvaient discuter ou rejeter l'ensemble, alors qu'ils venaient de l'approuver très largement chapitre par chapitre. Enfin, il fut annoncé aux Pères que le vote sur la liberté religieuse n'aurait finalement pas lieu. Pour la minorité, ce texte était une démission de l'Église, une forme d'indifférentisme. Ce fut la stupeur ; et quand Mgr De Smedt, chargé de ce texte, dut tout de même le présenter, bien qu'il ne fût pas soumis aux votes, la tension accumulée se déchargea en applaudissements d'une intensité inédite. La décision du report revenait, cette fois, après une plainte de la minorité, au conseil de présidence du concile, formé de douze cardinaux,

C'est peu de dire que le père de Lubac fut véritablement catastrophé par ces événements, comme le montre une lettre au père Bernard de Guibert, s.j., du 23 novembre 1964. Il y parle de «jours de deuil pour l'Église», d'un «mal [...] accompli, aux conséquences incalculables», de «quelques hommes (une poignée) [qui] ont voulu ruiner tout *aggiornamento*, supprimer toute chance œcuménique, renvoyer les évêques du monde entier à la condition de valets». Il estime même que «les phénomènes de décadence vont s'accélérer, et [que] peut-être par reaction surgiront des frondes anarchiques, [que] la catholicité tout entière a été bafouée». Sans doute le père de Lubac a-t-il été emporté par l'émotion conciliaire, et, bien vite, il envoya une lettre beaucoup plus apaisée au même père de Guibert, mais cela reste révélateur de ses inquiétudes.

D'autre part, le schéma XIII, consacré aux relations de l'Église avec le monde de ce temps (futur *Gaudium et spes*), n'était pas pour rasséréner le père de Lubac, en ce qu'il y voyait une possible tendance à la temporalisation de l'Église, quitte à faire des textes une lecture parfois peu équilibrée. Le jésuite déplorait, en effet, la tendance à réduire le christianisme à l'horizon terrestre, à présenter un christianisme qui ne serait plus soucieux que de fraternité humaine, mettant comme au second plan les vérités éternelles, la vocation chrétienne. Il estimait ainsi que «le chapitre sur le Christ cherche surtout à le montrer comme un être psychologiquement sympathique[1]». Henri de Lubac s'alarme d'une possible dichotomie, qu'il croit déceler chez Mgr Marty par exemple, entre les espoirs humains sur lesquels tous pourraient s'accorder et l'espérance chrétienne qui serait comme surajoutée, qui n'informerait plus la nature humaine. En toile de fond de ces préoccupations, se retrouve l'inquiétude de Lubac quant à l'influence du marxisme et au dialogue entre chrétiens et communistes[2].

---

et qui estimait, non sans raison, que le texte avait été profondément modifié par la commission depuis la dernière discussion, et qu'il nécessitait donc de nouveaux débats.

[1]   *Carnets*, II, 1ᵉʳ avril 1965, p. 361.

[2]   Le père de Lubac relève notamment l'intervention de Mgr Marty, archevêque de Reims, du 28 septembre 1965 au sujet de l'athéisme (*Acta synodalia*, IV, 2, p. 632-633). C'est peu dire que le jésuite fut particulièrement remonté contre cette intervention, en laquelle il voyait l'expression d'un «dualisme espoirs humains – espérance chrétienne; [sans] aucune communication entre les deux; aucune influence de la seconde pour fonder ni diriger les premiers; l'espérance chrétienne reléguée dans le fond de l'âme individuelle, et les chrétiens à la remorque d'un athéisme qui monopolise les espoirs humains [...]. Il est vrai qu'on doit bien distinguer, d'une part l'ordre naturel et les espoirs humains, d'autre part l'ordre surnaturel et l'espérance chrétienne; mais si l'on transforme la distinction en dichotomie absolue, c'est la négation radicale du schéma XIII; en réalité, c'est en vertu de sa mission surnaturelle que l'Église a quelque chose à dire aux hommes même pour ce monde, et peut apporter de l'aide à ce monde jusque dans ses problèmes "naturels" ou

Ces dérives seraient permises par un optimisme facile, s'ébahissant devant le monde, comme s'il n'était porteur que de progrès et n'était pas aussi marqué par le péché. Lubac ne récusait pas du tout le dialogue avec le monde, mais insistait sur le fait que la compréhension du monde ne devait en rien, par crainte de choquer, ou par souci de «succès», entamer la vigueur du message chrétien. Il ne s'agit aucunement, pour lui, de laisser l'Église dans un rapport d'extériorité au monde. Ce serait négliger le cœur de sa théologie, et confondre transcendance et extériorité: l'Église rejoint bien les désirs des hommes, elle n'est pas extérieure à eux, car il est dans la nature de l'homme de désirer Dieu. Il ne s'agit donc nullement pour l'Église de se poser en contre-société face au monde, mais, tout en partageant ce qu'il vit, de ne pas transiger sur la Bonne Nouvelle.

La clé du problème lui semble être dans un juste rapport de la nature et du surnaturel. Lui avait été reproché, dans la querelle autour de *Surnaturel*, d'accepter une forme d'exigence de la nature vis-à-vis du surnaturel (ce qu'il récusait), et ainsi de compromettre la gratuité de la grâce. Lubac, lui, voulait surtout rappeler le désir de voir Dieu qui fait le fond même de l'homme, et qui empêche toute conception extrinséciste du surnaturel, le mettant bien à l'abri de la nature, mais, partant, l'isolant aussi de la vie *hic et nunc*. L'isolement du surnaturel lui semblait avoir été si bien défendu que la nature ne semblait plus désormais devoir entretenir quelque rapport que ce soit avec lui[1].

temporels. Le dualisme posé par l'intervention Marty revient à dire: mettons-nous à l'école de l'athéisme marxiste (car c'est du marxisme qu'il s'agit, quand on dit vaguement: "espoirs humains"), pour organiser le monde à sa suite; nous lui demanderons seulement de nous laisser au fond de nous-mêmes une espérance pour l'au-delà. C'est la corruption de l'espérance chrétienne, et l'illusion progressiste à l'état pur», *Carnets*, II, 29 septembre 1965, p. 420-421. Le père de Lubac suivait ici davantage l'intention supposée de l'intervention Marty que sa lettre.

[1]   C'est le constat qu'il faisait dans *Le Mystère du surnaturel*, en 1965: «Si la thèse dualiste ou, pour mieux dire, séparatiste a épuisé sa destinée dans les écoles, peut-être commence-t-elle seulement de livrer ses fruits les plus amers. À mesure que la théologie de métier l'abandonne, elle continue plus que jamais de se répandre sur le terrain de l'action pratique. Voulant protéger le surnaturel de toute contamination, on l'avait, en fait, exilé, hors de l'esprit vivant comme de la vie sociale, et le champ restait libre à l'envahissement du laïcisme. Aujourd'hui, ce laïcisme, poursuivant sa route, entreprend d'envahir la conscience des chrétiens eux-mêmes. L'entente avec tous est parfois cherchée sur une idée de la nature qui puisse aussi bien convenir au déiste ou à l'athée: tout ce qui vient du Christ, tout ce qui doit conduire à Lui, est si bien relégué dans l'ombre qu'il risque d'y disparaître à jamais. Le dernier mot du progrès chrétien et l'entrée dans l'âge adulte sembleraient alors consister dans une totale "sécularisation" qui expulserait Dieu non seulement de la vie sociale, mais de la culture et des rapports mêmes de la vie privée» (*Le Mystère du surnaturel*, Paris, Aubier-Montaigne, 1965. Rééd. *Œuvres complètes*, t. XII, Paris, Cerf, 2000, p. 15). Lubac rappelait alors avec insistance qu'il était nécessaire de présenter la destinée transcendante de l'homme, qui doit lui permettre de réaliser pleinement ce qu'il est. Reste tout de

Enfin, Henri de Lubac craignait que l'œuvre du concile ne fût très mal comprise du fait de la crise spirituelle qu'il discernait déjà avant la convocation de Vatican II, et qu'il caractérisait par quelques traits. Une perte du sens de la Tradition tout d'abord, et même un dédain pour la Tradition, si précieuse à ses yeux. Le risque était alors que le concile fût mal compris, car l'*aggiornamento* risquait d'être interprété comme une démission, comme un accommodement à l'esprit du temps, ou même comme une rupture radicale qui autoriserait toutes les innovations[1], et non comme un ressourcement dans la Tradition devant permettre au christianisme d'offrir au monde de son temps un visage renouvelé, plus fidèle au Christ. Ainsi écrit-il: «Un malentendu se développe et s'approfondit de jour en jour entre bien des catholiques français excités, déjà peu croyants, politisés, influencés par l'idéologie progressiste de la *Lettre*[2], etc., – et l'*aggiornamento* conciliaire. Celui-ci, d'abord interprété dans les catégories du progressisme; – mais déjà, ces catholiques se déclarent déçus; ils comprennent que leurs désirs ne seront pas ratifiés; d'où les critiques qui s'élèvent contre le concile et le pape[3].» Le second trait lui semble justement être un relativisme et une critique généralisée. Pour Lubac, «on ne se soucie plus d'être juste, ni souvent d'être raisonnable. On se tient dans une telle disposition d'esprit que tout, dans l'Église, apparaît sous un jour néfaste. Rien n'est plus facile, en vérité, que de céder à pareille illusion d'optique. Mais rien n'est plus stérilisant, et tous les beaux plans de réforme qu'on échafaude ne sont plus dès lors qu'utopie. [...] Dans cette atmosphère de critique malsaine, ce n'est pas seulement la droiture de notre esprit catholique qui est atteinte: notre foi elle-même est mise en péril[4]».

Le père de Lubac n'eut alors de cesse de demander aux évêques de bien expliciter le concile, et il y travailla lui-même par de nombreux

---

même que le jésuite s'interrogeait peu sur les modalités concrètes de la réception de cette Bonne Nouvelle et qu'il présupposait sans doute un peu trop le problème résolu d'avance. Voir Jean-Pierre Wagner, *La Théologie fondamentale selon Henri de Lubac*, Paris, Cerf, 1997, p. 256-257.

[1]   «On parle comme si l'Église avait été fondée au Moyen Âge (un Moyen Âge souvent tardif), et de ce Moyen Âge même, on ne connaît que quelques traits, mal compris historiquement et caricaturés. On semble croire qu'il n'y a jamais eu chez les chrétiens, avant notre siècle, aucune conscience de la liberté religieuse, ni aucune initiative reconnue aux laïcs dans l'Église, etc.», *Carnets*, II, 10 octobre 1964, p. 197.

[2]   Publication qui prit la suite du journal *La Quinzaine* (1950-1954) et du *Bulletin* (1954-1956). Il s'agit d'une revue de chrétiens progressistes, marqués par la suppression des prêtres ouvriers.

[3]   *Carnets*, II, 27-28 avril 1964, p. 107-108.

[4]   Henri de Lubac, «À propos d'un livre du père Loew», in *Vie chrétienne*, 69, 1964, p. 22.

articles et conférences, tout en déplorant la faiblesse des évêques
français : « Même des évêques semblent croire que tout rappel doctrinal, tout enseignement précis provient d'une mentalité étroite et
restrictive ; l'ouverture d'esprit semble se confondre à leurs yeux avec
une intelligence amorphe, dont ils feraient volontiers un idéal[1]. » Tout
en déplorant, aussi, que les évêques français soient conseillés par des
hommes qu'il jugeait davantage animés par des mobiles politiques
que par le souci du renouveau de l'Église. Ainsi s'agace-t-il des interventions d'évêques français, au sujet du schéma XIII, condamnant
« les chefs d'État qui parlent de grandeur (*magnitudo*) au détriment
des autres peuples[2] ». Pour Lubac, « le concile se transforme ainsi en
réunion politicienne antigaulliste, digne d'une sous-préfecture[3] », et il
regrette l'« action intense de pseudo-théologiens auprès d'évêques sans
doctrine, qui ne suivent que distraitement ce qui se passe à l'intérieur
du concile[4] ».

On retrouve chez lui l'idéal d'une vérité qui rallierait les cœurs, loin
de toute organisation en clans. C'est qu'il dénonçait l'emprise de ce
qu'il considérait comme un nouvel intégrisme, sécularisateur, « dans
les factions qui se sont récemment constituées pour mettre la main
sur bien des individus et commencent d'exercer, ici ou là, une sorte
de dictature. J'en vois des signes fort clairs, soit en France, soit ici,
aux alentours du concile[5] ». Il établissait même un parallèle avec
l'intégrisme d'une certaine théologie romaine auquel il avait été en
butte jusque-là, car il retrouvait dans ces courants, pourtant fort
opposés en apparence, des caractéristiques communes :

> Un « fondamentalisme » contraire à la vie de l'esprit comme à l'esprit de
> l'Évangile ; un mélange des choses de la foi avec un complexe politico-social ;
> une mentalité de soupçon systématique et méchant, engendrant un effort pour
> déconsidérer quiconque fait preuve d'indépendance ; une tendance, poussée
> parfois très loin, à l'organisation en clan ; des procédés d'intrigue, au service
> d'un appétit de domination. Et j'ai constaté (dans l'histoire ou directement)
> comment, par là, l'intégrisme parvient à intimider parfois les autorités de
> l'Église, à s'imposer aux supérieurs (pape y compris), à leur dicter des blâmes,
> des exclusives, des méfiances, des condamnations ; à troubler profondément le

---

[1] *Carnets du concile*, II, p. 412, 23 septembre 1965. Il écrivait aussi à André Ravier :
« Hélas, la pastorale sans dogme n'est pas assez ignorée de l'épiscopat français », lettre du
27 septembre 1965, CAECL.

[2] *Ibid.*, II, 8 octobre 1965, p. 434. Il s'agit sur ce point d'une intervention de
Mgr Ancel.

[3] *Ibid.*

[4] *Ibid.*, 29 octobre 1965, p. 450.

[5] *Ibid.*, 30 septembre 1965, p. 423.

fonctionnement normal des organes de gouvernement, à ruiner les rapports confiants et empêcher les explications franches[1].

Ces craintes n'empêchèrent pas Lubac de rester ferme sur le nécessaire *aggiornamento* et d'apprécier le ressourcement apporté par le concile, pour peu que celui-ci ne soit pas vu comme une «attitude nouvelle qui se traduirait plus ou moins par des concessions, des relâchements ou des abandons, mais tout au contraire [comme] un renouvellement d'abord intérieur, par un retour plus décidé à l'esprit de l'Évangile, et une exigence de la Foi[2]».

Ce renouvellement intérieur devait se fonder sur les deux grandes constitutions dogmatiques: *Lumen gentium*, chef-d'œuvre du concile pour lui, et *Dei Verbum*. Les deux constitutions sont à ses yeux les deux piliers de l'œuvre conciliaire[3], ce qui n'empêchait pas, d'ailleurs, Lubac de regretter quelques déficits de *Lumen gentium*. Ainsi estimait-il que le quatrième chapitre, consacré aux laïcs, n'était peut-être pas nécessaire, «car sous le titre de "Peuple de Dieu" pouvait être dit tout ce qui concerne la dignité du chrétien[4]». On retrouve sans doute ici un écho des méfiances du jésuite à l'égard d'un activisme des laïcs, d'un laïcat chrétien professionnel et militant. Quant au chapitre VII, consacré au caractère eschatologique de l'Église en pèlerinage et à son union avec l'Église du ciel, Henri de Lubac estimait que sa rédaction aurait pu tirer plus pleinement profit des remarques faites au cours de sa discussion. Celle-ci avait notamment pointé le manque d'approfondissement de l'eschatologie collective, jugeant le texte trop individualiste[5]. Ses *Carnets* montrent d'ailleurs que Henri de Lubac avait plus particulièrement relevé les interventions de Mgr Hermaniuk et de Mgr Elchinger[6] (qui s'inspirait là d'un texte de Congar[7]) consacrées à ce thème, ce qui n'a rien d'étonnant de la part de l'auteur de *Catholicisme. Les aspects sociaux du dogme*[8]. Le texte avait certes été révisé pour faire droit

---

[1]   *Ibid.*

[2]   Henri de Lubac, «Concile, nouveau printemps de l'Église», in *Pèlerin*, 10 janvier 1965, p. 17.

[3]   *Ibid.*

[4]   *Ibid.*, p. 18.

[5]   Joseph Komonchak, «Vers une ecclésiologie de communion», in Giuseppe Alberigo (dir.), *Histoire du concile Vatican II*, t. 4, Paris, Cerf, 2003, p. 71.

[6]   *Carnets*, II, 15 septembre 1964, p. 115.

[7]   *Mon Journal*, II, 15 septembre 1964, p. 136.

[8]   «Les premières générations chrétiennes avaient un sentiment très vif de cette solidarité de tous les individus et des diverses générations dans la marche vers un même salut. [...] Le terme où Paul voyait s'acheminer l'histoire humaine n'était rien moins que la délivrance

à ces critiques[1], mais, si Henri de Lubac ne s'exprime pas précisément à leur sujet, on peut noter que ces modifications ne satisfaisaient pas Yves Congar, qui aurait souhaité que l'on insistât davantage sur l'aspect eschatologique de la vocation humaine et pas seulement de l'Église[2].

Malgré ces réserves, la constitution sur l'Église était pour le père de Lubac «plus belle qu'il n'était permis raisonnablement, il y a peu, de l'espérer[3]». Selon lui, «il est impossible que cette constitution, à la fois si traditionnelle et si neuve, ne mette pas sa marque sur de nombreux chrétiens, d'aujourd'hui et de demain[4]». Pour cela, il fallait que la voix du concile fût vraiment reçue et comprise.

Henri de Lubac insistait aussi sur la portée du texte consacré à l'œcuménisme, qu'il estimait «incalculable», parce qu'«après l'ère des ruptures et des raidissements, qui fut celle aussi des rétrécissements, ce décret ouvre une ère nouvelle d'aspiration à l'unité dans le Christ et d'abandon à son Esprit[5]». Un premier pas vers l'union était d'ailleurs réalisé avec la traduction œcuménique du Notre Père, qui dura du printemps 1964 à décembre 1965. Le père de Lubac, d'ordinaire si pointilleux sur les questions de traduction, semblait, cette fois, passer outre ses quelques réserves: «Il faut savoir passer sur de petits inconvénients pour le bienfait substantiel d'un pas réellement effectué sur la route de l'union[6].» *Dignitatis humanae*, consacré à la liberté religieuse, lui semble également d'une importance extrême, et il s'est montré attaché tout au long du concile à voir ce

de toute la création, la consommation de toutes choses dans l'unité du Corps du Christ, enfin achevé. L'espoir qu'il mettait au cœur des hommes qu'il gagnait au Christ était, on peut bien le dire, un espoir cosmique» (p. 92). Et encore: «Au reste, n'est-ce pas, selon l'enseignement traditionnel, en nous incorporant au Christ, c'est-à-dire en nous unissant à Lui, et, en Lui, à tous nos frères, que l'eucharistie nous prépare à la résurrection pour une immortalité glorieuse?» (p. 101).

[1]   Voir notamment le début du n° 48 et la fin du n° 50 de la constitution.

[2]   «On continue le "platonisme pour le peuple"… Pas de pneumatologie, pas d'anthropologie, pas de cosmologie», *Mon Journal*, II, 5 octobre 1965, p. 181.

[3]   Voir les pages liminaires du volume collectif dirigé par le père Baraúna, et consacré à *Lumen gentium*, rédigées par le père de Lubac (*L'Église de Vatican II*, Paris, Cerf, 1966, p. 30).

[4]   *Ibid.*

[5]   «Concile, nouveau printemps de l'Église», in *Pèlerin*, 10 janvier 1965, p. 17.

[6]   Brouillon de lettre à un correspondant inconnu, 20 janvier 1966, CAECL, cité par Florian Michel, «Exégèse, traduction et compromis: le Notre Père œcuménique», *Cristianesimo nella storia*, 31, 2010, p. 197. Le père de Lubac écrivait aussi, toutefois: «Mais c'est très vrai que, une fois de plus, ceux qui manipulent notre liturgie ont fait preuve de peu de psychologie, en même temps que d'esprit dictatorial; c'est vraiment se moquer de nous que de nous vanter l'euphonie de "règne vienne" et de "aussi à ceux"!»

texte aboutir[1]. En revanche, même s'il a apprécié les modifications apportées au schéma XIII, celui-ci lui semble de moindre portée, et il le compare à «un énorme bateau que l'on répare tant bien que mal, sans grand espoir de le voir efficacement porter l'Église en haute mer[2]».

Le père de Lubac est donc passé de l'enthousiasme aux inquiétudes les plus vives, ce qui correspondait aussi à son tempérament. S'il salue l'œuvre du concile, il déplore qu'elle soit détournée, mal comprise, ou seulement occasion de tous les débordements, sans grande référence aux textes eux-mêmes. Il plaçait toutefois sa confiance en Paul VI, qu'il n'a de cesse de défendre, et dans le père Arrupe, général des jésuites, à partir de la fin du concile. Cette espérance ne l'empêchait pas, comme d'autres[3], de craindre des jours très noirs pour l'Église, spécialement en France, et plus encore dans la Compagnie de Jésus. Toute sa vie, il restera extrêmement marqué par l'inquiétude, par une crise spirituelle qui semblait ne pas finir. Mais toute sa vie aussi, il rappellera le bienfait de ce qu'il considérait comme la grande œuvre du concile: *Lumen gentium* et *Dei Verbum*.

---

[1]   Helder Camara, qui rencontre le père de Lubac à l'occasion d'une conférence, écrit: «Il ne sait pas comment il n'est pas mort de joie à entendre dans la basilique le chapitre sur la liberté religieuse», *Lettres conciliaires (1962-1965)*, Paris, Cerf, 2006, t. 1, p. 398. L'enthousiasme que décrit l'évêque était sans doute plus mesuré chez le père de Lubac...

[2]   Lettre à Bernard de Guibert, 3 novembre 1965, CAECL.

[3]   Giuseppe Ruggieri, «Delusioni alla fine del concilio. Qualche atteggiamento nell'ambiente cattolico francese», in Joseph Doré et Alberto Melloni (dir.), *Volti di fine concilio*, Bologne, Il Mulino, 2000, p. 193-224.

JEAN GUITTON
ET LE CONCILE VATICAN II

par Philippe Chenaux

Observateur catholique à la première session, auditeur laïque à la deuxième, le philosophe Jean Guitton (1901-1999) est un acteur singulier de Vatican II[1]. Cette singularité complique plus qu'elle ne facilite la tâche de l'historien désireux d'étudier son rôle au concile. Écrivain prolifique, Jean Guitton s'est en effet beaucoup «raconté», il a lui-même souvent évoqué son expérience conciliaire. Dans son autobiographie intitulée *Un siècle, une vie* (1988), il ne consacre pas moins d'une cinquantaine de pages à cette dernière. «Jusqu'alors, j'avais la vie d'un professeur, qui raconte l'histoire, qui n'y participe pas. Je fus projeté, sans l'avoir voulu, des bords de la Seine à ceux du Tibre. J'ai eu la chance d'assister à toutes les sessions du concile; j'étais même le seul laïc à la première[2].» En fait, comme nous le verrons, Guitton a voulu participer au concile. S'il a effectivement assisté à toutes les sessions de Vatican II et qu'il fut le seul laïc à être présent à la première, il ne semble pas qu'il ait eu sur l'orientation de ses travaux l'influence qu'il s'attribue dans un autre de ses écrits à caractère autobiographique. Parlant du rôle de Jean XXIII, il confiait, en effet, à Francesca Pini en 1996: «J'ai eu une certaine influence, notamment sur la manière dont il a conçu le concile, un concile pour réunir tous les chrétiens, un concile pastoral et non pas doctoral[3].» Pour apprécier le rôle de Guitton à Vatican II, il faut donc passer à travers Guitton lui-même, c'est-à-dire dépasser l'image

---

[1]   Sur les acteurs du concile, voir mon livre: *Le Temps de Vatican II. Une introduction à l'histoire du concile*, Paris, DDB, 2012, p. 61-75.

[2]   Jean Guitton, *Un siècle, une vie*, Paris, Robert Laffont, 1988, p. 353.

[3]   Jean Guitton, *Une recherche de Dieu. Entretiens avec Francesca Pini*, Paris, Éd. du Félin, 1996, p. 101.

qu'il a bien voulu construire de son rôle après le concile. L'entreprise est d'autant moins aisée qu'il n'existe pas (du moins pas à ma connaissance) un «fonds conciliaire Jean Guitton» accessible aux historiens. La relation personnelle et proche qu'il avait avec Paul VI est un autre élément à prendre en considération, même si, en l'état actuel des sources à disposition, elle apparaît bien difficile à documenter[1]. La principale source que j'ai utilisée pour la préparation de cette communication, outre les écrits de Guitton lui-même et d'autres protagonistes de l'époque (Yves Congar, Henri de Lubac, Norbert Calmels), est donc le fonds Vatican II conservé aux Archives secrètes du Vatican. On y trouve un certain nombre de références au philosophe et à ses écrits avant et pendant le concile qui nous permettent d'approcher de plus près son rôle à Vatican II et surtout de rectifier certaines légendes. Nous reviendrons, dans un premier temps, sur deux moments forts de la participation de Guitton au concile : sa nomination comme «observateur catholique» durant la première session, son intervention comme «auditeur laïque» pendant la deuxième. Nous nous pencherons, dans un second temps, sur les différents rôles qu'a pu jouer le philosophe catholique au concile à la demande du pape Paul VI.

L'OBSERVATEUR CATHOLIQUE

Dans son autobiographie déjà citée, Jean Guitton laisse entendre qu'il fut invité à participer au concile par le pape Jean XXIII «en souvenir des entretiens» qu'il avait eus avec le nonce Roncalli, à Paris d'abord, au début des années 1950, puis avec le pape lui-même au lendemain de son élection, à Castelgandolfo, en août 1959. Les agendas roncalliens ne conservent que peu de traces de ces entretiens. La première (et unique) mention de son nom dans les agendas parisiens, datée du 24 juin 1952, ne donne lieu à aucun commentaire[2]. La seconde dans les agendas du pontife, datée du 22 août 1959, s'accompagne d'un jugement en demi-teinte sur le personnage. «Notevole il prof. Jean Guitton della Sorbona con la sua signora. Bravo cristiano sicuramente, non senza un po' di incantesimo su certe

---

[1]   Jean Guitton, *Dialogues avec Paul VI*, Paris, Fayard, 1967 ; *id.*, *Paul VI secret*, Paris, DDB, 1979.

[2]   Angelo Giuseppe Roncalli, *Journal de France*, t. II, *1949-1953*, introduction et annotation par Étienne Fouilloux, Paris, Cerf, 2008, p. 637.

cose[1]. » Sans être plus positif sur son interlocuteur (« Roncalli me parle sans arrêt, et il se lance en pataugeant dans le français sans beaucoup de grammaire ni de syntaxe »), Jean Guitton est en revanche plus prolixe sur le contenu même de leurs échanges. Lors du premier entretien, il fut question, à la demande du nonce qui « écoute avec un grand intérêt », des conversations de Malines entre le cardinal Mercier et lord Halifax[2]. Lors de la seconde audience à Castelgandolfo, où il fut reçu en compagnie de sa femme Marie-Louise, il fut à nouveau question de l'unité des chrétiens, mais cette fois-ci en relation avec l'annonce du futur concile. « Il y a bien longtemps que j'avais eu cette idée en tête, dit-il. Elle était déjà en moi depuis le pontificat de Léon XIII. Je savais ce que ce pape avait fait pour l'union des chrétiens[3]. » En octobre 1961, le philosophe remit au pape, via la secrétairerie d'État qui la transmit à son tour au secrétariat du concile, une note sur « la présentation de la vérité dans les déclarations du futur concile ». Il y proposait « que le concile fasse précéder ses expositions d'une déclaration qui s'adresse à tous les hommes de bonne volonté, à tous les chrétiens ».

> Cette charte, ce *proemium*, cette déclaration du seuil devrait présenter des niveaux, des paliers, des étages, comme une sorte de pyramide. Le premier niveau serait ce qui doit être rappelé à tous les hommes : existence d'une « nature humaine », d'une raison, vérités de la conscience morale, justice, existence de Dieu créateur, législateur, « rémunérateur pour ceux qui le cherchent ». Le second niveau de cette déclaration exprimerait les vérités communes à tous les chrétiens et que les protestants acceptent comme nous. Le troisième niveau serait un résumé de la foi catholique en montrant ce que la foi catholique ajoute à la foi simplement chrétienne. Cette présentation par niveaux et paliers aurait de grands avantages pour l'évangélisation du monde moderne[4].

Le *votum* de Guitton fut transmis par le secrétariat du concile à la commission théologique préparatoire (30 octobre 1961[5]). Le cardinal Montini, qui l'avait reçu en audience le 8 septembre précédent, l'avait-il encouragé à écrire ce *votum* ? Il n'est pas interdit de le penser lorsqu'on sait le rôle déterminant qui fut le sien dans la nomination de Guitton comme « observateur » au concile. Un an plus tard, dans une nouvelle note qui sera transmise au pape, le philosophe relançait

[1]   Angelo Giuseppe Roncalli (Giovanni XXIII), *Pater amabilis. Agende del Pontefice 1958-1963*, Bologne, Il Mulino, 2007, p. 39.

[2]   Jean Guitton, *Journal*, Paris, DDB, 1976, p. 253-254.

[3]   Jean-Jacques Antier, *La Vie de Jean Guitton (1901-1999)*, Paris, Perrin, 1999, p. 252.

[4]   *Archivio segreto vaticano* (ASV), *Conc. Vat. II*, b. 371, Corrispondenza (II).

[5]   *Ibid.*, b. 728, fasc. 1.

son idée d'une «déclaration du seuil» «qui s'adresse à tous les hommes de bonne volonté».

> J'ai vécu à Paris le mois d'octobre et de novembre pendant le concile. Et j'ai été frappé du fait suivant: l'intérêt porté au concile est très grand dans les milieux de frontière entre le catholicisme et l'incroyance. Et les «incroyants» sympathisants attendent tout du concile, à cause des paroles du pape qui les ont touchés, parce que, disent-ils, pour la première fois, un pape nous a compris. Ce serait une sorte de malheur si ce sentiment d'espérance était déçu[1].

Le philosophe est pourtant bien présent à Rome pour l'ouverture du concile, mais il n'a encore aucun statut officiel. «Visite de Jean Guitton, qui s'est fait envoyer au titre, à la fois, du *Figaro* et de l'Académie. Académicien, il est bien reçu et honoré! Il a ses entrées auprès du cardinal Montini. Il me dit que la béatification de Pie IX est vraiment envisagée sérieusement: le pape la voudrait, pour relier Vatican II à Vatican I» (14 octobre 1962[2]). Si Guitton est finalement nommé «observateur», c'est parce qu'il l'a ardemment désiré et que son désir a été «vivement» soutenu par le cardinal Montini. Dans un billet autographe, daté du 25 octobre 1962, l'archevêque de Milan transmit le désir du philosophe d'être nommé «observateur» au concile: «Vorrebbe essere considerato alla stregua del suo Collega Professore alla Sorbona Cullmann, che è protestante e che può assistere alle Congregazioni e Sessioni del Concilio come Osservatore[3].» Le moins que l'on puisse dire est que la requête ne suscita pas l'enthousiasme au sein du Secrétariat pour l'unité: «Étant donné que le Prof. Jean Guitton est *catholique*, le Secrétariat pour l'Unité des Chrétiens n'est pas compétent pour l'autoriser à être présent au concile», répondit sèchement le secrétaire de ce dernier, Johannes Willebrands, au secrétaire du concile, Pericle Felici, qui avait transmis la demande[4]. Il faudra attendre près d'un mois pour que la nomination devienne effective, au grand agacement du philosophe: «Le pape attend que je me fasse protestant pour qu'il puisse me permettre plus facilement d'entrer au concile[5].» La lettre de nomination de la secrétairerie d'État (signée Angelo Dell'Acqua) n'arrive à Paris que le

---

[1]   *Ibid.*, b. 327.

[2]   Yves Congar, *Mon Journal du concile*, I, Paris, Cerf, 2002, p. 115.

[3]   ASV, *Conc. Vat. II*, b. 315, fasc. 1.

[4]   *Ibid.*

[5]   Lettre de Mgr Calmels à Marcel Pagnol, 1ᵉʳ mai 1963, in Marcel Pagnol, Norbert Calmels, *L'Académicien et le général*, lettres présentées et annotées par Bernard Ardura, Paris, DDB, 2011, p. 63.

17 novembre 1962. L'accueil à Rome, le lendemain, est assez froid :
« En me donnant une carte d'introduction dans la tribune des observateurs, Mgr Willebrands (*sic* !) eut soin de souligner qu'il agissait par
ordre. Il prit sa plume latine ; il me désigna ainsi : In universitate
parisiensi professor necnon Galliae Academiae socius, e speciali facul-
tate Summo Pontifice concessa observator[1].» Dans ses *Carnets du
concile*, le père de Lubac se fait l'écho de la méfiance des milieux
œcuméniques à l'égard de cet « observateur » pas comme les autres.
« Jean Guitton semble se faire renseigner surtout par le père Charles
Boyer, ce qui inquiète un peu le père Daniélou » (29 novembre 1962[2]).
Le même Daniélou n'allait-il pas répétant dans les couloirs du
concile : « Le pape a fait deux imprudences, mettre Joseph au canon
et Guitton au concile[3]. » L'impression ressentie par Guitton lorsqu'on
l'introduisit, pour la première fois, dans la tribune des observateurs
« qui faisait face à celle des cardinaux » fut saisissante :

> Je vis en face de moi, immobiles, impassibles, les sénateurs de l'Église, qui me
> firent penser à ce que j'avais lu dans Tite-Live sur le Sénat romain. Étaient-ils
> habillés de rouge ? Je ne sais, mais c'est en rouge que je les voyais, essayant de
> peindre les frissons de la couleur rouge, qui de la garance à l'orange, en tou-
> chant presque à l'or[4].

L'AUDITEUR LAÏC

Aucun laïc, à l'exception de Guitton, n'avait été invité à assister à la
première session, conformément au règlement qui prévoyait que les
seuls laïcs admis dans l'*aula* conciliaire devaient être les représentants
des autres confessions chrétiennes. Pour justifier une telle exclusion,
Pericle Felici, secrétaire de la commission centrale, avait expliqué
dans une réunion de mai 1961 avec les secrétaires des commissions
préparatoires « que le concile était un acte de l'Église enseignante et
non de celle des fidèles, ce qui excluait que celle-ci y participe directement[5]. » On sait qu'à peine élu, Paul VI décida d'inviter un certain
nombre de laïcs, choisis parmi les dirigeants des Organisations inter-

---

[1]   Jean Guitton, *Un siècle…*, p. 365-366.

[2]   Henri de Lubac, *Carnets du concile*, t. 1, Paris, Cerf, 2007, p. 414.

[3]   Jean Guitton, *Un siècle…*, p. 364.

[4]   *Ibid.*, p. 366.

[5]   Giovanni Turbanti, « Presenza e contributo dei laici al Vaticano II », in *Vittorino
Veronese dal dopoguerra al Concilio : un laico nella Chiesa e nel mondo*, Rome, AVE,
1994, p. 181.

nationales catholiques (OIC), à participer en tant qu'auditeurs au concile. Jean Guitton en faisait partie, malgré des rumeurs insistantes laissant entendre, jusqu'à la veille de sa nomination, qu'il ne serait pas choisi par le pape[1]. Quand, le 29 novembre 1963, les auditeurs furent reçus en audience, Paul VI leur dit que, bien qu'ils fussent «*auditores* au concile», ils devraient devenir «*locutores* hors du concile[2]». Mais Jean Guitton, là encore, n'était pas un auditeur comme les autres. Le 3 décembre suivant, privilège exceptionnel pour un laïc, il prenait la parole devant le pape et l'assemblée conciliaire. Selon son propre témoignage, l'homme qui fut à l'origine de cet événement exceptionnel était un modeste Père du concile, l'abbé général des Prémontrés, dom Norbert Calmels (1908-1985[3]).

> À la seconde session du concile, un règlement inspiré par le cardinal Suenens permettait à un laïc de «prendre la parole». Dom Norbert Calmels, abbé général des Prémontrés, et que je ne connaissais pas, m'aborda, en plein concile, pour me dire que j'avais le devoir de poser ma candidature et de «parler au concile». Il ajouta que le sujet de ce discours s'imposait: je devais proposer d'intervenir sur le problème œcuménique, dont je m'étais occupé toute ma vie. Il se trouva que Paul VI avait eu la même intention[4].

En l'absence d'autre source archivistique, nous ne pouvons que faire nôtre la version des faits du philosophe. Elle n'a rien d'invraisemblable, même si l'abbé des Prémontrés n'en parle pas dans son livre sur le concile publié en 1966[5]. L'idée venait-elle vraiment du religieux français? On peut penser qu'elle venait en fait du pape lui-même. Paul VI souhaitait que son ami philosophe, avec lequel il avait eu de nombreux entretiens depuis leur première rencontre à Rome le 8 septembre 1950, exprime le vrai sens de l'œcuménisme catholique. «Je pensais m'effacer, raconte Guitton. Mais le pape intervint. Il me dit que j'avais une très longue expérience des choses œcuméniques, que j'avais été mêlé aux conversations de Malines, et qu'il serait opportun d'exposer au concile mon point de vue[6].» L'intervention fut, semble-t-il, soigneusement préparée lors d'une audience: «Parlez de l'œcuménisme, lui dit le pape. Quels sont les obstacles qui empêchent

---

[1]　En particulier un article du *Figaro* signé Jean Daniélou. Voir Jean-Jacques Antier, *La Vie…*, p. 260.

[2]　Cité dans Philippe Chenaux, *Le Temps…*, p. 74.

[3]　Sur le personnage, Bernard Ardura, «Présentation», in *L'Académicien…*, p. 20-37.

[4]　Jean Guitton, *Un siècle…*, p. 386.

[5]　Norbert Calmels, *La Vie du concile*, Le Jas du Revest-Saint-Martin, Forcalquier, Robert Morel éditeur, 1966, 367 p.

[6]　Jean Guitton, *Paul VI secret*, p. 56.

d'avancer? On veut remplacer la notion de conversion par la notion de convergence. Le pape ne peut pas renoncer à l'idée fondamentale qu'il n'y a qu'une seule Église, un seul troupeau, un seul pasteur[1].»

L'exposé, prononcé en français devant les Pères le matin du 3 décembre 1963, avait été relu par le pape qui avait demandé «une petite modification» sur la question de «l'unicité du catholicisme[2]». L'orateur se posait, habilement, en héritier des précurseurs de l'œcuménisme qu'il avait personnellement connus (Portal, Mercier, Couturier) et dont il disait vouloir exposer «le testament». Il mettait en garde contre les deux erreurs contraires à éviter: «l'œcuménisme du minimum» «qui prépare une super-Église nouvelle qui serait la synthèse des Églises historiques», «l'œcuménisme du maximum» «qui consiste à penser que l'Église catholique doit se borner à attendre le retour et la soumission des Églises qui ont rompu le lien de l'unité».

C'est pourquoi il faut sans cesse rappeler ces deux vérités complémentaires de l'œcuménisme catholique: la première est que l'Église catholique a la charge d'annoncer au monde qu'elle est l'unique Église voulue par son divin Fondateur, l'Église sans couture en qui tout doit se récapituler visiblement. Si nous taisions cette exigence, nous tromperions nos frères; nous aurions cessé d'être ce que nous sommes. Mais être catholique, c'est aussi proclamer que la réalisation de l'unité ne sera parfaite que lorsque les forces légitimes de la diversité chrétienne et humaine pourront retrouver leur place et leur juste liberté dans le sein de l'Église. Être catholique, c'est donc avoir deux inquiétudes, en quelque sorte perpendiculaires, et qui se croisent à l'endroit de notre cœur: l'inquiétude première, celle de l'unité, du seul troupeau, du seul pasteur; l'inquiétude seconde, celle de la diversité qui veut que chaque brebis soit différente de l'autre, que toutes les variétés légitimes soient rassemblées dans l'Église pour que l'Église ait une vie plus abondante[3].

Le soir même, le philosophe était invité à la table du pape en compagnie de son conseiller spirituel, le père Giulio Bevilacqua (qu'il fera cardinal en 1965), de son théologien de confiance, Carlo Colombo, et de son secrétaire particulier, Pasquale Macchi[4]. Le discours de Guitton fut, dans l'ensemble, bien accueilli, même si certaines voix plus critiques se firent entendre: «Alberigo et Dossetti me disent: il a parlé comme un Père du concile, non comme un laïc», note le père Congar dans son *Journal* (3 décembre 1963[5]). Lorsqu'à la fin de la

[1]   Jean-Jacques Antier, *La Vie…*, p. 262.

[2]   Jean Guitton, *Paul VI secret*, p. 56-58.

[3]   Texte français publié dans *L'Osservatore Romano*, 4 décembre 1963 et dans *Documentation catholique*, 5 janvier 1964, col. 81-84.

[4]   Jean-Jacques Antier, *La Vie…*, p. 265.

[5]   Yves Congar, *Mon journal…*, t. I, p. 586.

troisième session, les auditeurs laïques chargèrent le philosophe d'exprimer leur point de vue dans une déclaration commune, ils ne se reconnurent pas non plus dans ses propos. Transmettant le texte de Guitton au chef du bureau de presse, Fausto Vallainc, Vittorino Veronese écrivait au nom des auditeurs laïcs:

> In questa ultima settimana, da me presieduta, gli uditori hanno fra l'altro ascoltato la lettura di un testo preparato da Jean Guitton come progetto di una nostra dichiarazione comune. Sennonché lo scritto era così personale che nessuno si è sentito in grado né di appropriarsene né di modificarlo; dall'altra parte eravano stati noi a chiedere a Guitton di redigerlo[1].

L'article parut, « sans commentaires », dans *L'Osservatore Romano* sous le titre « L'uomo moderno è nato con il Vangelo[2] ». Appelé, comme malgré lui, à réfléchir sur le rôle des laïcs dans l'Église, Guitton opérait une distinction très nette avec celui des prêtres dans une interview publiée dans *La Croix* (11-12 octobre 1964): « Le concile s'oriente vers une conception originale, géniale. Le laïc n'est pas un officier de réserve, il appartient à une autre armée. Son rôle n'est pas d'être un sous-prêtre. Il a une autre mission que le prêtre[3]. » La conception selon laquelle les laïcs seuls faisaient partie du peuple de Dieu est fortement critiquée par le père de Lubac dans son journal conciliaire: « Formule aujourd'hui courante, mais contresens. Ceux qui font partie du peuple de Dieu, ce sont tous les chrétiens, tous les fidèles, qu'ils soient "simples fidèles" ou "pasteurs" » (12 octobre 1964[4]).

LE PHILOSOPHE DU PAPE

On voit bien de ce qui précède que Jean Guitton fut un personnage à part de Vatican II. Il n'appartenait pleinement à aucune des catégories de participants auxquels il fut successivement rattaché: celle des observateurs non catholiques d'abord, celle des auditeurs laïques ensuite. Il fut avant tout l'invité du pape, de Jean XXIII et surtout de Paul VI. Les documents nous manquent, comme je l'ai dit, pour démontrer avec précision le lien entre le pape et le philosophe durant le concile. Il n'est pas douteux que Guitton fût en plusieurs occasions le porte-parole de Paul VI, non seulement devant l'assemblée conci-

---

[1]   Lettre du 21 novembre 1964, ASV, Conc. Vat. II, b. 671, fasc. 5.

[2]   *Ibid., L'Osservatore Romano*, 29 novembre 1964.

[3]   *Ibid.*, fasc. 11.

[4]   Henri de Lubac, *Carnets…*, t. II, p. 202-203.

liaire, mais également devant l'opinion catholique[1]. *L'Osservatore Romano* lui ouvrit à plusieurs reprises ses colonnes. Lorsqu'à la fin de la deuxième session du concile, le pape Paul VI entend se poser en véritable «conciliateur» entre les deux tendances du concile pour arriver à une sorte d'unanimité morale, Jean Guitton écrit un article très significatif intitulé «Conciliare»:

Non è mai facile di «conciliare». O piuttosto ciò e troppo facile: ci sono in questo misero mondo una quantità di false conciliazioni, di accordi precari, di compromessi ottenuti per stanchezza, di unanimità equivoche, alle volte di testi votati per sorpresa e per furberia, dove delle trappole nascoste impegnano l'avvenire. E' chiaro che questi accordi derisori non possono essere quelli di un Concilio. Certo, secondo le apparenze, il Concilio funziona come una assemblea umana: esposizione di opinioni, applicazione della legge della maggioranza. Ma questo è solo il meccanismo. Come i movimenti della laringe sono utilizzati dalla parola pensante, che li eccita e li governa, allo stesso modo il «Pensiero dello Spirito», come dice San Paolo, si serve dei meccanismi umani del confronto per stabilire e per sanzionare una quasi-unanimità. Se questo accordo non si ottiene, ciò indica che la questione non è ancora matura, che lo Spirito non si è ancora manifestato, che vi è ancora bisogno di pazienza[2].

Le rôle du philosophe n'était pas simplement d'expliciter la parole ou la stratégie pontificale aux yeux de l'opinion publique. En certaines occasions, il agit comme «informateur» du pape comme à la veille du vote crucial sur la collégialité épiscopale du 30 octobre 1963. «Je vois Guitton, écrit Congar: il me demande mon sentiment. Il doit voir Paul VI bientôt et pourrait peut-être se faire l'écho de ce sentiment. Je lui dis qu'il faudrait que la commission intéressée intervienne dans le débat avec les modérateurs et aide à l'organiser et à le mieux centrer» (24 octobre 1963[3]). Ou encore lors du lancement de la revue *Concilium* par un groupe de théologiens «progressistes» à l'automne 1964: «Entretien avec Jean Guitton, qui me demande des renseignements sur *Concilium*. Il fait trop facilement un amalgame de Rousselot (*Yeux de la foi*), de Broglie, Bultmann, Küng, prêtres-ouvriers, etc.; tout cela représente pour lui "la tendance progressiste". Impossible de lui faire écouter la moindre explication»

---

[1] «Il considère Guitton comme apte à faire entendre la voix de l'Église aux laïcs, qu'il représente bien. Je suis lâche. Je n'ose lui dire que cela n'est qu'à moitié vrai. Je ne dis rien», écrit le père Congar à propos de son audience avec Paul VI du 8 juin 1964 (*Mon journal...*, II, p. 116-117).

[2] *L'Osservatore Romano*, 10 novembre 1963 (ASV, Conc. Vat. II, b. 670, fasc. 7). Jean Guitton note que le pape avait «apprécié» son texte sur la conciliation (12 novembre 1963), *Paul VI secret*, p. 51.

[3] Yves Congar, *Mon journal...*, I, p. 494-495.

(19 octobre 1964[1]). Un troisième rôle fut celui d'émissaire. À la fin de la troisième session, Jean Guitton fut envoyé à Toulouse, en compagnie du secrétaire particulier de Paul VI, Pasquale Macchi, pour consulter Jacques Maritain sur deux questions particulièrement délicates encore à l'ordre du jour du concile: la liberté religieuse et l'apostolat des laïcs[2]. C'est aux deux philosophes catholiques que le pape remettra, on le sait, le jour de la clôture de Vatican II, le Message aux hommes de la pensée et de la science. Quelques jours plus tôt, le dimanche 5 décembre 1965, Jean Guitton avait été une nouvelle fois invité à la table de Paul VI en compagnie cette fois de deux théologiens: le protestant Oscar Cullmann et le jésuite Henri de Lubac: « Le pape nous fait monter sur une pierre et alors on peut voir Rome étendue sous nos yeux, calme, ocre, aux pierres plates avec, au fond, les Monts Sabins et les Monts Albins; et le pape montrait les monuments: Vous voyez, disait-il, là-bas, ce sont les Jésuites et je les domine. Mais je ne sais trop ce qu'on voit de chez les Jésuites[3]. » Le père de Lubac ne rapporte pas les propos du pape dans ses *Carnets du concile*[4].

---

[1] Henri de Lubac. *Carnets...*, II, p. 226.

[2] Philippe Chenaux, *Paul VI et Maritain. Les rapports du montinianisme et du maritanisme*, Rome, Studium, 1994, p. 83-84.

[3] Jean Guitton, *Journal*, p. 527.

[4] Henri de Lubac, *Carnets...*, t. II, p. 477-480.

Vatican II d'hier
à aujourd'hui

CINQUANTE ANS APRÈS LE CONCILE VATICAN II

par LE CARDINAL JEAN-LOUIS TAURAN

À la fin de cette journée, après avoir écouté tant de brillants orateurs, je n'ai pas la naïveté de croire que vous attendez de moi des conclusions, mais je voudrais plutôt recueillir avec vous les fruits de ce concile qui est pour l'Église et les sociétés une source de grâces pour nous et pour le monde, car nous, chrétiens, croyons que «le mystère de l'homme ne s'éclaire vraiment que dans le mystère du Verbe incarné» (*Gaudium et spes*, n° 22).

Permettez-moi de commencer par quelques souvenirs personnels. Je suis arrivé à Rome pour mes études à la Grégorienne en octobre 1963. Le séminaire pontifical français accueillait alors plus du tiers des évêques français participant au concile et, pour faciliter l'hospitalité, nous étions deux par chambre. Je dois dire que, durant les sessions conciliaires, le recueillement et l'étude souffraient quelque peu de cette surpopulation! Nous étions cependant témoins de la liberté intérieure de ces évêques qui, certes, étaient conscients de la grandeur des événements dont ils étaient les protagonistes, mais ne se hasardaient pas à «prévoir» ce que serait «l'après-concile». J'ai conservé une carte postale que mon archevêque, le cardinal Paul Richaud, archevêque de Bordeaux, m'envoya à Beyrouth, où j'accomplissais mon service militaire, à la fin des travaux conciliaires: «Le concile vient de se conclure et je regagne Bordeaux. Comme je regrette que vous n'ayez pas pu être avec nous pour la clôture: le triomphe de la sainte Église.»

Une chose était certaine: le pape Jean XXIII avait bien précisé que le concile n'avait pas pour but de mépriser le monde moderne, de se lamenter de ce qui est mauvais, mais il devait plus globalement «utiliser la médecine de la bienveillance plutôt que celle de la sévérité», écartant le plus possible «le langage de la condamnation».

> Le concile, affirma-t-il, veut transmettre pure et intègre la doctrine catholique, mais dans les circonstances actuelles notre devoir est que la doctrine chrétienne puisse être accueillie par tous. Il faut que cette doctrine soit connue de manière ample et profonde et que cette doctrine, certes immuable, à laquelle nous devons une obéissance fidèle, soit explorée et exposée d'une manière compréhensible pour notre époque. Une chose est la substance, le *depositum fidei*, autre chose est la manière dont nous présentons la doctrine (discours du 11 octobre 1962).

Durant les sessions, les élèves du Séminaire allaient souvent au Centre culturel Saint-Louis écouter les conférences du père Congar, du père Chenu ou de Mgr Haubtmann. Nous mesurions alors la différence entre ce que l'on nous enseignait à la Grégorienne et les idées qui germaient dans l'*aula* conciliaire.

De 1960 à 1969, Mgr Paolo Bertoli fut nonce en France. Un nonce attentif et amical. Dès mon arrivée au Conseil pour les affaires publiques de l'Église, en juillet 1983, il m'invita à le rencontrer pour entendre mes impressions sur la situation au Liban où je venais de servir quatre ans à la nonciature apostolique. Il aimait ce pays où il avait été nonce. Au cours de ces conversations, il me parlait souvent de sa mission à Paris. C'est ainsi qu'il me raconta que le chef de l'État, le général de Gaulle, avait coutume de l'inviter à déjeuner deux fois par an. C'est au cours d'une de ces rencontres que le général lui confia que, selon lui, le concile Vatican II était l'événement le plus important du XXᵉ siècle, non seulement pour l'Église, mais pour le monde à cause des valeurs offertes au monde (liberté, justice, paix), à cause aussi du courage de l'Église catholique à faire son examen de conscience. En ce domaine, aucune société humaine n'est allée aussi loin.

Quoi qu'il en soit, tous admettent que le concile Vatican II a été l'événement religieux le plus important du XXᵉ siècle. 2800 évêques ont accepté de considérer ensemble comment guider l'Église de manière plus collégiale. Ils ont adopté un parti pris de bienveillance dans leurs relations avec le monde : il suffit d'évoquer le principe de la liberté religieuse, l'opportunité du dialogue œcuménique et du dialogue interreligieux. Comment ne pas rappeler les messages que les Pères conciliaires ont adressés à la fin du concile : aux gouvernements, aux hommes de la pensée et de la science, aux artistes, aux femmes, aux travailleurs, aux pauvres, aux malades, à tous ceux qui souffrent, aux jeunes.

Yves Congar a bien précisé ce qui distingue un concile d'un rapport écrit de l'épiscopat : « La forme synodale est beaucoup plus qu'une consultation, c'est une communion. » D'ailleurs, le style des documents conciliaires est révélateur, les mots qui reviennent le plus souvent ne sont pas des mots de condamnation, mais des mots de bienveillance : fraternité, coopération, amitié, collaboration, dialogue, collégialité. Certes, ce sont des paroles qui appartiennent au trésor de l'Église, mais qui semblaient résonner pour la première fois dans la nef de la basilique Saint-Pierre.

À vrai dire, à la fin du concile, en 1965, le climat était à l'optimisme, comme il l'avait été dans la phase préparatoire 1959-1962 : on croyait à un parcours linéaire, sans discontinuité, sans retour au passé. Jean XXIII n'avait-il pas parlé de « printemps » de l'Église et de « nouvelle Pentecôte » ? En réalité, l'après-concile a connu certes un renouveau, mais aussi bien des dérives. Pour le chrétien de base ou l'observateur désintéressé, le premier effet visible de ce concile a été dans les changements en matière de liturgie (usage de la langue vernaculaire, prêtre tourné vers l'assemblée, importance donnée à la liturgie de la Parole). Cinq années auparavant, ces changements auraient été impensables. Point n'est besoin de m'attarder sur ce point.

Dans une conférence qu'il donnait en 1992, le cardinal Joseph Ratzinger distinguait trois phases de l'après-concile : une première phase d'euphorie (1965-1968), une période de désillusion (1970-1980) et une période de synthèse à partir de 1990. Quels ont été les résultats positifs engendrés par ce concile ?

Il y a bien sûr la (re)découverte de la Bible lue dans les langues modernes, spécialement dans le cadre de la liturgie renouvelée ; une vision de l'Église comme Peuple de Dieu où, à côté de la hiérarchie, tous les baptisés sont appelés à être des membres actifs. La caractéristique de ce concile, c'est qu'il n'a pas été convoqué pour résoudre des problèmes, mais il aura été une célébration de l'Église dans le monde et pour le monde. Pour la première fois dans l'histoire, les catholiques étaient appelés à développer des relations amicales avec les chrétiens non catholiques et même à prier avec eux : l'Église entrait en dialogue avec d'autres Églises. Pour la première fois, le Magistère reconnaissait qu'il pouvait y avoir de la sainteté dans les autres religions et qu'elles peuvent apporter « un rayon de la vérité qui illumine tous les hommes » (*Nostra aetate*, n° 2). Certes, déjà au IIᵉ siècle, Justin avait parlé des « semences du Verbe » répandues partout dans le monde, mais on avait quelque peu oublié cet aspect de la doctrine…

À ce propos, permettez que le président du Conseil pour le dialogue interreligieux rappelle que le décret sur les relations de l'Église avec les religions non chrétiennes (*Nostra aetate*) n'a pas été adopté facilement. Il a même failli être retiré de l'agenda, alors que c'est Jean XXIII lui-même qui l'y avait mis. Dans une première version, le texte n'a abordé que le thème de la responsabilité des chrétiens vis-à-vis de l'holocauste et des objections furent soulevées pour des raisons théologiques et politiques : un document sur les juifs ne serait-il pas interprété, dans les pays arabes, comme une étape vers la reconnaissance de l'État d'Israël par le Saint-Siège ? Il a fallu assurer que *Nostra aetate* n'avait rien à voir avec Israël pour que finalement le document soit adopté, après qu'on l'eut toutefois élargi aux autres groupes religieux, aux musulmans en particulier. Ces musulmans que nous sommes invités à mieux connaître et à mieux comprendre pour « protéger et promouvoir ensemble, pour tous les hommes, la justice sociale, les valeurs morales, la paix et la liberté » (*ibid.*, n° 3).

Je note au passage que peu de décrets du concile semblent aussi opportuns dans la période postérieure au 11 septembre 2001 ! Ce texte donne aux catholiques un rôle particulier d'acteurs de la réconciliation dans l'actuelle situation internationale. À cet égard, le pape Benoît XVI rend un immense service à la cause du dialogue interreligieux par ses gestes, ses visites et son enseignement.

Les domaines qui ont mobilisé les responsables de l'Église depuis cinquante ans ont donc été la liturgie et la catéchèse.

La liturgie, d'abord, car elle est le premier lieu institutionnel où l'Église s'exprime : modifier la liturgie, cela veut dire modifier l'idée que nous nous faisons de Dieu, du prêtre et de l'Église. On ne doit pas s'étonner qu'elle soit devenue un champ de bataille. Dans la liturgie se sont affrontées les différentes manières de comprendre les ministères, la participation à la vie de l'Église, la conception de l'Église comme Peuple de Dieu, les relations de l'Église avec le monde et avec les autres chrétiens.

La catéchèse, lieu aussi symbolique par excellence. Lieu de formation et de transmission. Elle donna lieu également à bien des batailles qui commencèrent aux Pays-Bas. Il faudra attendre 1992 pour avoir le catéchisme de l'Église catholique.

Mais il faut mentionner un troisième thème qui a mobilisé l'Église de l'après-concile, celui du « gouvernement » : la figure du pape et le rôle de la curie romaine, la figure du curé et la paroisse. Avec Vatican II et l'affirmation de la collégialité, l'institution du synode des évêques, l'apparition des conférences épiscopales, la valorisation des conseils et des synodes diocésains ont posé de façon radicale les rapports de l'Église locale avec l'Église tout entière.

Ces changements ont été largement présents dans l'opinion publique grâce aux «mass media». Durant le concile, des journalistes spécialisés dans l'information religieuse non seulement ont informé, mais aussi parfois influencé, voire conditionné, évêques et experts. Il suffit de penser au centre d'information de l'épiscopat hollandais. On ne peut nier le poids de l'information en direct sur le concile par la télévision: il suffit de se rappeler l'impression laissée par les images de la procession à la messe d'ouverture. Jamais l'Église n'était apparue aussi diverse et aussi unie. Comment ne pas rappeler ce que déclare le n° 13 de la constitution dogmatique *Lumen gentium*: «Il existe légitimement, au sein de la communion de l'Église, des Églises particulières jouissant de leurs traditions propres sans préjudice du primat de la chaire de Pierre qui préside au rassemblement universel de la charité, garantit les légitimes diversités et veille en même temps à ce que, loin de porter préjudice à l'unité, les particularités, au contraire, lui soient profitables.»

Durant ces cinquante dernières années, deux dimensions de l'Église catholique sont apparues clairement:

a) une dimension théologale avec l'approfondissement des textes sur la Révélation, sur la transmission de la foi et la liberté de conscience, sur la liturgie;

b) une dimension horizontale ou «dialogale». Vatican II est le premier concile à avoir posé systématiquement la question des rapports de l'Église non seulement avec les communautés chrétiennes séparées, mais encore avec les religions non chrétiennes. On comprend pourquoi alors la constitution *Lumen gentium* commence par définir l'Église comme le sacrement «c'est-à-dire le signe et le moyen de l'union intime avec Dieu et de l'unité de tout le genre humain» (n° 1).

Un concile vaut non pas tant par les décrets que par leur application. Paul VI, Jean-Paul II et Benoît XVI ont eu le courage de tenir le cap: la réforme liturgique; la publication d'un nouveau code de droit canonique (1983); la convocation d'assemblées synodales; l'impulsion donnée aux conférences épiscopales; l'importance accordée aux Églises locales (synodes diocésains); l'augmentation des relations diplomatiques du Saint-Siège; la promotion du laïcat; l'image plus fraternelle du prêtre; le dialogue œcuménique; le dialogue interreligieux. Tout cela est le fruit de Vatican II.

Mais on ne peut passer sous silence les obstacles et les dérapages qui obscurcissent le tableau : la sécularisation et le consumérisme ont favorisé l'indifférence religieuse et contribué à réduire le nombre des pratiquants ; la contestation interne à l'Église entre conservateurs à outrance et fauteurs d'un renouveau trop rapide sans tenir compte de l'histoire ; la défection de nombreux prêtres, religieux et religieuses ; la diminution des vocations ; l'implantation de l'islam en Europe ; l'instabilité politique de nombreux pays ; la non-solution du problème israélo-palestinien, ... pour ne citer que quelques événements qui ont accompagné la marche de l'Église ces dernières années.

Puis, en 1978, l'accession au souverain pontificat de l'archevêque de Cracovie et, en 1989, le retour des pays du centre et de l'est de l'Europe arrivent, inattendus. Jean-Paul II et la chute du mur de Berlin auront montré la faiblesse d'un système que d'aucuns considéraient invincible et la force de la résistance religieuse (y compris la résistance clandestine).

En cinquante ans, nous sommes passés du régime de chrétienté à une Église « communion ». Le problème qui se pose aujourd'hui est de savoir comment l'Église doit être présente dans le monde contemporain. Il ne s'agit pas pour elle de construire un monde chrétien à côté d'un monde agnostique, mais de rendre chrétien le monde comme il se construit, ce monde tel que nous le façonnons. Pour un chrétien, c'est pour ce monde-là que le Christ est mort. L'Église a toujours été dans le monde et la constitution *Gaudium et spes* rappelle que l'Église « entreprend le même voyage que toute l'humanité et partage le même dessein terrestre avec elle » (n° 40). L'Église doit agir comme un levain, mais « elle reçoit du monde autant qu'elle lui donne ». Le concile Vatican II « offre au genre humain la collaboration sincère de l'Église pour l'instauration d'une fraternité universelle » (*Gaudium et spes*, n° 3). L'Église et le monde sont interdépendants.

Ce cinquantième anniversaire est aussi une occasion pour nous souvenir de la place des conciles dans la vie de l'Église. L'Église est structurée hiérarchiquement, Jésus a choisi et institué les Douze avec leur chef pour être les colonnes du temple spirituel. On est frappé de voir dans les Actes des Apôtres comment sans cesse un régime collégial s'articule avec une structure hiérarchique, pensons au concile de Jérusalem tenu par l'Église apostolique : il y eut une consultation en vue d'une décision qui fut celle non pas d'un seul d'entre eux mais de leur collège tout entier. Un concile n'est pas un parlement. Il est une manifestation de l'unanimité de l'Église dans la foi héritée des Apôtres et cette spécificité des conciles se manifeste en deux faits :

a) les évêques rassemblés en concile ne sont pas les délégués des communautés dont ils sont la tête. Ils les représentent un peu comme la tête représente un corps. Leur pouvoir ne vient pas d'en bas, mais d'en haut. Ils sont témoins du dépôt de la foi ;

b) la loi conciliaire n'est pas celle de la majorité, mais celle de l'unanimité. Certes, on vote dans un concile, mais ce vote est un moyen pour aboutir à l'unanimité. Ainsi le concile n'est pas la somme des voix particulières, mais la conscience de l'Église ayant trouvé son expression : *in unum convenire* (saint Cyprien). L'unanimité et la communion sont à attribuer à l'Esprit saint. La formule rituelle le dit bien : « assemblés dans le Saint Esprit ». C'est le Christ invisiblement présent qui préside l'assemblée, réunie devant les saintes Écritures ouvertes sur un autel. Voilà d'où vient l'infaillibilité attribuée traditionnellement aux conciles en matière de foi et de mœurs.

Cet anniversaire du concile Vatican II est enfin une occasion propice pour nous rappeler la transformation qu'il a provoquée dans la manière de prier, de célébrer, comme de se rapporter aux textes fondateurs. Il a permis aux fidèles de prendre leur part avec les prêtres et les évêques à la mission de témoignage. Il a donné aux fidèles d'investir les différents champs du savoir, de travailler au service de la justice et de la paix avec d'autres, même s'ils ne partagent pas leur foi. Ce concile n'est donc pas un événement du passé. Il oriente toujours le pèlerinage de l'Église qui, comme écrivait saint Augustin, poursuit son pèlerinage « entre consolations et tribulations ».

En conclusion, je voudrais souligner la capacité et la liberté que possède l'Église catholique de se mettre en question. Peu d'institutions se sont autant engagées en vue d'une réelle fraternité et d'une authentique réconciliation. J'y pensais en participant au récent synode sur la nouvelle évangélisation : avec quel réalisme et quel courage, les évêques ont cherché à trouver la manière la plus adaptée pour rejoindre l'homme et la femme d'aujourd'hui, sans toutefois perdre l'identité chrétienne. Dans un monde divisé, où la rancœur, la haine, les guerres sont des réalités qui semblent prévaloir, il est consolant d'entendre l'Église catholique affirmer que « les joies et les espoirs, les tristesses et les angoisses des hommes de ce temps, des pauvres surtout et de tous ceux qui souffrent, sont aussi les joies et les espoirs, les tristesses et les angoisses des disciples du Christ, et il n'est rien de vraiment humain qui ne trouve écho dans leur cœur ». Je viens de citer l'*incipit* de la constitution pastorale sur l'Église dans le monde de ce temps. Le concile s'est autoproclamé concile pastoral, mais il aura été également un concile enseignant. Il n'a pas promulgué de canons, il n'a pas imposé des définitions, mais il a insufflé un style de relations qui, comme on l'a écrit, a fait passer l'Église «du commandement à l'invitation, de la loi à l'idéal, de la menace à la persuasion, de la contrainte à la conscience, du monologue au dialogue, du commandement au service, de l'exclusion à l'inclusion, de l'hostilité à l'amitié, du soupçon à la confiance, de la rivalité au partenariat» (John O'Malley, in *Études*, septembre 2012, p. 221).

En dépit de certaines interprétations erronées ou même de dérives, les textes du concile Vatican II fournissent une grande vision pour l'avenir. Jean-Paul II a affirmé tant de fois: «La charte de l'existence chrétienne pour notre temps, c'est le concile Vatican II». Et son successeur n'a pas hésité à le comparer à une «boussole dont nous avons besoin pour avancer en haute mer au milieu des tempêtes, comme sur les flots calmes pour naviguer en sécurité».

LES AUTEURS

Bernard BARBICHE est professeur honoraire à l'École nationale des chartes. Spécialiste de l'histoire des institutions et de la diplomatie pontificale, il est membre du Comité pontifical des sciences historiques, directeur scientifique du Centre national des archives de l'Église de France et président d'honneur de la Société d'histoire religieuse de la France. Il a récemment dirigé, en collaboration avec Christian Sorrel, l'ouvrage collectif suivant : *La Jeunesse étudiante chrétienne, 1929-2009* (LARHRA – RESEA, 2011).

Philippe CHENAUX est professeur ordinaire d'histoire de l'Église moderne et contemporaine à l'université pontificale du Latran. Spécialiste de l'histoire du catholicisme au XXe siècle, il y dirige le Centre d'études et de recherches sur le concile Vatican II. Parmi ses principales publications : *Entre Maurras et Maritain. Une génération intellectuelle catholique 1920-1930* (Cerf, 1999) ; *Pie XII. Diplomate et pasteur* (Cerf, 2003) ; *L'Église catholique et le communisme en Europe (1917-1989). De Lénine à Jean-Paul II* (Cerf, 2009) ; *Le Temps de Vatican II. Une introduction à l'histoire du Concile* (DDB, 2012).

Jean-Dominique DURAND est professeur d'histoire contemporaine à l'université Jean-Moulin-Lyon 3. Il a été conseiller culturel de l'ambassade de France près le Saint-Siège et directeur du Centre culturel français de Rome, le Centre Saint Louis de France, fondé par Jacques Maritain. Spécialiste d'histoire religieuse, il est l'auteur de nombreux articles et ouvrages (bibliographie sur son site http://www.jeandominiquedurand.fr/). Il est membre du conseil scientifique de l'Istituto Paolo VI (Brescia), de l'Istituto Luigi Sturzo (Rome), de la Fondazione Bruno Kessler (Trente). Il est également vice-président de l'Institut international Jacques Maritain (Rome), président de la Fondation

Fourvière et de l'Association des Amis de Sources chrétiennes (Lyon), vice-président de l'Académie catholique de France, consulteur du Conseil pontifical de la Culture, membre correspondant du Comité pontifical des Sciences historiques.

Nicole EVEN est conservateur aux Archives nationales où elle est chargée, au sein du département Exécutif-Législatif, des fonds d'archives du général de Gaulle, de Philippe Pétain, de Jacques Chirac, du Conseil d'État, de la Cour des comptes et du Conseil constitutionnel. Auteur d'articles sur la pensée politique du général de Gaulle, elle a publié l'inventaire suivant : *Archives de la présidence de la République. Général de Gaulle, 1959-1969* (Archives nationales, 2012).

François FALCONET, archiviste paléographe et diplômé de l'Institut national du patrimoine, est conservateur à la direction des Archives du ministère des Affaires étrangères, où il est notamment chargé des archives de la direction Europe.

Loïc FIGOUREUX, agrégé et docteur en histoire, est professeur dans l'enseignement secondaire. Sa thèse porte sur la place du père de Lubac au concile Vatican II (*Henri de Lubac et le concile Vatican II (1960-1965)*, université Lille-III, 2010).

Étienne FOUILLOUX est professeur émérite d'histoire contemporaine à l'université de Lyon et spécialiste d'histoire du christianisme au XXᵉ siècle. Il est l'auteur d'une biographie du cardinal Tisserant : *Eugène cardinal Tisserant 1884-1972. Une biographie* (DDB, 2011).

Michel FOURCADE, maître de conférences à l'université Montpellier III, est spécialiste de l'histoire des intellectuels catholiques, et en premier lieu de Jacques Maritain, dont il a réédité et commenté *Le Paysan de la Garonne* (*Le Feu nouveau. Le paysan de la Garonne*, Ad Solem, 2007).

Philippe LEVILLAIN est professeur émérite de l'université Paris-Ouest-Nanterre. Ancien directeur des études à l'École française de Rome, il est membre de l'Institut Paul VI et ancien membre du Comité pontifical des sciences historiques. Il est membre de l'Académie des sciences morales et politiques, où il a succédé à Pierre Chaunu (2011). Spécialiste de l'histoire de la papauté, il a dirigé le *Dictionnaire historique de la papauté* (Fayard, 1994 ; 5ᵉ éd., 2008). Il a publié récemment *Rome n'est plus dans Rome. Mgr Lefebvre et son église* (Perrin, 2008) et «*Rome l'unique objet de mon ressentiment». Regards critiques sur la papauté* (direction, École française de Rome, 2011).

Éric MAHIEU, prêtre du diocèse de Lille, est chargé de cours à la faculté de théologie de l'Institut catholique de Paris. Il est l'éditeur des carnets conciliaires du père Congar (*Mon journal du concile*, Cerf, 2002).

Yves PONCELET, inspecteur général de l'Éducation nationale (groupe histoire et géographie), est diplômé de l'EHESS et docteur en histoire avec une thèse consacré à l'abbé Loutil, plus connu sous le nom de Pierre l'Ermite : *Pierre l'Ermite 1863-1959 : prêtre, journaliste à La Croix et romancier. Présence catholique à la culture de masse* (Cerf, 2011). Il travaille sur le clergé français contemporain et son rapport à la culture et à la société et sur la presse catholique.

Christian SORREL est professeur à l'université de Lyon (Lyon 2) et membre correspondant du Comité pontifical des sciences historiques. Spécialiste de l'histoire du catholicisme français, il a analysé les crises du début du XXe siècle (lutte contre les congrégations, séparation des Églises et de l'État, modernisme) et travaille actuellement sur la participation des évêques français au concile Vatican II et l'évolution des diocèses des années 1950 aux années 1970. Il a dirigé ou co-dirigé récemment plusieurs ouvrages : *Les Évêques français de la Séparation au pontificat de Jean-Paul II* (Cerf, 2013) ; *Alexandre Glasberg 1902-1981. Prêtre, résistant, militant* (LARHRA – RESEA, 2013) ; *Des chiffres et des cartes Approches sérielles et spatiales en histoire religieuse. Les «Matériaux Boulard» trente ans après* (LARHRA – RESEA, 2013) ; *Le Catholicisme en chantiers, France XIXe-XXe siècles* (PUR, 2013).

Jean-Louis TAURAN est cardinal protodiacre et président du Conseil pontifical pour le dialogue interreligieux.

INDEX

Ont été retenus principalement les noms de personne, à l'exception de ceux des papes Jean XXIII et Paul VI. Les titres et fonctions sont ceux que portaient les intéressés à l'époque du concile. Les noms des auteurs d'ouvrages cités dans les notes de bas de page n'ont pas été recensés.

C

M

TABLE DES MATIÈRES

Figures du concile

Vatican II d'hier à aujourd'hui